O DOM DA VERDADE

O percurso interior do terapeuta

O DOM DA VERDADE

O percurso interior do terapeuta

MAURIZIO ANDOLFI

Artesã

O dom da verdade: o percurso interior do terapeuta

Título original: Il dono della verità: il percorso interiore del terapeuta

DIRETOR
Alcebino Santana

TRADUÇÃO
Paola Aroldi Santagada

REVISÃO TÉCNICA
Juliana Seger Sanvicente

REVISÃO
Maria Clara Regis

CAPA
Sérgio Ricardo da Silva Filho

PROJETO GRÁFICO E DIAGRAMAÇÃO
Conrado Esteves

Dados Internacionais de Catalogação na Publicação (CIP)
(Câmara Brasileira do Livro, SP, Brasil)

Andolfi, Maurizio
O dom da verdade : o percurso interior do terapeuta / Maurizio Andolfi ; [tradução Paola Aroldi Santagada]. -- Belo Horizonte, MG : Artesã Editora, 2024.

Título original: Il dono della verità: il percorso interiore del terapeuta.

ISBN 978-85-7074-098-4

1. Família - Aspectos psicológicos 2. Psicologia
3. Terapia familiar I. Título.

24-190279 CDD-155.6

Índices para catálogo sistemático:
1. Terapia familiar : Psicologia 155.6
Aline Graziele Benitez - Bibliotecária - CRB-1/3129

IMPRESSO NO BRASIL
Printed in Brazil

(31)2511-2040 (31)99403-2227
www.artesaeditora.com.br
Rua Rio Pomba 455, Carlos Prates - Cep: 30720-290 | Belo Horizonte - MG
/artesaeditora

Para Lorena, base forte da minha vida,
que me ensinou a apreciar as pequenas coisas.

AGRADECIMENTOS

Se eu tivesse que agradecer individualmente a todos os colegas italianos e estrangeiros com os quais tive contato e com os quais aprendi muito, antes como aluno e depois como supervisor, consultor, instrutor, coterapeuta, professor, a lista seria infinita. Da mesma forma, se eu tivesse que agradecer a todas as famílias que encontrei em tantas partes do planeta e que me fizeram entrar em seu mundo de sofrimento tanto quanto de esperança na vida, a lista ficaria ainda mais longa.

A única forma de agradecimento coletivo é representada justamente com este livro, que fala de todos eles, colegas em formação e famílias em terapia, com a linguagem do amor e do cuidado. Descrever algumas passagens significativas de suas vidas me permitiu exibir também alguns estágios evolutivos meus, a fim de destacar a nossa busca comum pelo bem e pelo respeito humano.

Agradecimentos especiais a Vera Risi, a Vanessa Espaillat, a Eriola Sanxhaku, a Dominique Bardou, a Mary Hotvedt, a René Riquelme, a Paula Ochs, a John Theis, a Bengt Arnfast, a Tiziana Bufacchi e a Giulette Ferrari, que inspiraram com sua generosidade algumas páginas deste livro. Um sincero agradecimento a Lucia Porcedda por ter cuidado do glossário inteiramente e, finalmente, um agradecimento especial a Anna Mascellani e a Francesca Ferraguzzi, que, há muitos anos, compartilham comigo a mesma paixão na busca pela essência da terapia e da formação.

Agradeço também a Raffaello Cortina e a sua editora pela total confiança que demonstraram ao longo dos anos em minhas ideias e em minha forma de fazer e ensinar psicoterapia.

SUMÁRIO

PREFÁCIO

O DOM DA VERDADE: o percurso interior do terapeuta de MAURIZIO ANDOLFI

É com muita alegria que escrevemos sobre Maurizio Andolfi e seu livro "O Dom da Verdade". Temos o privilégio de conhecê-lo há 40 anos e acompanhamos sua brilhante trajetória pessoal e profissional. Psiquiatra da infância e da adolescência, italiano, de grande influência mundial, tem sido também muito importante no desenvolvimento da terapia familiar no Brasil.

Maurizio é uma das poucas pessoas no nosso campo que consegue ser simultaneamente clínico, pesquisador e ativista social. E dos bons! Como ele próprio diz, "tornei-me uma espécie de *globe-trotter* da terapia familiar, tendo viajado por todos os continentes e por muitos países do mundo, realizando *workshops* e seminários que, na maioria dos casos, incluíam uma entrevista ao vivo".

Somos testemunhas de sua habilidade para se conectar com as mais diferentes famílias, nos mais variados contextos, deixando, naqueles que o assistem, uma lição de virtuose clínica.

Ele próprio resume sua "escola": "de um lado exploro o indivíduo e a família em seus componentes intergeracionais, de outro lado aciono seus recursos sociais e culturais".

Seu ativismo social é pioneiro em ajudar com as dificuldades dos imigrantes na Itália, por meio da Fundação Silvano Andolfi, oferecendo mediação cultural e apoio nas situações de marginalização social.

Há mais de 30 anos, organiza *Practicums* e *Metapracticums*, grupos de estudo e vivências, reunindo terapeutas familiares dos quatro cantos do mundo. Foi a partir desses encontros que nos tornamos, primeiro, seus alunos e, depois, seus parceiros e amigos. Por meio desses grupos, formaram-se inúmeras redes de amigos e colaboradores internacionais, mérito de sua liderança e capacidade de agregação. Perambulando pelo mundo, acabou indo morar junto ao mar em Perth, na Austrália, com sua segunda família, continuando a administrar e a desenvolver a *Accademia di Psicoterapia della Famiglia*, sua instituição em Roma. Essa mudança, quando estava chegando quase aos 70 anos, dá uma ideia de sua energia intensa, mas suave. Com esse contato diário com a natureza, realizou outra de suas paixões.

Maurizio é um líder ímpar, figura criativa e carismática. Por suas contribuições científicas, recebeu premiações da *American Family Therapy Academy* e, recentemente, da Associação Mundial de Psiquiatria Social.

Além de dedicar-se à clínica e ao ensino, sempre investigou seu próprio trabalho. Tendo publicado muitas obras, *O Dom da Verdade* quem sabe é sua "cereja do bolo".

Neste livro, Maurizio revisita sua trajetória clínica e científica, descreve suas raízes pessoais e profissionais e aprofunda suas contribuições mais originais, quais sejam, a inclusão da terceira geração no processo da terapia e o trabalho com a pessoa *(Self)* do terapeuta. Maurizio nos mostra como os impedimentos desenvolvimentais de pacientes e também dos terapeutas originam-se e se mantêm pelas relações mal resolvidas nas suas respectivas famílias de origem. A introdução de uma nova compreensão dessas teias familiares possibilita sua transformação e se converte em grande recurso pessoal.

Maurizio sublinha que o principal instrumento de trabalho do psicoterapeuta é ele próprio e o uso que ele faz de suas experiências para se aproximar do sofrimento dos outros, encontrando brechas de contato, por meio das quais injeta esperança.

Os *Practicums* e *Metapracticums*, mencionados acima, são seminários de imersão teórico-vivencial para terapeutas internacionais, realizados em diferentes lugares da Itália. Neles, os terapeutas aprendem a evitar o esgotamento psíquico, a Síndrome de *Burnout*. Aprendem a se aproximar dos outros seres humanos com intensidade, afeto e humor, na certeza de que as semelhanças entre as pessoas são muito maiores do que as diferenças. Todo esse aprendizado cria fortes laços interpessoais.

O meu "trabalho de *self*" (OGF), em Roma, nos anos de 1986, fez muita diferença para o resto da minha vida, ajudando-me a identificar minha capacidade criativa, a qual eu pouco enxergava. Portanto, para mim, este texto é também um agradecimento, e o mesmo vale para meu colega e marido JOCW.

Também, vemos Andolfi muito generoso, esforçando-se por nos contar suas verdades e alguns segredos. Procura nos transmitir não só suas crenças e métodos, mas também sua paixão e dedicação à tarefa de ajudar as famílias em sofrimento psíquico.

Andolfi situa os sintomas sempre dentro do contexto em que surgiram, porque é nele que também encontrará os recursos para sua resolução. Trabalha predominantemente com a família trigeracional, mas vai além, pensando também na sociedade. É importante sublinhar a pungente descrição de sua infância na pós-segunda guerra mundial, na Itália enlutada e empobrecida. Ele menciona como parecia impossível as crianças, naquele contexto, desenvolverem vínculos seguros no conceito winnicottiano. Com isso, dá uma pista para compreender o funcionamento patológico dos adultos na nossa sociedade atual que, até agora, não aprenderam a viver sem criar guerras constantes. É interessante a descrição que Andolfi faz de sua evolução teórica também baseada, em grande parte, nos estudos internacionais sobre o desenvolvimento infantil, os quais ele busca integrar em seu pensamento e prática. A lista de citações bibliográficas é muito rica, o que empresta ao livro grande valor acadêmico. Ao falar de seu desenvolvimento como terapeuta, faz uma verdadeira história da terapia familiar sistêmica. Consegue a integração de muitas teorias que frequentemente se descrevem como discrepantes, as quais utiliza em seu trabalho com critérios e coerência.

Ao longo do livro, demonstra-nos como a terapia precisa ser experiencial, com pensamentos, sentimentos e corpos participando como parte da sinfonia terapêutica. Corpos, histórias e vidas que se entrelaçam nas famílias e com a família do terapeuta. A busca de sentido que ele conduz como maestro se cria em meio ao caos aparente, enriquecendo e trazendo paz às pessoas, incluindo aí o terapeuta. Além disso, muito importante, Maurizio acredita que todos nós podemos aprender essa arte.

Agradecemos ao Maurizio pelo esforço para nos passar o que aprendeu ao longo da vida e que demonstra em seu trabalho maravilhoso. *Gracias*, também, pela continuada confiança em que podemos aprender.

Vamos concluir com uma sugestão: à ênfase no envolvimento com as famílias, suas culturas e comunidades, sugerimos acrescentar um nível a mais, a imersão curativa na natureza, que Maurizio conseguiu em sua própria vida, ao imigrar para uma praia na Austrália. O planeta, e, portanto, todos nós, está gravemente enfermo, e precisamos incluir esse sistema maior no trabalho terapêutico, no ensino, na pesquisa e em todos os níveis de nossas vidas, como cientistas ativistas.

Por último, Maurizio, queremos agradecer, em especial, por nos ensinar a nos divertir no trabalho. As vidas humanas são sempre interessantes e surpreendentes!

Queridos leitores, boa leitura para vocês!

Olga Garcia Falceto e *José Ovidio Copstein Waldemar*

INTRODUÇÃO

Por muito tempo, no mundo da psicoterapia sistêmico-relacional, a questão da verdade foi evitada, mesmo sendo um valor tão profundo quanto essencial para a vida. Enfrentar a verdade exige que quem a conhece saiba assumir a responsabilidade de a trazer para o descoberto e, assim, defendê-la para evitar que seja mistificada. Nesse sentido, o pensamento pós-moderno, com seus dogmatismos sobre a realidade como construção social, sobre o relativismo cultural e sobre a negação da verdade, considerada a subjetividade do terapeuta, o seu sistema de valores, que poderíamos chamar de ética, e a busca por autenticidade como ameaças potenciais à compreensão dos problemas, senão como formas de prevaricação e de imposição de poder. Mesmo sabendo que é impossível imaginar uma sociedade perfeita, parece cada vez mais necessário que critérios de justiça, de verdade e do bem nos guiem no desenvolvimento social e familiar, baseados em fatos e valores compartilhados, em contraposição à lógica perversa das *fake news* e da realidade transformada em *reality show*.

Este livro tem como objetivo destacar o valor do conhecimento e do cuidado da experiência humana na terapia, na qual o terapeuta se livra de suas próprias "vestes profissionais", muitas vezes, feitas com base nos modelos que o orientam, para entrar em contato e se sintonizar com áreas de profundo sofrimento, trazidas à terapia por pessoas e famílias em dificuldade. As suas ferramentas são as palavras, bem como a escuta e a linguagem do corpo e do movimento, que se tornam veículos de conhecimento e transformação, quando o seu mundo interior encontra o daqueles que o escolheram como fonte de ajuda. A busca pela autenticidade se concretiza na forma de um dom recíproco de verdade, ou melhor, de um *desvelamento* (verdade: do grego *alètheia*) no qual a essência de cada um se torna visível e se encontra com a essência dos outros, quebrando as barreiras das convenções e dos papéis sociais. Esse encontro é possível, quando você limpa o campo de mentiras e de segredos da família de um lado (a falsidade dela) e da presunção do terapeuta de possuir as chaves da cura (a falsidade dele). O tratamento não será mais focado em corrigir o problema apresentado, mas envolverá toda a família em um processo transformador no qual cada um poderá se revelar *como é*, sem máscaras ou fingimentos, para o bem-estar de todos. A tarefa do terapeuta (a sua verdadeira *expertise*) será favorecer essa transformação, envolvendo-se também em um nível pessoal, por meio de uma exploração profunda do mundo interior, que é um recurso extraordinário no desenvolvimento da relação terapêutica.

O livro fala sobre terapia, começando pela realizada pelo autor em diferentes fases evolutivas e em diferentes países em sua longa carreira profissional, para, então, concentrar-se nas modalidades pelas quais se aprende e se pratica a psicoterapia em diferentes contextos e ambientes institucionais e culturais. Os capítulos se desenrolam seguindo a jornada do autor, tanto em sentido figurado quanto em sentido real. Viagem esta que começa desde sua infância e adolescência, marcados pelos efeitos da guerra e da reconstrução e das adversidades na sua vida familiar, até a escolha de se tornar médico e, depois, psiquiatra infantil, para, então, "pendurar o jaleco branco" e se dedicar, por mais de cinquenta anos, à compreensão da família em uma dimensão evolutiva, na qual os eventos da vida e seus pontos de inflexão existenciais se entrelaçam com os acontecimentos de muitas famílias, conhecidas e seguidas em terapia ou aconselhamento em muitas partes do mundo. É uma jornada na descoberta de seus mestres, verdadeiras fontes de conhecimento e de profundas transformações, pessoal e profissional: sejam mestres oficiais, verdadeiros gigantes da terapia de família, sejam aqueles autodidatas, como as crianças e os pacientes psicóticos. É uma jornada ao sofrimento e ao desespero de muitas famílias em busca dos recursos necessários para enfrentar as adversidades da vida e aquelas "pessoas-farol", sejam crianças, sejam idosos, guias indispensáveis nos momentos de obscuridade e profunda depressão.

Ao mesmo tempo, é uma viagem pelos processos de formação do psicoterapeuta, daquele que se encontra tanto com um só indivíduo quanto com casais ou famílias em dificuldade, em contextos institucionais ou privados. Assim como na terapia se está à procura de essência e de autenticidade, o mesmo caminho é proposto, seja aos alunos em aprendizagem, seja a terapeutas maduros e especialistas. Ambos são encorajados a se livrarem dessas superestruturas que impedem de serem eles mesmos. Os primeiros, os alunos, muitas vezes, doutrinados por um ensino universitário rígido e por escolas muito ortodoxas, têm dificuldade em construir um pensamento crítico e ativar a sua própria criatividade. Os segundos, marcados pelo peso da responsabilidade terapêutica e pelo seu papel profissional, têm dificuldade em alcançar plenamente os ensinamentos fornecidos por sua "escola de vida", incapazes, assim, de usar as adversidades do passado, os nós familiares não resolvidos, como recursos no momento presente e na terapia.

Nos capítulos centrais do livro, são ilustradas várias experiências de supervisão, presencial ou indireta, e de consultoria, que enfocam áreas de impasse como transformações extraordinárias do terapeuta, que, com o tempo, poderá adquirir um supervisor interno, de modo a favorecer um diálogo profundo consigo mesmo. Por meio da exploração de genogramas, a construção de esculturas e de dramatizações familiares são apresentadas e são trazidos à tona traumas do passado, acontecimentos dolorosos e fragilidades humanas, que nos permitem refletir sobre o valor do movimento, da palavra e da linguagem não verbal na terapia, bem como durante a formação para descobrir novas dimensões de si e dos laços familiares.

O grupo, o verdadeiro motor da experiência de formação, atua como um recipiente de afeto e como mente coletiva, oferecendo as suas restituições na forma verbal e analógica para aqueles que, de vez em quando, encontram-se expondo, em nível pessoal, as próprias dificuldades terapêuticas. Se, então, o grupo é formado por terapeutas provenientes de países de diferentes culturas, línguas e etnias, ser '*estranhos uns para os outros*' torna a experiência de formação ainda mais significativa, porque enfatiza a universalidade dos dilemas da existência e da busca comum pelo amor e pela harmonia entre os seres humanos.

A Covid-19 também esteve presente durante a realização deste livro, porque foi escrito pelo autor na Austrália, durante o longo período de *lockdown* e, nos meses seguintes, quando as viagens eram (e, muitas vezes, ainda são) impossíveis, bem como a realização de atividades clínicas e de supervisão presencial. Um longo capítulo trata, desse modo, do tema da psicoterapia e da aprendizagem on-line, que se tornaram indispensáveis devido a muitos problemas sérios que surgiram nas famílias e no contexto social após essa terrível pandemia com a consequente impossibilidade de se encontrar. As conexões via *Zoom*, mesmo evitando a proximidade, a expressão empática da linguagem dos olhos e o contato físico (fundamentais em uma relação terapêutica), no entanto, permitiram descobrir outras dimensões de relacionamento e intervenção antes disso inexploradas, de acordo com a máxima de que diante de um limite, por mais relevante que seja, sempre se pode experimentar formas criativas e eficazes para o contornar e o transformar em uma oportunidade.

É um livro que fala sobre o amor e a ética do cuidado, mas, de forma implícita, é um livro de forte denúncia e de rejeição do pensamento psiquiátrico dominante, aprisionado na lógica do modelo e dos procedimentos médicos baseados em evidências; que estão cada vez mais distantes das *ciências humanas* e de seus próprios conhecimentos por meio das lentes da cultura, da psicologia, da arte, da tradição, dos vínculos entre as gerações e da espiritualidade. Em vez de buscar a gênese dos problemas e suas soluções nas áreas naturais de pertencimento de pessoas e de famílias em dificuldade, são propostas soluções "ortopédicas" para as mais variadas psicopatologias individuais, baseadas em manuais de uso, como o DSM-5 (Manual de Diagnóstico e Estatístico de Transtornos Mentais 5ª edição - NT), que tendem a incluir virtualmente quase todos os comportamentos humanos em um delírio classificatório. O hospital com todos os seus rituais e poder administrativo torna-se o local de atendimento primário e, muitas vezes, é o único tratamento, seja de uma tentativa de suicídio, seja de uma depressão ou de um transtorno alimentar. As razões e os recursos familiares são completamente relevantes ao planejamento de intervenções psiquiátricas, especialmente nas fases mais críticas, e, no entanto, não são ouvidos e nem solicitados. Muito menos, são acolhidos e respeitados, como expressão da natureza e da fragilidade humana, sentimentos como tristeza e infelicidade, como a dor pelos próprios lutos, o envelhecimento, a solidão, a raiva. Pelo contrário, correm o risco de serem medicalizados, como se fossem uma doença, a fim de a prevenir ou a eliminar.

Este livro reúne o pensamento e a experiência do autor e de muitos terapeutas corajosos e competentes, empenhados na esfera institucional, que colocaram a humanidade no centro do tratamento, que não acontece se a pessoa está isolada ou cortada de seus laços vitais. Buscar a força da solidariedade e o bem comum, que começa na família e se estende como uma mancha de óleo para o contexto social, é um dever e, também, uma missão para aqueles que se identificam no fascinante mundo das "profissões de ajuda" e representa um extraordinário potencial de cura.

1. A CONTROVERSA QUESTÃO DA FORMAÇÃO PESSOAL

AS DUAS ALMAS DA TERAPIA FAMILIAR

As teorias sistêmicas: do *Mental Research Institute* ao pós-modernismo

As teorias sistêmicas originaram-se em Palo Alto, Califórnia, na década de 1960. Em sua formulação, extraordinária é a contribuição de Gregory Bateson e de seu grupo original formado por Don Jackson, Jay Haley, Virginia Satir e Paul Watzlawick. As teorias sistêmicas são amplamente descritas no livro *Pragmática da comunicação humana* (Watzlawick et al., 1967), a partir da definição de seus axiomas fundamentais e, então, continuando com a descrição da teoria da ligação dupla; por muitos anos, esta teoria sugestiva e original será considerada um modelo de pesquisa e de compreensão dos primórdios da esquizofrenia, exceto quando acaba sendo renegada nos anos seguintes, tanto que a conferência *Beyond the Double Bind Theory* irá declarar seu fim (Berger, 1978).

Na realidade, as teorias sistêmicas visaram, desde o início, a observar as interações familiares no *aqui e agora*, valorizando o contexto e as mensagens verbais e não verbais trocadas durante a sessão. Nesse sentido, representaram uma verdadeira revolução no que diz respeito ao modelo psicanalítico e psiquiátrico, ambos com o objetivo de descrever, embora com ferramentas muito diferentes, exclusivamente, o indivíduo em seus transtornos. O terapeuta sistêmico, em sua formulação inicial, porém, teve que manter uma postura distanciada na sessão, evitando "contaminar o campo de observação" com suas reações emocionais. Os terapeutas sistêmicos da época, com seu purismo (*System Purists*) e com a exaltação do conceito de neutralidade e ao "colocar o indivíduo entre parênteses" (cito literalmente a linguagem da época), acabaram relegando tanto os sentimentos quanto a história de desenvolvimento, que são patrimônios de um indivíduo. Portanto, a dor, o luto e a sua elaboração também eram sentimentos a serem evitados ou a serem mantidos à distância.

Na verdade, desde 1959, a convite de Gregory Bateson e Don Jackson, Virginia Satir também se juntou ao grupo Palo Alto, pois estava muito interessada no estudo da comunicação humana a fim de compreender e interromper os padrões disfuncionais dentro da família. Porém, ao mesmo tempo, não compartilhava, de forma alguma, com a "negação do indivíduo", muito menos com o conceito de neutralidade terapêutica. Satir, além de ser a única mulher em um grupo de pesquisadores homens, foi também a única a apoiar fortemente a ideia de que o nível de autoestima interna do indivíduo era o ingrediente-chave para uma comunicação mais congruente, a ponto de o levar a fazer escolhas positivas e responsáveis na vida. A sua abordagem humanística e a sua pesquisa sobre a conexão mente-corpo foram a base de sua missão e irão convencê-la a deixar o *Mental Research Institute* (MRI) depois de escrever o seu primeiro e histórico livro *Conjoint Family Therapy* (Satir, 1967). Essa mudança a levará a se tornar diretora de treinamento do *Instituto Esalen em Big Sur*, no qual aprofundará seus estudos sobre *Gestalt* e conhecerá os pioneiros do Movimento do Potencial Humano, como Fritz Perls, Eric Berne e Alexander Lowen. O seu distanciamento do grupo de Palo Alto e a trágica morte de Don Jackson em 1968 serão perdas significativas para o MRI. Nos anos seguintes, essa instituição histórica, após a saída de cena de Bateson e a sua morte em 1980, transformar-se-á, progressivamente, em um Centro de Terapia Estratégica de Curto Prazo sob a direção de Paul Watzlawick, perdendo o entusiasmo pela pesquisa, que havia marcado o seu glorioso passado.

Seguindo o caminho traçado pelas teorias sistêmicas, a segunda cibernética e os estudos sobre a intersubjetividade (Von Foerster, 1981; Anderson & Goolishian, 1988; Stern, 2004) devolverão um lugar ao terapeuta como um sujeito inteiro, dotado de emoções, além de habilidades cognitivas, que se tornam totalmente "parte do campo de observação". Contudo, a tendência de privilegiar a compreensão mental dos fenômenos humanos continuará sendo o principal caminho dos terapeutas sistêmicos, que utilizarão as hipóteses, as questões circulares e a conversa terapêutica, apenas para dar alguns exemplos, como veículos de conhecimento das relações interpessoais. Tendência ainda mais acentuada no desenvolvimento do Construtivismo e do Construtivismo Social, das Terapias Colaborativas (Anderson & Golishian, 1988) e da chamada *Milan Approach,* conforme descrito nas conversas de Boscolo e Cecchin com Hoffman e Penn (Boscolo et al., 1987). Para esses autores, o objetivo é "não influenciar" as famílias que pedem ajuda com preconceitos e sistemas de valores do terapeuta. O que Boscolo e Cecchin propuseram estava definitivamente em contraste com o que defendia apaixonadamente Mara Selvini Palazzoli, a primeira e indiscutível pioneira da terapia familiar na Itália. Selvini, na primeira conferência da EFTA, em Sorrento, afirmou que "abandonou logo o lugar estratégico e o paradigma da neutralidade", descrevendo, pelo contrário, "um terapeuta experiente e corajoso, capaz de usar tudo de si para entrar em contato e curar os sofrimentos das famílias que encontra na terapia" (Selvini Palazzoli, 1992). Posteriormente, Cecchin et al. (2003), com a ideia de não ter de influenciar as famílias e ser "irreverente" com as próprias certezas, acabarão por repropor com uma linguagem diferente, o tema da neutralidade. De acordo com essas orientações, muito difundidas no mundo dos sistêmicos, o próprio sentido da "responsabilidade terapêutica", como posição ativa e propositiva, acabou se escondendo atrás da parede defensiva do politicamente correto, conforme a ideia de que o terapeuta não precisa fazer nada para influenciar as pessoas a buscarem ajuda, evitando contaminar o campo com os seus preconceitos e com o seu próprio sistema de valores.

Mesmo o seu papel de especialista e a sua competência profissional não devem ser exaltados pelo risco de os impor aos pacientes, e o conceito de responsabilidade individual não fica claro, tanto a do terapeuta quanto a parental ou a conjugal. Uma forte crítica à ideia de uma "circularidade da responsabilidade", na qual, por exemplo, a violência doméstica pode ser parcialmente justificada devido aos componentes interpessoais que podem despertá-la, vem do movimento feminista de terapia familiar, que se articula em torno do *Women Project,* formado no final de 1970 por Carter et al. (1988).

Entre outros, Minuchin (1999), Andolfi (2015) e Linares (2001), clínicos altamente experientes, reiteram a necessidade do terapeuta de se liberar do seu papel de especialista, em vez de o negar, e de assumir a sua responsabilidade, assim como ele solicita aos membros da família, seguindo a afirmação de Doherty de que é impossível para um terapeuta ser livre de valores e moralmente neutro (2001). Em vez disso, cabe a ele ser capaz de lidar com questões éticas, respeitando a autonomia e a diversidade das famílias que ele encontra na terapia.

Ao longo dos anos, os excessos do pós-modernismo e, principalmente, as suas implicações no campo da terapia familiar foram denunciados por vários autores (Speed, 1991; Luepniz, 1992; Minuchin, 1999; Pilgrim, 2000; Linares, 2001; Eagleton, 2004; Andolfi, 2015; Andolfi & Mascellani, 2019). Bhashar (1998), promotor, entre muitos outros, de um sistema de pensamento baseado no *realismo crítico,* considera a afirmação de que "a realidade é uma construção social" um erro epistemológico; no máximo, pode ser considerada uma construção social a nossa forma de a entender. Pensamento semelhante é proposto por Umberto Eco, quando ele fala de um "novo realismo" como reação à filosofia do pós-modernismo e aos slogans para os quais não há fatos, mas apenas interpretações (Eco, 1990).

Acreditamos que um terapeuta que adere a uma perspectiva pós-moderna e diz a um paciente que o sofrimento que ele experimenta, devido a um trauma grave ou a um luto por uma perda repentina, é uma construção social, não seja de grande ajuda para ele, muito menos se dissesse que o mundo ao qual ele pertence também é o resultado de uma construção social.

Dito isso, devemos nos perguntar em qual lugar se situam os sentimentos dentro das teorias sistêmicas, os do paciente (por muito tempo descrito como um paciente identificado), os dos familiares e, finalmente, em qual lugar estão e como os sentimentos dos terapeutas são ativados ao lidar com doenças mentais, traumas familiares e comportamentos suicidas. A pergunta a seguir poderia ser como e quem deveria formar terapeutas para entrarem em contato com o desespero, com o sofrimento de muitas famílias que procuram terapia para serem ajudadas a lidar com dramas, com conflitos humanos e com perdas repentinas. Apesar da forte resistência em integrar o mundo emocional dos pacientes nas teorias sistêmicas da época, deve-se lembrar que, em 1992, foi organizada, em Sorrento, a primeira conferência da *European Family Therapy Association* (EFTA), justamente com o título *Feelings and Systems*, em que participaram os mais renomados pioneiros e terapeutas de família do velho continente e da América do Norte. O objetivo explícito era trazer o tema dos sentimentos e dos afetos de volta ao mundo dos sistêmicos, principalmente dos mais ortodoxos, que, por muito tempo, haviam favorecido a linguagem verbal (as famosas perguntas circulares), ignorando a do corpo e a do olhar, refugiando-se nos nichos protetores da neutralidade e do purismo em detrimento da experiência terapêutica, na qual o encontro e a mudança acontecem no plano subjetivo de sentimentos, tanto os dos membros da família quanto os dos terapeutas (Andolfi et al., 1996.)

Teorias desenvolvimentais e psicodinâmica das relações familiares

No entanto, desde o seu início, o movimento de terapia familiar teve uma segunda alma, mais psicodinâmica, que se desenvolvera na Costa Leste dos Estados Unidos e que se preocupava com o indivíduo e com sua história de desenvolvimento familiar, conforme descrevemos em vários trabalhos (Andolfi & Angelo, 1987; Andolfi et al., 1996; Andolfi & Mascellani, 2010; Andolfi, 2015). Se a *Pragmática da Comunicação Humana* foi o texto base dos terapeutas sistêmicos, foi igualmente inovador para os terapeutas familiares com características psicodinâmicas o livro histórico *Psicoterapia intensiva da família* (Boszormenyi-Nagy & Framo, 1965), infelizmente, há muitos anos fora do mercado, em que o mundo emocional da família era considerado fundamental. Nesse livro, autores como Whitaker escreveram sobre a "contratransferência" e as associações livres do terapeuta familiar, indicando um caminho semelhante ao da psicanálise ao reconhecer o valor terapêutico das respostas emocionais do terapeuta. Isso sem falar daqueles que, já naquela época, experimentavam um modelo intergeracional voltado ao estudo da história do desenvolvimento individual e às problemáticas de casal (Framo, 1965), a partir dos processos de diferenciação do *Self* (Bowen, 1978) e das lealdades invisíveis que são transmitidas de uma geração a outra geração (Boszormenyi-Nagy, Spark, 1973).

Essas origens tão distantes, mesmo do ponto de vista geográfico (Costa Leste e Oeste dos Estados Unidos), impediu o crescimento compartilhado, tanto em termos de terapia quanto em termos de formação. Basta mencionar dois modos de pensar mutuamente irreconciliáveis de dois dos maiores pioneiros da terapia familiar, a saber, Jay Haley e Murray Bowen. O primeiro afirmava que, na condução das sessões familiares, o que acontece no mundo interno do terapeuta (entendido, acima de tudo, como respostas emocionais) é completamente irrelevante e que o terapeuta deve se preocupar em criar estratégias de intervenção mais adequadas à situação, usando tarefas e técnicas eficazes para modificar comportamentos patológicos. Em parte, esse modelo estratégico de intervenção foi influenciado pelos longos anos passados por Haley em contato com Milton Erickson (Haley, 1973).

Murray Bowen, em vez disso, vinha de uma formação psicodinâmica e havia descoberto, em primeira mão, o valor cognitivo do genograma da família; com o termo *Anonymous* em 1967, ele apresentou, de surpresa, um artigo sobre o seu desenvolvimento familiar na primeira *National Family Conference.* Nos anos setenta, ele conduziu um primeiro experimento de formação para psiquiatras interessados em aprender a terapia familiar: em vez de lhes ensinar técnicas e estratégias de intervenção, ele primeiro explorava o genograma familiar deles e, em seguida, convidava-os a se reconectarem com suas famílias de origem quando foram produzidos cortes emocionais com os pais e com os irmãos. Eram verdadeiras *home visits*, que geralmente aconteciam aos finais de semana, a fim de permitir que esse grupo de psiquiatras se reconciliasse com o passado e aprendesse, em campo, os fundamentos da terapia familiar intergeracional praticada por ele e por sua escola (Bowen, 1978).

Salvador Minuchin, em seu comovente artigo, no qual "aos 95 anos ele reflete sobre sua vida" (2017), afirma que as técnicas em si não são muito úteis e que é o terapeuta, enquanto pessoa, a verdadeira ferramenta de mudança. Para fazer isso, ele deve se reconhecer como parte do sistema terapêutico e, certamente, não como um observador neutro. Esclarecedora é sua metáfora do carpinteiro, quando ele começa a manipular um pedaço de madeira para o transformar em outra coisa: "O serrote, o cinzel, o martelo e os pregos são apenas meios para efetuar uma transformação". Também, um bom terapeuta usa ferramentas como meio para um fim. Quase vinte anos antes, em uma histórica conferência sobre "Os pioneiros da terapia familiar", realizada em Roma, em 2000, Minuchin apresentou o *Quilt* de terapia familiar, uma espécie de visão geral histórica de sua evolução, distinguindo terapeutas em quentes e frios, considerando o seu maior ou menor envolvimento pessoal no processo terapêutico. Assim, ele nos levava de volta aos primórdios da terapia familiar, quando duas almas muito diferentes começaram a se enfrentar na década de 1960. Mais uma vez, distinguindo sobre a posição do terapeuta em campo: de um lado, os *Conductors,* como Ackerman, Whitaker, Satir, Bowen, Framo, Minuchin, apenas para citar alguns nomes, do outro lado os *Systems Purists*, como Watzlawick, Weakland, Beavin, Haley, o grupo inicial de Milão, que usava uma postura mais distanciada, inspirada no conceito de neutralidade terapêutica. Interessante observar como o primeiro grupo apresentou pioneiros que vieram de uma formação psicodinâmica e, frequentemente, de uma psicanálise pessoal. Isso levaria a pensar que, para "conduzir", é preciso saber usar bem seus próprios componentes cognitivos e emocionais e criar um contexto experiencial de encontro com a família, ao contrário do segundo grupo, no qual os componentes cognitivos, ou seja, "a cabeça", acabam predominando sobre todo o resto (Minuchin, 2002).

QUAL FORMAÇÃO PARA CADA TERAPEUTA

A partir do que acabamos de descrever, podemos entender como o nascimento e o desenvolvimento da terapia familiar e da formação foram baseados em visões absolutamente irreconciliáveis. Por causa dessas controvérsias, acabou faltando o desenvolvimento de um *corpus* teórico em comum e um projeto de formação homogêneo e reconhecido, algo que também foi uma das razões para a fraqueza da terapia familiar em comparação com modelos de pensamento mais coerentes e consolidados, como a psicanálise e a terapia cognitivo-comportamental. Se perguntássemos, hoje, aos terapeutas sistêmicos quanto a terapia pessoal é necessária para fazer melhor o seu trabalho ou quanto possa ser útil um caminho de aperfeiçoamento profissional, que inclua um treinamento pessoal, as respostas poderiam ser muito inquietantes e, certamente, extremamente diferentes, dependendo da escola a qual cada um pertence.

Essa confusão causada por convicções e práticas tão diferentes aumentou ainda mais devido a um erro de origem, ou seja, o de apresentar a terapia familiar sistêmica como uma profissão acessível a todos, sem a necessidade de uma sólida formação profissional. Ao contrário da psicanálise e da psiquiatria (duas fontes de poder cultural e científico reconhecidas universalmente), em que o caminho de formação é muito longo, exigindo um diploma em Medicina (inicialmente, a psicanálise limitava-se aos médicos) ou em Psicologia e, depois, uma especialização complexa. Nesse início, um tanto selvagem e desregulado de qualquer norma, esses terapeutas sistêmicos - que poderiam ser indiferentemente psiquiatras, psicólogos, assistentes sociais, mas também enfermeiros e *counselor* - passaram a lidar com situações muito exigentes e, por vezes, dramáticas de intervenção familiar, que exigiam uma competência e uma capacidade emocional muito maiores do que aquelas necessárias em um ambiente de terapia individual ou em um tratamento farmacológico.

Curiosamente, ao longo dos anos, os psiquiatras se afastaram progressivamente de uma formação em psicoterapia de uma forma bastante homogênea nos países ocidentais, favorecendo muito mais a abordagem biológica. Além disso, especialmente nos países anglo-saxões, os psicólogos clínicos acabaram por se aproximar e, muitas vezes, foram substituídos por *counselor* e por graduados em *Marital and Family Therapy* (trata-se, principalmente, de uma especialização com duração de dois anos), com uma formação de base decididamente mais modesta, ao passo que os assistentes sociais ficaram desmotivados e tiveram que desistir de uma formação em terapia familiar por serem mais envolvidos na área das adoções e da *Child Protection*. Claro que conhecemos bem a realidade italiana, em que, por lei, apenas psicólogos podem praticar psicoterapia e, como costuma acontecer, nós, italianos, acabamos sempre sendo "originais" com regras, normas e carga horária de formação muito diferentes de outros países europeus.

Para completar o quadro, podemos dizer que a formação de base do psicólogo na Itália, ou seja, a universitária, é cada vez menos completa e decididamente setorial, dependendo do pensamento dominante em uma universidade em relação a outra, e é principalmente teórica, portanto incapaz de fornecer aos futuros terapeutas os exercícios clínicos e as ferramentas operacionais necessárias para enfrentar as situações de crise na terapia, os rompimentos familiares e as marginalizações sociais cada vez mais dramáticas, casos em que seriam necessárias uma competência e uma consistência profissional mais sólidas. Além disso, o método de ensino universitário tende a doutrinar e apresentar modelos de pensamento e pesquisa fabricados no meio acadêmico muito distantes da realidade e dos dados da experiência na área.

Refletindo sobre os modelos terapêuticos anteriormente descritos, o primeiro tem como objetivo fornecer técnicas e traçar estratégias de intervenção eficazes, o segundo tem o objetivo de envolver o terapeuta em uma experiência de crescimento e de transformação do paciente e da família, assim como dele mesmo. Com isso, é possível entender por que a formação pessoal não é necessária, como um requisito essencial, dentro das escolas de terapia sistêmico-relacional, que não estão interessadas no crescimento pessoal do terapeuta. Ele, contando com as técnicas aprendidas mais do que consigo mesmo, diante de pedidos cada vez mais dramáticos de intervenção, corre o risco de confundir o que pertence ao seu mundo interior e o que pertence à família em terapia. Essa falta de capacidade de autorreflexão e de um conhecimento completo de si mesmo pode acarretar danos não só àqueles que vêm pedir ajuda, mas também ao próprio terapeuta, que não sabe muito bem como se proteger do fardo e do envolvimento excessivo em situações altamente patológicas. A respeito disso, Whitaker (1989) costumava dizer aos terapeutas para serem cuidadosos e "não serem devorados" pelas famílias em tratamento, cientes de que mesmo as famílias mais perturbadas têm sua própria coesão interna e podem facilmente sugar os terapeutas inexperientes para seus jogos de triangulação. Verificando, no campo clínico, a fragilidade pessoal de muitos jovens terapeutas ao longo do tempo, até mesmo, as escolas mais relutantes em oferecer programas mais sérios de treinamento pessoal estão entendendo a sua importância, incluindo, assim, na sua formação, um trabalho sobre os genogramas familiares do aluno e, até mesmo, um estudo aprofundado de suas famílias de origem.

Essa dicotomia entre terapias estratégicas e terapias mais interessadas nos processos de desenvolvimento da família está bem presente nos países ocidentais e é amplamente reproposta também no mundo asiático emergente de hoje, devido à "globalização" dos modelos e das práticas de intervenção clínicas. As abordagens estratégicas estão, portanto, interessadas em modificações comportamentais a curto prazo, que não incluem uma formação pessoal do terapeuta, assim como as terapias cognitivo-comportamentais. Ao passo que as terapias psicodinâmicas, mais centradas na compreensão dos processos de desenvolvimento familiar e na mudança de relacionamentos disfuncionais, requerem um terapeuta que, por meio de sua terapia pessoal, seja capaz de refletir sobre seu mundo interior e sobre seu envolvimento pessoal.

SE E ONDE COMEÇAR UMA TERAPIA PESSOAL

O tema da terapia pessoal do terapeuta familiar parece menos claro e mais controverso, tanto em substância quanto nos tempos de atuação, e o debate sobre esse assunto é absolutamente inexistente. No passado, nos primórdios da psicoterapia familiar, era praticamente certo que, para trabalhar com terapia de conflitos e de crises familiares, é necessária uma terapia pessoal de longa duração na época, principalmente de tipo psicodinâmico / psicanalítico. Era ainda mais essencial para aqueles que tinham o duplo papel de terapeuta e de professor ao mesmo tempo. Esse código de ética parece ter se perdido ou modificado ao longo dos anos por uma série de razões. Hoje, parece cada vez mais difícil para os terapeutas de família, mesmo os mais motivados, submeterem-se a terapias de longo prazo por várias razões.

Um dos motivos é certamente o econômico, correlacionado com a precariedade do trabalho e com a baixa remuneração da profissão de psicoterapeuta em geral. Como já dissemos, nas décadas anteriores, eram especialmente os psiquiatras a fazerem formação como psicoterapeutas, e a condição econômica deles era decididamente mais sólida do que a do psicólogo ou do assistente social. Outro aspecto está relacionado à possibilidade de se ter uma formação pessoal nas escolas de origem, desde que esse *training* esteja disponível e tenha eficácia comprovada, e a ideia de que essa experiência seja suficiente para o trabalho que será realizado. Essa formação também tem a vantagem de ser coerente e facilmente integrado ao modelo de *training* escolhido. Trabalhar para a própria família no grupo de *training* permite compreender muitas passagens do seu desenvolvimento pessoal e refletir sobre aspectos dolorosos e feridas ainda abertas no contexto de seus relacionamentos mais significativos. Essa experiência pode produzir transformações profundas no aluno e, ao mesmo tempo, pode prepará-lo para o encontro com famílias em terapia, tendo uma maior capacidade empática e disponibilidade humana. Além disso, favorece o aprendizado menos teórico sobre os processos de desenvolvimento familiar e mais bem assimilado, porque sente na "própria pele". Falaremos muito sobre esse tipo de formação pessoal nos próximos capítulos, ilustrando o modelo de formação da Academia de Psicoterapia da Família que se desenvolveu nos últimos trinta anos (Andolfi, 2015).

No entanto, a experiência de tantos anos de trabalho clínico e ensino confirma a minha crença de que aqueles que conseguem considerar os anos de especialização como "formação de base" e não como "formação pessoal" e se motivam a realizar experiências subsequentes de terapia individual serão capazes de adquirir uma consistência profissional e humana muito superior. Posteriormente, descreveremos quanto essas oportunidades de se submeter à terapia pessoal após o *training* pode ser integrada com as experiências de vida, a verdadeira matriz para conhecer a si mesmo em relação aos outros.

No que diz respeito à maior ou à menor coerência de uma terapia individual em relação ao modelo de formação escolhido, sou decididamente mais favorável a contextos separados. Começar uma terapia dentro do seu ambiente de formação, escolhendo um terapeuta entre os professores ou ex-alunos de própria escola ou em qualquer caso entre terapeutas que compartilham a mesma formação profissional, certamente, pode ser mais consistente, mas existe o risco de se fechar no próprio modelo, percebido, dessa forma, como a "sua própria igreja". Outro risco é de uma excessiva contiguidade, com o perigo de se criar uma espécie de promiscuidade e confusão entre aqueles que desempenharam um papel didático e aqueles que assumem o papel terapêutico para o aluno.

Provavelmente, seria mais útil uma descontinuidade entre os locais de formação e os de terapia pessoal, tanto a nível físico quanto a nível metafórico, pois fazê-lo favorece uma maior reflexão tanto sobre um quanto sobre o outro. Além disso, a diversidade de linguagens e de culturas terapêuticas representam um enriquecimento, como quando se aprende uma língua estrangeira. A experiência é mais complexa e decididamente prejudicial, entretanto, muito rara, de terapias individuais, às vezes psicanalíticas, que, de forma mais ou menos explícita, tendem a questionar as escolhas dos próprios percursos de formação. Fazer uma terapia individual significa se conhecer melhor e, certamente, não ser doutrinado para mudar sua identidade como terapeuta familiar. Pelo contrário, para se conhecer melhor em níveis mais profundos, pode ser um enriquecimento dentro da própria escolha profissional.

Às vezes, os terapeutas familiares em formação trazem consigo a bagagem das terapias familiares ou de casal às quais foram submetidos em períodos anteriores ou paralelamente ao seu *training*. Essas experiências produziram um significativo crescimento e amadurecimento pessoal e, em alguns casos, representaram o elemento motivacional mais forte para começar um caminho de formação sistêmico-relacional.

O PROFESSOR E O SEU PERCURSO DE FORMAÇÃO

No decorrer do livro, será explorado o delicado tema do equilíbrio interior que deve ser adquirido e mantido por aqueles que desempenham funções docentes em psicoterapia, a fim de se ter um limite bem claro entre a formação e a terapia. Por ora, gostaríamos de reiterar a diversidade entre os diferentes modelos de ensino que correspondem a modalidades muito diferentes de se conceber a terapia e os seus objetivos.

Aqueles que ensinam partindo de uma posição de clara distância emocional do aluno e baseiam seu modelo de formação principalmente em pressupostos teóricos abstratos e no ensino de técnicas e estratégias de intervenção com base no lado cognitivo se encontram em uma posição semelhante à posição de um professor universitário, na qual a relação professor-aluno passa "principalmente pela cabeça" e é muito improvável que haja cruzamento de fronteiras e mudanças de contexto. A situação é bem diferente para quem tenta ensinar "ao vivo" os elementos constitutivos da relação, usando ferramentas ativas como genograma e a escultura familiar, talvez, convocando a família de origem do aluno em algumas circunstâncias. Nesses casos, é inegável que seja solicitada a participação emocional do aluno ao repropor aspectos importantes, às vezes, dolorosos ou obscuros, de seu ciclo de vida, tanto em âmbito verbal quanto no âmbito ainda mais envolvente da representação espacial de suas próprias relações familiares. Certamente, o grupo tem a importante função de reservatório emocional e de mente coletiva; mas é o professor que deve garantir o limite entre uma experiência de formação, centrada na exploração dos processos de desenvolvimento familiar e no uso do *Self* do aluno, e um contexto de terapia que segue regras de configuração e de relacionamento profundamente diferentes.

Esse equilíbrio interno e a clareza sobre seu próprio papel só podem ser alcançados se o professor tiver adquirido uma profundidade humana e profissional suficiente e uma autoconsciência que lhe permite abordar o mundo interno do aluno com delicadeza e com a distância necessária para não confundir um contexto de aprendizagem com aquele terapêutico.

Desde o início, foi demonstrado, por pioneiros muito importantes do movimento de terapia familiar, como Bowen, Framo, Satir e Whitaker, a importância de trabalhar os processos de desenraizamento ou de hiperdependência dos jovens terapeutas em relação às suas respectivas famílias de origem, que, frequentemente, acabavam envolvidas no processo de aprendizagem. Esses autores estavam bem cientes de quanto as questões problemáticas e os impasses do aluno em terapia ressoavam as "feridas familiares ainda abertas". Como veremos no capítulo 8 deste livro sobre "*handicap* profissionais do terapeuta", com base nessas dificuldades, existe, muito frequentemente, um bloqueio evolutivo que se formou dentro do mundo familiar original do terapeuta.

A ideia de envolver a família de origem do aluno como recurso ativo em seu processo de formação foi desenvolvida ao longo dos anos por vários autores (Braverman, 1982; Benningfield, 1987; Canevaro, 2013; Cardinali & Guidi, 2013; Cirillo et al., 2013; Van Cutsem et al., 2013). De maneiras diferentes, eles ilustraram como ativar concretamente esses recursos, bem cientes de como o impasse do terapeuta pode ressoar com questões não resolvidas em sua família de origem. Em particular, Haber e Hawley (2004) descreveram um modelo original em três fases com o qual engajar os membros da família de origem do aluno como recursos ativos para ajudar esse aluno a resolver seus dilemas profissionais.

Embora convencido da importância desse trabalho pessoal na formação do terapeuta e da indiscutível eficácia no envolvimento das famílias de origem, tive que verificar pessoalmente, desde os tempos longínquos da minha formação, os danos que podem ser causados por alguns professores que optaram, às vezes, sem querer, por se tornarem "terapeutas de seus alunos" dentro do percurso formativo. Nesses casos, o mesmo trabalho em grupo sobre o genograma familiar ou convidar a família de origem de um aluno para um encontro exploratório (fora de um pedido de terapia) podem se transformar, de forma totalmente inadequada, em verdadeiras sessões terapêuticas. Mesmo um encontro de seleção, que deveria servir para ilustrar as características peculiares de uma escola de formação e avaliar a motivação de um candidato para a frequentar, pode se transformar em uma avaliação clínica do aluno, se forem usadas, de forma totalmente arbitrária, informações sobre o ciclo de vida da família do candidato e sobre quaisquer emergências psicopatológicas.

O que acabamos de dizer nos leva a refletir sobre o código deontológico de uma profissão como a psicoterapia, que deve ser baseado em modalidades formativas claras e comprovadas pela experiência e pela pesquisa, seja para quem aprende, seja para aqueles que ensinam. Especialmente quem tem a delicada tarefa de docente, deve ter realizado e concluído estágios de formação, visando ao ensino de uma profissão que abrange, por um lado, disciplinas científicas, como a medicina e a neurociência, e, por outro, aquelas das ciências humanas, como a filosofia, a arte, a cultura, a espiritualidade etc. Esse aprendizado, juntamente às experiências de terapias pessoais, deveria permitir que o professor faça o melhor uso do seu próprio *Self* profissional e pessoal no exercício de seu papel como professor e supervisor clínico.

OS LIMITES DE UMA ESPECIALIZAÇÃO COM ESPELHO E DE UM CURSO DE GRADUAÇÃO EM PSICOLOGIA CLÍNICA

Como diretor da Academia de Psicoterapia da Família, acho que me desassocio radicalmente do pensamento universitário predominante na Itália, direcionado a repropor e a impor, na formação da psicoterapia, doutrinas acadêmicas e currículos de ensino que seguem os programas universitários, como se a especialização em psicoterapia fosse uma reapresentação ampliada de um curso de graduação.

Tendo lecionado por quarenta anos na Faculdade de Psicologia Clínica e Dinâmica da Universidade *La Sapienza* de Roma, verifiquei pessoalmente a ausência total de uma formação clínica e pessoal do aluno nas salas de aula da universidade, substituída por uma mera doutrinação teórica baseada, exclusivamente, no conhecimento dos fatídicos "livros de texto". Isso me faz afirmar, sem sombra de dúvida, que seria "monstruoso" propor novamente uma especialização em psicoterapia que siga as pegadas de um caminho universitário fragmentado e livresco, destituído de alma e de criatividade, que deveria ser totalmente refundado e alinhado aos programas universitários europeus: neles, ensina-se a praticar sob a supervisão de tutores e a refletir em aula com os professores sobre as experiências de estágios terapêuticos obrigatórios para a obtenção de um diploma em Psicologia. Só nesse caso, os modelos de formação oferecidos, que visam a fornecer os alicerces da Psicologia Clínica, assumem um valor cognitivo útil na atividade profissional subsequente. Ao fazer isso, apenas para dar um exemplo, o aprendizado da entrevista psicológica e da observação relacional são integrados à experiência prática sem permanecerem pendurados em livros. A questão da formação pessoal do aluno de psicologia clínica é ainda mais complexa e continua pendente, pois não me parece que tenha sido abordada nas universidades; nem como uma oportunidade já oferecida durante os estudos universitários nem como uma perspectiva futura para aqueles que irão desempenhar uma profissão com uma alta taxa de exposição pessoal, de conflitos e de dramas humanos. Porém, aqueles que, posteriormente, especializaram-se em psicoterapia terão inevitavelmente de lidar com tudo isso.

É bastante curioso que, na Itália, não sejam as associações profissionais ou as associações nacionais e internacionais de psicoterapia que estabeleçam os perfis das escolas de psicoterapia, mas que compete ao Ministério, aquele da Universidade, definir as idoneidades, as regras, os horários e os programas de formação da especialização em Psicoterapia. Portanto, se o modelo baseado em provas e as aulas expositivas no meio acadêmico prevalecem nos cursos de graduação, corre-se o risco de voltar a propor e ampliar a mesma lógica, minimizando o elementos constitutivos da especialização, que são, sobretudo, uma aprendizagem séria e prolongada ao longo de quatro anos de prática clínica coerentes com os pressupostos teóricos da Escola escolhida, com uma supervisão constante dos casos clínicos seguidos e um estágio sério realizado dentro dos serviços públicos.

Quase trinta anos da Lei de Psicoterapia levaram a um ampliação monstruosa do número de escolas reconhecidas e verificações, muitas vezes, baseadas em "planimetria correta", ou seja, em espaços físicos adequados de uma escola e sobre a oferta obrigatória de aulas universitárias, como de Psicologia Geral e de Psicopatologia, apenas para citar algumas entre muitas, ao invés de um estudo aprofundado e uma verificação dos modelos de formação de escolas específicas; operação sem dúvida mais difícil, mas que seria, pelo menos, digna de consideração por conhecer o estado da arte da psicoterapia na Itália.

Sem dúvida, esta lei produziu danos gravíssimos, repetidamente reportados em revistas científicas, por eminentes estudiosos do setor, com veementes editoriais, incluindo, apenas para citar alguns nomes, o de autoria de Pierfrancesco Galli em *Psicoterapia e Ciências Humanas* ou o que fora escrito por Corrado Pontalti e por Andolfi em periódicos de psicanálise de grupos e de terapia familiar. Em particular, a escolha sem sentido de excluir psiquiatras e assistentes sociais da formação em psicoterapia, limitando o acesso apenas aos psicólogos. Os primeiros, porque são considerados psicoterapeutas *ope legis*, com especialização em psiquiatria (mas zero conhecimento em psicoterapia), os últimos, porque "não estão em posse de requisitos universitários" para o acessar.

Tudo isso foi legislado, ignorando décadas de psicoterapia e de formação psicoterapêutica anteriores à promulgação dessa lei, tanto na Itália quanto no exterior, em que psiquiatras e assistentes sociais, junto aos psicólogos, eram candidatos em escolas de psicoterapia e, uma vez formados, dentre os muitos serviços de saúde mental e de hospitais infantis, eles forneciam um modelo integrado e multidisciplinar de psicoterapia. Nos anos 70 e 80, a Itália estava na vanguarda na Europa e no resto do mundo em termos de cultura psicoterapêutica em serviços públicos. Questiona-se o que resta hoje dessa herança cultural baseada no compartilhamento de pensamentos e experiências clínicas e formadoras integradas e multidisciplinares. Seria o suficiente sair para além das fronteiras provinciais da Itália para perceber que o mundo da psicoterapia no exterior não joga fora as competências adquiridas pelos profissionais da área e não exclui categorias profissionais inteiras de formação e prática de psicoterapia. Em outros lugares, cérebros e conhecimentos multidisciplinares são valorizados e preservados como patrimônio do conhecimento, fora de brigas e de carreiras universitárias!

Este livro não quer e não pode ser uma denúncia de tudo isto, denúncia que deveria ocorrer em outros âmbitos, tanto políticos, quanto em associações profissionais. Para que isso aconteça, é necessário um consenso muito amplo entre os que realmente praticaram a psicoterapia e a ensinaram durante anos com reconhecimento científico internacional e com resultados terapêuticos, reportados em diversos livros e revistas do setor, e um compromisso extraordinário, capaz de conter a fúria burocrática e a necessidade de controle vinda do alto, uma verdadeira herança italiana.

Os capítulos deste livro pretendem, na realidade, ilustrar os aspectos que se sobressaem nesses cinquenta anos de psicoterapia familiar e de programas de formação desenvolvidos pelo autor na Itália, por meio da Academia de Psicoterapia da Família, e em vários outros países, do Norte ao Sul da América, na Austrália e em países asiáticos, na busca de uma linguagem universal para falar sobre o sofrimento humano e dos recursos familiares e comunitários como "formas de tratamento" e de formação na área do psicoterapeuta. Escrever um livro sobre o uso do *Self* do terapeuta e sobre a busca pela verdade representa uma proposta de crescimento profissional para muitos colegas motivados e entusiasmados e, ao mesmo tempo, uma denúncia contra quem ainda se esconde atrás do "reconhecimento do pedaço de papel".

2. A ESCOLHA DOS MESTRES E AS MINHAS EXPERIÊNCIAS DE FORMAÇÃO

Durante meus estudos do ensino médio, eu sofria com aqueles professores que reduziam o conhecimento a matérias a serem estudadas de cor ou ao *Bignami* (manuais básicos de estudo criados por Ernesto Bignami – NT) de literatura para uso em provas. Ao mesmo tempo, eu me deixei fascinar pelo professor de filosofia, que me fazia voar com o pensamento, ou o professor de artes, que me deu uma dimensão de estética e de beleza em um período histórico em que tínhamos emergido recentemente dos escombros da guerra. Naquela época, bastava-me sonhar; eu não pensava que, em poucos anos, eu teria voado para longe em busca de meus professores.

DA MALETA DO DOUTOR AOS ENSINAMENTOS DE GIOVANNI BOLLEA

O livro *La valigetta del dottore* (Cronin, 1943) foi a minha inspiração juvenil para a escolha dos estudos médicos. Era uma narrativa mais poética do que clínica de um médico escocês diante dos sentimentos elementares da vida e da morte, da doença e do sofrimento; ler esse livro foi o impulso que eu precisava para escolher me tornar um médico, mesmo que os longos estudos de medicina se tornariam, com o tempo, bastante marginais na minha profissão.

Giovanni Bollea, professor e fundador da Neuropsiquiatria italiana, foi o primeiro farol a me guiar no conhecimento das crianças, do seu sofrimento psicológico e mental, bem como dos seus extraordinários recursos ao serviço da família. Por meio de seu ensino magistral, primeiro como estudante de medicina e depois como residente em Psiquiatria Infantil na Universidade *La Sapienza* de Roma, experimentei os primeiros passos para compreender o desenvolvimento de família, partindo justamente dos problemas apresentados pelas crianças (Bollea, 1961, 1995). Além disso, Bollea tinha entendido, desde a década de 1970, quão necessário era o trabalho sobre o *Self* para aqueles que tinham a delicada tarefa de tratar crianças com graves problemas neurológicos e relacionais. Ele, então, ofereceu residentes para participarem de uma terapia de grupo com Vincenzo Morrone, um conhecido psicanalista horniano, com uma contribuição econômica oferecida pelo Instituto de Neuropsiquiatria Infantil. Como direi mais tarde, o pensamento de Karen Horney e sua escola de formação em Nova York me permitirão enriquecer e integrar a minha formação relacional.

Porém, o limite de Bollea e de sua Escola, que irei entender melhor com o tempo, foi o de não poder se libertar do pensamento médico-psiquiátrico, nem do pensamento kleiniano para observar a criança. Em ambas as abordagens, a família era absolutamente marginalizada ou era considerada apenas como uma fonte de sofrimento infantil. A minha recusa em ver os problemas da criança separado de seu mundo relacional e meu desejo em transformar a ludoterapia em uma ferramenta de diagnóstico e terapêutica para a criança em um "jogo familiar", no qual participavam todos os atores principais da família, irão me levar a me distanciar do modelo psiquiátrico rigidamente focado na psicopatologia infantil. Nesse sentido, foi uma importante fonte motivacional para mim o seminário realizado por Mara Selvini Palazzoli em Roma no Instituto de Neuropsiquiatria naquele período. Ela também estava vindo de uma mudança histórica que havia a levado a considerar um erro o trabalho individual com as meninas anoréxicas para abraçar uma visão familiar do problema e falava com paixão de suas "novas descobertas" (Selvini Palazzoli, 2006). Foi assim que, embora com pesar, libertei-me do *jaleco branco* que não me convinha e abandonei a psiquiatria infantil para entrar no mundo da psicologia. Essa mudança me levou a me libertar do modelo médico e de suas implicações clínicas para estudar os processos de desenvolvimento e a psicoterapia familiar. Nessa transformação de identidade profissional, deixei definitivamente as minhas convicções psiquiátricas, mas levei as crianças comigo e o que elas me ensinaram me orientou por mais de cinquenta anos de atividade clínica e didática.

O ENCONTRO COM NATHAN ACKERMAN

Já durante aqueles primeiros anos, a Itália era "muito apertada" para mim: não oferecia quase nada consolidado nessa área, e eu queria extrair diretamente da fonte os estudos sobre a família e sobre a terapia sistêmico-relacional. A primeira oportunidade de expandir o meu horizonte foi passar um mês em Nova York em 1970 com Nathan Ackerman, o verdadeiro precursor e o pioneiro da terapia familiar, que abandonou a psicanálise infantil após anos de trabalho individual com a criança. Foi ele quem me deu energia e entusiasmo para me aventurar no mundo da família, a partir da observação da criança como *bode expiatório*, metáfora que ele cunhou para descrever as distorções do triângulo primário, formado pelos pais e pela criança (Ackerman, 1958,1966). Distorções relacionais, conflitos conjugais e abusos emocionais de crianças eram, frequentemente, as causas que levavam a um pedido de terapia já naqueles anos e eram fontes de sofrimento e mal-estar familiar insustentáveis. Ackerman foi a primeira autoridade no assunto a abrir o caminho a ser seguido para enfrentar de forma eficaz e criativa. Sessenta anos depois, de uma forma ainda mais dramática e chocante, somos confrontados em terapia com dinâmicas familiares e de casal muito semelhantes e, depois de ter viajado por todos os cantos do planeta, parece-me que posso afirmar que esse triste fenômeno do abuso emocional da família em relação às crianças tem um caráter universal.

Foi um período curto, mas muito intenso, passado principalmente a absorver com os olhos a sua forma de lidar com situações terapêuticas difíceis em dois contextos muito distintos: o Instituto de Terapia de Família, que levará o seu nome apenas um ano depois, após a sua morte prematura aos 63 anos, e a *Columbia University*, em que trabalhou com famílias de meninas anoréxicas. A sua forma de fazer terapia e supervisão eram muito ativas e, em alguns aspectos, provocativa, em que ele usava o contato físico e uma forma muito direta, quase hipnótica, de se relacionar com a criança para amplificar as distorções familiares e, em especial, os conflitos do casal. Em sua instituição, não havia espelho unilateral naquela época, e Ackerman fazia supervisão guiada na mesma sala de terapia; ocasionalmente, saía da sala com o terapeuta para refletir e discutir com ele como proceder, salvo, em seguida, voltar à sessão logo após e retomar o trabalho interrompido com a família. Na Universidade, por outro lado, havia um *feedback* sobre a sessão familiar que havia sido concluída: convidava, assim, para uma grande sala, a família, os terapeutas e os observadores que haviam acompanhado a sessão atrás do espelho unidirecional para compartilhar opiniões e experiências. Poderíamos dizer que antecipou muitos anos antes e de forma original a descoberta e o uso do *reflective team* (Andersen, 1991) e do espaço terapêutico. Ficaram marcadas, na minha memória, a sua personalidade carismática e a sua maneira firme e direta de conduzir a sessão e envolver as crianças, produzindo movimentos emocionais significativos tanto nos integrantes da família, quanto nos terapeutas supervisionados. Vindo do departamento da psiquiatria infantil de Roma, com uma forte marca kleiniana, em que protocolos clínicos e reflexões verbais muito sofisticadas sobre os casos eram apresentados de uma forma quase "litúrgica", foi muito libertador, para mim, ver o uso ativo do espaço e a liberdade de Ackerman para mudar contextos e clima emocional da sessão e da supervisão. Fiquei muito grato pelo acolhimento que recebi e sortudo pela oportunidade de conhecer Ackerman, uma oportunidade que, infelizmente, não teria se apresentado se eu tivesse atrasado em um ano a minha primeira viagem em busca dos mestres.

ISRAEL ZWERLING E O SOUTH BRONX

A minha primeira experiência no exterior com Ackerman foi o que me impulsionou dois anos depois, em 1972, a me mudar para os EUA, logo após concluir a especialização em psiquiatria infantil. Dos Estados Unidos, chegavam à Europa os primeiros ecos dos pioneiros do movimento da terapia familiar. Tive a sorte de ter como guia Israel Zwerling, o maior psiquiatra social de todos os tempos, que me ofereceu uma bolsa de pesquisa em psiquiatria social e comunitária no prestigioso *Albert Einstein College of Medicine*. Isso me permitiu mover por todos os lados, não apenas em Nova York, mas em toda a faixa atlântica dos Estados Unidos.

Zwerling vinha de uma família judia muito pobre do South Bronx, mesmo assim, ele conseguiu se tornar, primeiramente, professor em uma escola primária, depois médico, depois psiquiatra e ainda diretor do departamento de psiquiatria em uma universidade de prestígio. Ele considerava a família como uma ponte sobre o social e o bairro como um laboratório privilegiado para promover a reabilitação de pessoas marginalizadas e problemáticas. Assim, além da formação de psiquiatras, tratava da equipe de polícia, sabendo muito bem que o futuro de muitas pessoas e de muitas famílias no gueto urbano dependia de sua abordagem e compreensão dos problemas e que a prisão era o destino, quase inevitável, de muitos jovens em risco.

Ele vivia com a sua família no *Bronx State Hospital*, um hospital psiquiátrico que ele havia transformado de um local de segregação para doentes mentais em uma instituição aberta e inclusiva. As suas intuições e os seus experimentos corajosos precederam a revolução psiquiátrica que tomará forma alguns anos depois na Europa, com as experiências de Ronald Laing na Inglaterra e as de Franco Basaglia na Itália. Sob a liderança de Zwerling, comecei a trabalhar como psiquiatra social em uma escola secundária de South Bronx em um esforço para compreender os componentes individuais e relacionais da violência e interromper a trajetória delinquente de muitos adolescentes em risco. Essa experiência, relatada em alguns de meus trabalhos (Andolfi, 1997; Andolfi & Mascellani, 2010), foi um campo de treinamento para a vida pessoal e profissional, porque me permitiu identificar a raiz social de muitos comportamentos violentos e delinquentes de adolescentes marginais e as bases do racismo e do preconceito étnico tão prevalentes na cultura dominante e, até mesmo, nos serviços de atendimento psiquiátrico. A abordagem sistêmica foi essencial para compreender os componentes da família, da escola e do ambiente que favoreciam verdadeiras carreiras delinquentes para adolescentes frágeis e sem identidade. Pela primeira vez, experimentei a necessidade de ser orientado no meu trabalho por pessoas que cresceram naquele ambiente, que tinham o papel de *paraprofissional*, ou seja, uma ponte entre o bairro e a escola frequentada pelos adolescentes. A partir dessas primeiras experiências multiculturais, nascerá a ideia que se desenvolverá, muitos anos depois, na Fundação Silvano Andolfi sobre a formação e utilização de mediadores culturais (Andolfi, 2016). Ao mesmo tempo, vim para fazer parte de uma equipe de intervenção domiciliar em crise em um bairro negro e ítalo-americano de South Bronx, com o objetivo de "acabar com a crise" em casa e de encaminhar, imediatamente, o paciente para o *Community Mental Health Centar* local, evitando internações onerosas e prejudiciais em hospital psiquiátrico.

OS PIONEIROS DA TERAPIA FAMILIAR DA COSTA LESTE DOS ESTADOS UNIDOS

Levaria muito tempo para entrar em detalhes sobre os institutos de terapia familiar que frequentei naqueles anos febris de formação e de atividade clínica de campo. Vou me limitar a descrever as experiências mais significativas adquiridas na minha juventude em contato com vários pioneiros da terapia familiar, com os quais mantive um vínculo pessoal e profissional por muitos anos depois.

Morando em Nova York, comecei meus cursos de formação na *Family Study Section* do *Albert Einstein College of Medicine* com Zwerling, Scheflen, Ferber e outras personalidades da área. Com curadoria de Ferber et al., foi lançado, naqueles anos, o *The Book of Family Therapy* (1972), livro que coletou as primeiras experiências de terapia familiar centrada no *Self* do terapeuta, enquanto Scheflen publicava o ensaio histórico intitulado *Body Language and Social Order* (1972) para descrever sinais familiares e sociais transmitidos por meio da linguagem corporal. Simultaneamente, participei de grupos de formação no *Ackerman Family Institute* de Nova York com a orientação de Kitty La Perriere e Peggy Papp.

Durante ambas as experiências, fortemente orientadas para a descoberta e para o uso do envolvimento pessoal do terapeuta na atividade clínica, aprendi a usar o genograma e a escultura da família, ferramentas novas e poderosas na formação e na terapia. Eu não apenas aprendi a teoria, mas experimentei, na própria pele, a utilidade de apresentar o meu genograma e esculpir minha família em um momento muito doloroso de minha vida após a morte trágica e repentina de meu irmão. Ainda hoje, décadas depois, mantenho relacionamentos íntimos e amigáveis com alguns dos colegas que se passaram por membros da minha família, isso para enfatizar o impacto e a participação emocional do grupo. Também, lembro-me da última escultura, aquela posteriormente chamada de *escultura do futuro* (Onnis, 2017), que fiz com grande apreensão na *Ackerman Institute* antes de meu retorno à Itália, sinalizando, com a linguagem do corpo e a distância espacial, as minhas preocupações e incertezas com relação ao meu "voltar para casa".

Essas experiências formativas e transformadoras ficaram gravadas na minha memória e, ao longo dos anos, pude elaborá-las e propor o genograma e a escultura da família como instrumentos formativos para as gerações subsequentes, com a convicção de que o que qualifica e dá sentido para o fato de sermos professores é o quanto nós mesmos vivemos na própria pele e o que conseguimos, então, transmitir aos nossos alunos.

SALVADOR MINUCHIN, JAY HALEY E A *PHILADELPHIA CHILD GUIDANCE CLINIC*

Nos mesmos anos, começava a minha colaboração com Sal Minuchin na *Philadelphia Child Guidance Clinic* (a verdadeira Meca da terapia familiar dos anos 70-80), na qual eu estava envolvido como membro do corpo clínico, acompanhando famílias sob a orientação de Sal Minuchin e Jay Haley. Deste último, tive supervisão direta de seis meses de um caso de encoprese infantil, cujos resultados apareceram em meu primeiro livro de terapia familiar (Andolfi, 1977). Essa experiência me permitiu apreciar as habilidades humanas e profissionais de Haley e a sua generosidade em conduzir comigo uma supervisão direta para todo processo terapêutico. Dele, pude absorver a capacidade de lidar com os conflitos familiares de forma estratégica, por meio de tarefas e prescrições para casa, com o objetivo de modificar os comportamentos inadequados de Alex, criança encoprética de 11 anos. Ao mesmo tempo, pude apreciar seu respeito por minhas ideias, como a de construir uma aliança com a criança para descobrir onde estava o pai, ausente da família há muitos anos.

O que ainda me parece um mistério é por qual motivo Haley sempre se recusou a fazer terapia e preferiu sempre fazer o papel de supervisor. Por um lado, talvez Haley não tivesse as qualificações profissionais para ser psicoterapeuta, por outro lado, devia encontrar alguma dificuldade em se ver como terapeuta. Apesar disso, as suas ideias e as suas percepções clínicas foram magistrais e muito eficazes e sua contribuição para o desenvolvimento das teorias sobre a família foram excepcionais. São incontáveis seus trabalhos científicos no setor, gostaria de citar *Strategies of psychotherapy*, o livro que melhor destaca a sua originalidade entre todos (Haley, 1963).

Sem dúvida, o pensamento estrutural e o trabalho clínico de Minuchin com as crianças e suas famílias, que observei por longas horas com interesse e continuidade, foram os alicerces sobre os quais construí a minha pessoa terapêutica. O diálogo com Minuchin, primeiro como aluno, depois como colega e amigo de longa data, acompanhara-me pelos próximos quarenta e cinco anos. Sobre Minuchin e sua influência em minha maneira de clinicar e ensinar, escrevi extensivamente e remeto o leitor a algumas das obras mais significativas nesse sentido (Andolfi, 2015, 2018).

O modelo estrutural foi, sem dúvida, muito útil para trabalhar com as famílias fortemente desintegradas do gueto urbano, em que havia regras e papéis bem definidos e as fronteiras entre as gerações eram muito confusas; mas, francamente, é com qualquer tipo de família em que a observação das fronteiras geracionais e de possíveis tríades rígidas são fundamentais tanto em um nível de diagnóstico quanto em um nível terapêutico. No entanto, deve ser dito que a contribuição de Minuchin, no mundo sistêmico, não foi tanto como sendo um promotor do modelo estrutural, tanto quanto por ter revolucionado o modo como lidar com as dificuldades de crianças e de adolescentes, explorando as suas identidades étnicas e culturais e melhorando os recursos das famílias, mesmo as mais problemáticas. Como Zwerling, Minuchin também era um psiquiatra social que buscava componentes culturais e os valores de uma comunidade específica, dando voz às crianças e, também, aos adultos da família; em especial, ele apoiou e ajudou os pais, que ele frequentemente via como o elo frágil no sistema familiar, a assumir um papel de responsabilidade.

Antes de terminar este pequeno parágrafo, gostaria de apontar uma espécie de continuidade histórica, ou melhor, de "transmissão intergeracional" de conhecimento: Ackerman foi o primeiro professor de terapia familiar de Minuchin, que, por sua vez, foi meu mestre mais significativo. Além disso, Minuchin, como eu, optou por fazer uma psicanálise neofreudiana em Nova York; não é por acaso que Minuchin indicou Erich Fromm, Harry Sullivan e Karen Horney como os "precursores de terapia familiar" em seu *Quilt* sobre o desenvolvimento de modelos de terapia familiar, apresentado durante a conferência sobre os pioneiros da terapia familiar em Roma em 2000 (Minuchin, 2002). Ao se observar atentamente o trabalho clínico de Minuchin e o meu, apesar das inevitáveis diferenças de estilo e de sensibilidade terapêutica, o *húmus* da Psicologia Positiva é apreendido, levada a diante pelo grupo neofreudiano, que foi um dos elementos forte da divisão e do abandono da teoria freudiana.

Nos últimos anos, os encontros com Minuchin foram menos frequentes, mas frequentemente enviávamos os nossos livros de terapia familiar assim que eram publicados e refletíamos sobre eles juntos; em um e-mail, alguns meses antes de sua morte, Minuchin me escreveu: "Maurizio, nós dois sofremos da mesma doença, a de pensar que ainda precisamos comunicar *as verdades* que conhecemos para tantas pessoas que não as querem ouvir". Talvez, a doença a que Minuchin se referia é a de acreditar nas famílias e em seus recursos sociais, além das aparências, e, mais ainda, em não ver a criança como o problema, mas sim como a principal estrada para entrar no complexo mundo dos adultos.

JIM FRAMO E A FAMÍLIA DE ORIGEM NA TERAPIA DE CASAL

Meu envolvimento semanal na Filadélfia, na *Child Guidance Clinic de Minuchin*, permitiu-me conhecer outro pioneiro da terapia familiar, Jim Framo, que não só vai me inspirar por seu trabalho original sobre casais em uma dimensão intergeracional, mas também abrirá a sua casa para mim. Dessa forma, eu fui seu hóspede regularmente e, ao mesmo tempo, pude observar seu trabalho clínico com casais e participar de seus grupos de multicasais. Escrevi muito sobre Framo e seu trabalho com a família de origem de cada um dos cônjuges (Andolfi, 2015; Andolfi & Mascellani, 2019) e indico ao leitor as suas obras para se aprofundar posteriormente (Framo, 1992).

Framo conseguia mostrar toda a sua humanidade ao falar de seus pacientes: com entusiasmo e convicção, ele transmitia a sua genuína e inabalável confiança nas habilidades restauradoras do casal, mesmo nas situações mais impossíveis. A reconciliação com integrantes da família de origem, em especial com os pais, e o saber perdoar foram considerados por ele o tratamento primário para acabar com a hostilidade e os ressentimentos no casal. Essa crença o levava a construir cuidadosamente as bases para um encontro especial com cada parceiro e sua família de origem. Ele preferia separar o casal nesses encontros especiais, porque considerava que a presença do parceiro pudesse limitar a liberdade e a troca entre os pais e o filho. Contudo, costumava gravar o encontro e entregava a fita cassete da sessão ao parceiro para o informar do conteúdo.

A mesma confiança e convicção foram transmitidas aos grupos de multicasais com os quais trabalhava regularmente. Quando um casal voltava para o grupo após uma sessão com a família de origem, cada parceiro descrevia esse encontro como uma espécie de epifania, como um evento extraordinário de reconstrução de laços afetivos, tanto temidos quanto esperados por muito tempo. Essa experiência parecia dar a cada um dos parceiros a força para iniciar um processo de transformação profunda tanto em nível individual quanto na dinâmica de casal.

Naqueles anos, eram possíveis encontros e hospitalidade transversais, hoje impensáveis. Eu estava em casa com Framo e com sua família e frequentava o Instituto de Minuchin. Às vezes, Framo me perguntava com espanto como eu poderia estar interessado em um modelo autoritário de terapia e formação como o de Minuchin! Não há dúvida de que, naqueles anos, a abordagem estrutural era o modelo dominante e a sua aplicação era defendida por Minuchin de forma ortodoxa, a ponto de muitos terem renomeado Clínica de Orientação Infantil como Clínica de Obediência Infantil. Por sorte, Minuchin, no curso de sua evolução, será capaz de "sair das suas próprias regras" e se tornar, ao longo dos anos, um historiógrafo da terapia familiar, reconhecendo e incorporando as vozes daqueles pioneiros que fizeram a história do movimento relacional-sistêmico.

MURRAY BOWEN E A TERAPIA FAMILIAR SISTÊMICA

Também, eu ia com certa frequência a Washington, onde fui inspirado pelo trabalho de Murray Bowen e seu projeto de "mandar para casa" psiquiatras em formação, de forma a se reconectarem com suas famílias de origem e superarem seus cortes emocionais. Bowen era uma personalidade hierática, com uma voz sepulcral e olhos muito azuis, capaz de retardar o tempo ao se ter uma troca verbal com ele. Talvez, essa postura severa e indiferente era um legado por ter crescido em uma casa ao lado de um *funeral home* de propriedade de sua família. As suas terapias eram definitivamente lentas e um tanto chatas e redundantes, mas as suas suposições, descritas como *Bowen General Systems Theory* (Bowen, 1978), provavelmente, constituem os pilares da terapia familiar psicodinâmica e ainda são muito atuais e bem conhecidas em países e culturas muito diferentes. Basta citar conceitos como a diferenciação do *Self* da família de origem, o corte emocional, a transmissão intergeracional dos processos de imaturidade ou a onda de choque emocional para entender a genialidade da pessoa. Como professor, ele era capaz de ganhar vida e expressar o melhor de si ao apresentar no quadro os seus esquemas sobre triângulos familiares, que permanecerão uma herança cognitiva para as gerações subsequentes. Talvez, seu limite estivesse ligado ao clima quase religioso que se havia criado em torno de sua figura carismática: a sua própria centralidade absoluta paradoxalmente não permitia aos seus discípulos "se diferenciarem dele"! As suas ideias eram a Bíblia que todos os seus alunos tinham que absorver e ele também, como Minuchin, acabava apresentando o seu modelo de pensamento de forma ortodoxa e absoluta. Talvez, esse fechamento também estivesse ligado à necessidade, naqueles anos, de definir as fronteiras do seu território cultural e educacional.

O encontro com Bowen na *Georgetown University* foi esclarecedor para mim e rico de significados extraordinários sobre terapia e formação. Ele me entretinha no grande auditório em que dava aula, sem a presença de qualquer outra pessoa, desenhava triângulos familiares em uma grande lousa e me explicava os conceitos básicos de sua teoria. Ele descrevia com espanto os resultados de suas pesquisas e, em especial, o seu experimento mais surpreendente recém-concluído no departamento de psiquiatria: ele havia conduzido dois grupos de formação paralelamente e constatou que o grupo de psiquiatras que havia feito um *training* centrado em suas próprias famílias e na *home visit* acabou se tornando terapeutas mais experientes do que aqueles que não tiveram a experiência de "voltar para casa", para os quais ele ensinou principalmente os aspectos mais técnicos de seu modelo.

De Bowen, publiquei uma coleção de ensaios que, ainda hoje, são atuais, intitulando coerentemente o livro *Dalla famiglia all'individuo* (sem edição em português) para destacar o seu trabalho individual em um ambiente familiar (Bowen, 1978). Sem dúvida, pode-se dizer que Bowen foi um precursor da chamada "terapia individual sistêmica", que será formulada algumas décadas depois, mas da qual difere profundamente, porque a sua Teoria Geral dos Sistemas é baseada em pressupostos psicodinâmicos e não cibernéticos.

As ideias de Bowen foram completadas de forma excepcional nos anos seguintes graças a Donald Williamson, um estudioso da família que trabalhava em Houston, muito longe da *Georgetown University*, em que Bowen trabalhava. Deve-se a ele o aperfeiçoamento do conceito da *posição-eu* como conquista da autonomia pessoal formulada por Bowen e a descrição do conceito de *intimidação intergeracional* (Williamson, 1982, 1991) no estudo da dependência emocional dos filhos adultos em relação aos pais. "Somente ao se superar essa forma de sujeição, pode-se alcançar a própria *personal authority*", Williamson se entusiasmou.

CARL WHITAKER E O MUNDO INTERIOR DO TERAPEUTA

O encontro com Carl Whitaker foi mais complexo e, de certa forma, ambivalente. Eu o conheci em Nova York, quando, a convite de Zwerling, ele veio apresentar seu trabalho em nosso grupo do Bronx. Eu também o ouvi em uma convenção em Long Island, quando ele apresentou um de seus artigos, "A terapia do absurdo", que será traduzido e aparecerá dois anos depois na primeira edição da revista *Terapia Familiar* (Whitaker, 1975).

A minha primeira impressão foi bastante irritante e inquietante, considerando que, em ambas as circunstâncias, ele se apresentou com um agasalho de ginástica, uma voz dissonante e um ar distante e absolutamente não empático. Então, eu momentaneamente o descartei de meus interesses educacionais, exceto ao encontrá-lo novamente em Roma, alguns anos depois, convidado de Camillo Loriedo e sua escola. Naquela ocasião, eu fui convidado a fazer a tradução simultânea do inglês para o italiano em uma difícil sessão de aconselhamento com um jovem paciente psicótico e sua família no limite do desespero. Ao ter que me identificar com ele na qualidade de tradutor, fiquei impressionado com sua extraordinária capacidade de entrar em sintonia com o mundo irracional do paciente e de criar um contexto normalizador, no qual todos os integrantes da família eram ativamente engajados.

Foi o início de um vínculo profundo com Whitaker, caracterizado por minhas visitas periódicas a Madison, Wisconsin, em que fui apresentado por ele como um coterapeuta italiano em todas as suas sessões de psicoterapia que eu participava, que duravam ininterruptamente das 9 horas da manhã até às 17 horas. Para entender o personagem, poderia citar as situações que são, no mínimo, constrangedoras, quando, no meio da sessão, ele caia em um sono profundo e eu era obrigado, como coterapeuta, a ocupar o seu lugar e continuar a sessão.

Depois que nosso relacionamento foi aprovado de uma forma certamente incomum, encontramo-nos conduzindo vários seminários juntos na Itália, em Bruxelas, Lisboa, África do Sul, até um último *workshop* conjunto realizado em Miami para a conferência anual AAMFT *(American Association for Marriage and Family Therapy)* em 1995, intitulada "Quando o aluno ensina o professor". Este será o último compromisso profissional antes de um AVC que levará a uma longa invalidez e depois à morte. Por essa razão, aquele seminário representou, para mim, um momento precioso de encontro a ser guardado na memória, e ambos estávamos engajados como coterapeutas em uma sessão familiar.

Em vários trabalhos (Andolfi, 2002, 2015), apresentei o pensamento e a modalidade terapêutica de Whitaker e sua influência no meu amadurecimento como terapeuta. Ele era certamente um gigante na abordagem clínica das psicoses. Whitaker contava que, durante longos anos da sua juventude, cresceu em uma condição quase "autista", decididamente isolado do contexto social. Essas experiências de isolamento social provavelmente permitiram que ele desenvolvesse uma sensibilidade especial em abordar o mundo da imaginação e da irracionalidade, e as suas próprias "ideias malucas", que utilizava como forma de associação livre com a experiência de pacientes e famílias, são uma prova disso.

Para a minha formação pessoal, foi importante observar e compreender como Whitaker descrevia o mundo interior do terapeuta e a transição ao fazer terapia para ser você mesmo e ser autêntico no relacionamento terapêutico. No diálogo com as famílias, foi muito direto, evitando usar o *double thinking*, que é uma linguagem mais conveniente a fim de evitar a exposição em um nível pessoal. Dizer abertamente o que sentia ou pensava sem a autocensura, incluindo as suas "ideias malucas", era seu imperativo categórico. Precisamente, esse desejo de ser sempre ele mesmo e de não recorrer à linguagem do politicamente correto acabará por o marginalizar, primeiro, do mundo psicanalítico, que o censurava por apresentar uma espécie de manifesto de irracionalidade, e depois do mundo psiquiátrico e psicoterapêutico. Na verdade, os psiquiatras não podiam tolerar sua pesquisa de recursos, mesmo nas famílias mais patológicas, que ele, ao contrário, considerava normal, deixando em segundo plano qualquer programa farmacológico. Esses psicoterapeutas, de acordo com Whitaker, estavam ocupados demais se protegendo do risco de contágio emocional das famílias, formulando hipóteses, discussões acadêmicas e elaborando estratégias de intervenção "às costas da família" sem querer se encontrar em um plano mais profundo e interior com o sofrimento trazido pelas famílias.

KAREN HORNEY E A MINHA PSICANÁLISE PESSOAL

Não sei dizer onde encontrei tempo, mas, naqueles anos, também, comecei uma formação psicanalítica como candidato na *Karen Horney Clinic* em Nova York e, ao mesmo tempo, minha análise pessoal.

Ao estudar o pensamento de Horney, enriqueci minhas reflexões sobre o tema do *Self*, um assunto sobre o qual há um amplo debate no mundo psicodinâmico e sistêmico. Em particular, Winnicott (1965,) com seus estudos sobre o falso *self*, destacou a sensação de inutilidade subjetiva naqueles que falsamente baseiam sua identidade na conformidade com as necessidades e desejos dos outros de acordo com o ditado: "Eu sou como você me quer". Karen Horney escreveu exaustivamente sobre a busca pelo *Self real* e sobre a luta que cada indivíduo enfrenta entre duas forças sobrepostas: uma, que empurra para cima, na qual pode se desenvolver um *Self* grandioso e uma imagem idealizada de si mesmo (o auge do narcisismo); a outra força, que empurra para baixo, na qual pode se desenvolver uma imagem desprezada de si mesmo com o resultado de sentir uma escassa estima pessoal (Horney, 1951). Quantas pessoas chegam à terapia usando a metáfora de "sentir-se como um capacho que todos podem pisar". A sua mudança para o mundo interpessoal ao descrever *Nossos Conflitos Interiores*, livro histórico de 1946, é ainda mais marcada quando ilustra as três atitudes fundamentais do conflito básico presente em todas as pessoas: ir em direção às pessoas, ir contra às pessoas ou se afastar delas. O conflito se torna mais marcado nos pacientes neuróticos, afirma Horney, nos quais essas atitudes relacionais, em vez de coexistirem de forma bastante harmoniosa, tornam-se formas forçadas de ser das quais não se podem prescindir e que condicionam negativamente a vida (Horney, 1946).

Experimentar a dimensão do paciente por vários anos no divã psicanalítico, primeiro em Nova York e depois em Roma, foi uma experiência importante de disciplina interior, da autorreflexão, de longos e dolorosos silêncios, de aceitação do tédio e de ter que me conectar por meio de sonhos e de imagens com o meu mundo intrapsíquico, eu que sempre me interessei pelo mundo relacional das pessoas. Ao final dessa experiência, não apenas clínica, mas também didática, como candidato do Instituto Horniano de Psicanálise, posso admitir que tive um grande benefício, tanto como uma forma de tratamento pessoal, quanto em termos de ideias, absolutamente compatíveis com o modelo sistêmico-relacional. A atenção do modelo Horniano para o mundo cultural e social do paciente juntamente a uma visão positiva do homem e de seus conflitos internos foram elementos de enriquecimento e de integração com o que se aprendeu com os pioneiros de terapia familiar.

Desde muito jovem, entendi a necessidade de explorar os mais diversos territórios formativos e de absorver ideias e experiências de fontes de inspirações diferentes e, às vezes, contrastantes entre elas.

Por um lado, intrigava-me a introspecção psicanalítica, por outro lado, o serviço social me ajudava a entender as razões da violência e da marginalização e, acima de tudo, o dilema identitário de muitos adolescentes em risco. Por fim, a família e o estudo de seus processos de desenvolvimento me pareciam o melhor enquadramento para os dilemas individuais, como os conflitos e as dinâmicas relacionais, mas sempre considerando a família como um sistema aberto para o seu exterior e em conexão com a realidade social.

Pensando, hoje, em minha experiência formativa de muitas décadas atrás, considero-me muito privilegiado em comparação à geração de alunos de hoje que optam por se formar como psicoterapeutas. Eu tive que mudar de continente em busca dos meus mestres e não tinha condições econômicas próprias. Eu só ganhei bolsas que me permitiram me especializar no exterior. Entretanto, os mestres, eu escolhi bem e não os encontrei na porta de casa e nem mesmo na minha cidade. Eu não os escolhi no *Google*, isso não existia, mas eu os descobri indo a fontes históricas. Eu não escolhi por afinidade, ao contrário, pela diversidade de suas ideias sobre família, sobre o papel do terapeuta e sobre as crenças políticas. Tentei fazer coexistir, na minha mente e, também, no meu mundo emocional, personagens e métodos de intervenção, às vezes, opostos ou, até mesmo, em antítese entre eles. Eu fiz uma longa terapia psicanalítica centrada em sonhos e sobre o meu mundo interior, quando senti um entusiasmo e quase uma militância pelo relacionamento. Eu também fiz, como paciente, uma terapia de casal kleiniana, eu que deixei, há muitos anos, o departamento de psiquiatria infantil, porque é excessivamente kleiniano! Porém, demorei vários anos para integrar o que aprendi na formação e na terapia e escolher o caminho mais adequado ao meu temperamento e à minha *missão* terapêutica.

Com os parâmetros correspondentes a uma escola de formação de quatro anos, como previsto hoje pela lei italiana, eu teria sido um estudante desconcertante, talvez irrecuperável, porque eu teria traído em várias ocasiões meus professores e colocado em risco meu próprio senso de pertencimento a uma instituição de ensino, segundo o lema "É melhor trair do que ser doutrinado pelos ditames de uma única Escola".

A ESCOLA DA VIDA COMO UM LUGAR DE APRENDIZAGEM PRIMÁRIA

Em várias ocasiões, escrevi sobre o quanto aprendi com as crianças e com os pacientes psicóticos mais do que com meus mestres oficiais. Com seu pensamento mágico, os primeiros me ensinaram como me comunicar por meio do jogo e das metáforas; os outros, por meio da linguagem da irracionalidade e de suas "vozes não convencionais", ajudaram-me a me libertar do pensamento lógico e da norma como critério de medida das relações. Ao longo dos anos, eu tenho me enriquecido muito ao tentar "tocar a pessoa", frequentemente escondida ou negada, de adolescentes em risco, permitindo-me ser guiado em seus mundos internos e relacionais sem me deixar distrair ou intimidar pela confusão de seus comportamentos sintomáticos.

Refletindo sobre mim perto dos 80 anos, posso confirmar, sem sombra de dúvidas, que a escola da vida é o lugar da aprendizagem primária, no qual a força vital e a resiliência são forjadas por meio de eventos e de adversidades com os quais cada pessoa tem que lidar ao longo de sua existência. Nesse sentido, as experiências vividas ao longo de várias gerações, os fracassos sofridos e as conquistas alcançadas, a alegria de viver e a necessidade de amor, bem como as perdas e as separações, que nos fazem sentir dor e uma sensação de vazio, são as matérias primárias a serem assimiladas na escola da vida. Elas são muito mais transformadoras do que qualquer escola de formação ou qualquer terapia individual, pois não têm limite de tempo e evoluem ao longo da vida. Essas terapias pessoais podem servir como um "acidente evolutivo" para melhor elaborar e valorizar os nossos eventos, que, no entanto, continuam sendo as fontes primárias de conhecimento. É óbvio que, para que as experiências de vida sejam verdadeiramente formativas, é necessário vivê-las e aceitá-las com todas as dores e sofrimentos que se seguem e perceber que elas acabaram se transformando em força vital.

Este livro tem como objetivo acompanhar o leitor nessa jornada interior do terapeuta, que pode aprender a usar melhor todo seu ser e aproveitar a riqueza de suas experiências pessoais e profissionais para sintonizar e valorizar as famílias que encontra na terapia.

3. O ENCONTRO ENTRE DUAS FAMÍLIAS E A AUTORREVELAÇÃO

QUEM ESTÁ NA SESSÃO

Devemos ao pensamento psicodinâmico, a descrição de "família representada" (Tambelli & Zavattini, 1996), que explica como no encontro terapêutico acabam estando presentes e sendo acessadas a *família interna* do terapeuta e a família que está pedindo ajuda. Cierpka (1993) fala sobre desenvolvimento do sentimento de família que anda de mãos dadas com a aquisição de uma imagem interna da família, ou seja, da interiorização das relações familiares como "um todo" em um nível mais complexo do que o individual ou a díade. O paradigma sistêmico se interessa mais pela *practicing family*, ou melhor, pelo mundo das interações reais e observáveis; na abordagem psicodinâmica, prevalecem aspectos mais simbólicos e um modelo de *represented family* como um sistema internalizado de relacionamentos. Em várias ocasiões, escrevemos sobre integração possível entre o pensamento sistêmico e as teorias de desenvolvimento de natureza psicodinâmica (Andolfi & Angelo, 1987; Andolfi, 2015; Andolfi & Mascellani, 2019).

Essa integração nos parece possível se observarmos os comportamentos em sessão do terapeuta e dos familiares, como expressão de grupos familiares recíprocos, o *family grouping,* descrito por Stern, que é dividido em diferentes metaníveis (1995). Nessa linha, devem ser levados em consideração tanto o conceito do *Self intersubjetivo* de Stern (1985), quanto o tema do *sentido de nós* destacado por Emde (1991), em que a existência da categoria mental do *Nós* também é hipotetizada.

No entanto, parece necessário reiterar que a diferença entre o pensamento de Stern e a teoria do apego em geral reside na passagem da descrição de "*combinações de díades*" para aquelas de redes triangulares intergeracionais, que nos permitem ver as interações familiares múltiplas a partir de esquemas ou representações relacionados à família de origem, bem descritos como roteiros familiares ou *family scripts* (Byng-Hall, 1995; Andolfi & Angelo, 1987; Andolfi & Cigoli, 2003; Andolfi, 2015; Andolfi & D'Elia, 2017). O roteiro da família realmente fornece uma leitura dos eventos e da realidade que é construída ao longo de, pelo menos, três gerações dentro de seu próprio contexto cultural, como a representação de mitos familiares específicos (Andolfi, 2015). Trata-se de um cenário que se desenvolve de forma imperceptível e que pode afetar relações, papéis e identidades de cada um: se for flexível pode promover o desenvolvimento saudável de seus integrantes, ao mesmo tempo em que retarda o desenvolvimento e produz distorções relacionais se assumir um caráter rígido e prescritivo de comportamentos repetitivos e previsíveis.

Assim, por um lado, os roteiros trazidos para a terapia pela família podem ser focalizados, por outro lado, é possível que respostas emocionais relacionadas aos *family script* do próprio terapeuta possam ser ativadas na sessão, o que alguns autores descrevem como ressonâncias emocionais (Elkaim, 1992; Palazzoli Selvini et al., 1988; D'Andrea, 2003; Loriedo, 1995; Onnis, 1996; Andolfi, 2015; Robert, 2017). Essa ativação pode ser implícita ou inconsciente ou, ao contrário, o terapeuta pode ter plena consciência e autoconhecimento disso. Obviamente, o valor relacional de uma ou de outra resposta será muito diferente; no primeiro caso, quando não se está ciente disso, poderia levar a confundir os próprios aspectos emocionais do terapeuta com conflitos ou estados depressivos trazidos para a terapia pela família. No segundo caso, por outro lado, se reconhecido, pode se tornar um recurso terapêutico como a resposta contratransferencial na psicanálise.

Giovanni e sua mãe

Vamos tentar nos explicar com um exemplo que diz respeito aos aspectos de dependência excessiva de Giovanni por parte de sua mãe e o seu efeito negativo na dinâmica do casal. Um parceiro dominado por desejos e por ditames de um progenitor dominante, de quem ele não foi capaz de se diferenciar, pode negar seu significado e "não entender" ou ignorar as queixas do outro com relação às intrusões insuportáveis da sogra na vida deles como relação. O conflito do casal se potencializa, portanto, nessa "triangulação emocional", que diz respeito ao presente, mas o problema existe há muito tempo, de antigas distorções relacionais na família de Giovanni, que são repropostas como códigos de conduta atuais. É fácil entender que, se um terapeuta sofreu, ele próprio, influência de um pai dominante em seus processos emancipatórios e talvez viu o fracasso de seu casamento como resultado disso, as suas respostas emocionais poderão ser de dois tipos. Caso seja uma ferida ainda aberta e dolorida, é possível que ele tome partido e sinta principalmente as dificuldades do parceiro dependente, perdendo, assim, a sua posição de equidistância. Se, por outro lado, ele conseguiu elaborar e tomar distância de sua própria dor e da sensação de fracasso de seu projeto conjugal, será capaz de ouvir as razões de ambos e sintonizar com o sofrimento de um e do outro sem o risco de confundi-lo com o seu. Não sendo mais um castigo que o incomoda ou uma fonte de inibição, seu sofrimento passado pode, agora, transformar-se em um *conhecimento específico* e um elemento de força e compreensão humana do dilema do casal.

O esquecimento que apaga, o esquecimento que preserva

O saber indispensável que se esconde por trás de todo sofrimento da vida nos apresenta François Roustang em uma curta e preciosa contribuição na qual se questiona sobre "O que fazer com os seus próprios sofrimentos" (2004) e identifica um caminho humano válido tanto para o paciente quanto para o terapeuta. Depois de um acidente, uma separação intolerável, um luto, um trauma, cada um de nós passa por uma série de fases, que vão desde a negação do evento para atenuar o sofrimento até a sua aceitação. Porém, nem sempre isso acontece; pode-se ficar preso em uma condição de *esquecimento que apaga*, que não tolera que algo terrível realmente tenha acontecido e que fomos duramente atingidos por isso. Lembro-me de um pai que, depois de alguns anos do acidente fatal de seu filho na motocicleta, em meio a uma dor insuportável, continuava a gritar na frente de seus familiares que vieram para a terapia para "ajudá-lo a sair da depressão" que seu filho não estava morto e ninguém poderia convencê-lo do contrário. Obviamente, para ele, a dor da mãe e a dor da irmã do menino morto na moto eram menos importantes, pois não podiam entender "o que isso significa para um pai"! O *esquecimento que preserva* é diferente, em que a dor pela qual passamos não invade mais a nossa existência e em que não há hierarquias familiares entre aqueles que têm o direito de sofrer mais por causa de uma perda. A dor desaparece nas camadas mais profundas do nosso ser, permite-nos mudar o sentido profundo da vida e se transforma em uma força relacional, uma vez que permitiu a circulação do sofrimento entre aqueles que pertencem àquele mundo familiar.

As sombras do contexto

As experiências anteriores do terapeuta podem, portanto, ser espelhadas para as experiências trazidas para a terapia pela família e podem se referir a eventos significativos como uma morte repentina, um abuso infantil, um processo de migração, um divórcio hostil ou uma violência doméstica. Dessa forma, também, podem se cruzar com as respostas emocionais da família e com seu *coping system* diante dos acontecimentos da vida. Sobre isso, compartilhamos totalmente com o que Whitaker e Simons (1994) descreveram quando falam das *sombras do contexto*, descrevendo-as como fragmentos de experiências passadas do terapeuta ou do paciente que, uma vez que vieram à consciência, lançam sua sombra sobre o que ouvem e dizem durante a terapia.

Como veremos nos próximos capítulos, uma das principais funções do *training*, da supervisão, tanto direta quanto indireta, consiste justamente em desobstruir o terapeuta de possíveis impasses, tornando-o consciente de suas ressonâncias pessoais ao impacto da onda emocional trazida pela família durante a sessão (Bowen, 1978) diante das adversidades da vida, capaz de transformar uma limitação em recurso terapêutico.

A MÁSCARA PROFISSIONAL COMO UMA DEFESA DO CONTÁGIO EMOCIONAL

Como mencionado anteriormente, a leitura do livro *La valigetta del dottore* (sem tradução em português) de A. J. Cronin (1943) teve uma influência significativa na minha escolha profissional para começar a estudar Medicina. A narração desse médico, que visitava seus pacientes no interior da Escócia, proporciona um vislumbre de humanidade diante dos sentimentos elementares da vida e da morte, da doença e do sofrimento. Esse jeito de tratar a doença e de acolher bem a pessoa levou-me a escolher me tornar um médico.

O jaleco branco como defesa contra o contágio emocional

Infelizmente, as minhas expectativas em termos de humanidade e de hospitalidade do sofrimento, tanto individual quanto familiar, permaneceram profundamente frustradas no curso de meus estudos médicos e psiquiátricos. Na área médica, não há espaço, nem tempo e muito menos cultura para refletir sobre os sentimentos do paciente e de seus familiares que estão enfrentando uma doença grave. Muito menos nos perguntamos o que os profissionais de saúde sentem diante do sofrimento ou da morte de um paciente na enfermaria ou na dissecção de um cadáver durante os estudos de anatomia patológica. Da mesma forma, não podemos nos questionar qual é a sensação de aplicar eletrochoque em um paciente psicótico em fase aguda.

O jaleco branco pode se tornar uma máscara profissional que comunica competência e protege quem o está vestindo do contágio emocional. O conhecimento em medicina é baseado no modelo médico e nos seus instrumentos de diagnóstico e terapêutico para curar, mas não inclui o mundo emocional e as ressonâncias emocionais do médico, como se não fizessem parte do tratamento e tivessem que ser bem guardadas e protegidas. Por outro lado, muitos anos passados em livros e em corredores de hospitais, como estudantes de medicina e depois como pós-graduandos em alguma área psiquiátrica, é comum ter ouvido raramente falar dos aspectos relacionados aos sentimentos e às fragilidades humanas do paciente, de sua família ou de seus cuidadores, menos ainda de ter encontrado alguma informação sobre isso nos livros de medicina. Mesmo assim, a relação médico-paciente deveria ser a pedra angular sobre a qual basear o tratamento, e o efeito placebo é uma confirmação flagrante da importância fundamental de uma relação de total confiança e ligação entre aqueles que tratam e os que estão doentes, além da eficácia dos medicamentos prescritos.

A pergunta que deveríamos nos fazer, nesse momento, está relacionada a como estruturar a psicoterapia e, em especial, a psicoterapia familiar. Sem dúvidas, o fato de que a psicoterapia se ocupe também, mas não só, de doenças mentais e do tratamento dessas doenças coloca-a inevitavelmente dentro das disciplinas médicas, em particular, da psiquiatria e da neurociência; mas, ao mesmo tempo, é inegável que, tratando da dimensão humana, deve também alcançar conhecimentos no campo das *ciências humanas*, com particular referência à psicologia, à filosofia, à cultura, à arte, à espiritualidade, ao contexto social, étnico e religioso. Infelizmente, no mundo ocidental, essa relação entre as ciências médicas e as ciências humanas é muito desequilibrada, com a predominância do modelo médico e dos medicamentos "cientificamente testados" para prevenir ou eliminar tristeza, infelicidade, falta de desejo sexual, dor pelo luto, envelhecimento e solidão. Ao mesmo tempo, assistimos à crescente "psiquiatrização" de muitos comportamentos humanos, considerados disfuncionais e incluídos e classificados em manuais como o DSM-5. Conforme já escrito no livro Terapia familiar Multigeracional (Editora Artesã, 1ª edição, 2018), remédios e categorização de diagnósticos contaminaram o pensamento de instituições de saúde e de gerações de profissionais que não conseguem olhar além dos sintomas de um único indivíduo, dividindo famílias em mônadas, não mais observando a família como uma unidade emocional (Andolfi, 2015).

O DESENVOLVIMENTO DO *SELF* DO TERAPEUTA

A atenção ao desenvolvimento do *Self* daqueles que conduzem uma psicoterapia de profundidade origina-se na época de Sigmund Freud (1910) e nas suas expectativas de que os candidatos à psicanálise deveriam se submeter a uma análise pessoal individual como parte da formação. Podemos afirmar que essa tradição se manteve com coerência e continuidade por mais de um século no mundo psicanalítico.

Já descrevemos as controvérsias em torno da formação pessoal do terapeuta familiar; neste capítulo, vamos falar de quem, como o autor, adotou uma abordagem humanística para cuidar de transtornos psicológicos e mentais e tem colocado o uso do *Self* do terapeuta como um elemento central da relação terapêutica e das transformações da família. Sabe-se que, a partir da década de 1960, Virginia Satir e Carl Whitaker foram os mais importantes representantes da abordagem humanística que visa a potencializar os aspectos positivos e os aspectos vitais do indivíduo, como também do sistema familiar (Gurman & Kniskern, 1991). Representantes respeitados da *terapia simbólico-experiencial* tinham temperamentos e modalidades muito diferentes no uso dos seus *Selfs*. Satir era central, cheia de sentimentos, em busca do contato físico e de um uso dinâmico do espaço terapêutico (Haber, 2002). Whitaker era mais distante, observava as interações de uma posição periférica, recorrendo frequentemente ao humor, ao ponto do absurdo (as suas ideias malucas) e à *self-disclosure*, mas ambos viam, no crescimento humano, a função primária de psicoterapia.

A terapia, diz Satir, é uma experiência profunda, íntima e vulnerável que requer grande sensibilidade no encontro entre a essência mais humana do terapeuta e de quem lhe pede ajuda. Por causa disso, os terapeutas precisam ter seus problemas resolvidos ou, pelo menos, que estejam cientes daqueles que ainda estão abertos com as suas próprias famílias de origem, de forma a adquirir equilíbrio e congruência que permitam se relacionar com os pacientes sem recorrer a mecanismos projetivos (Satir, 1987). O modelo de Satir (Satir et al., 1991) propõe quatro objetivos para o desenvolvimento do *Self* do terapeuta, que podem ser alcançados com um treinamento adequado: 1) o aumento da autoestima, que inclui também saber cuidar de si; 2) a capacidade de ter mais opções e maior liberdade, "ouvindo com seu ouvido interno e olhando com seu olho interno" (fenômeno que Satir chama de *atenção interior*), tendo uma percepção positiva do mundo; 3) o crescimento do senso de responsabilidade em responder de forma empática, transparente e sem julgamentos às necessidades do paciente; 4) desenvolvimento de congruência: para Satir, essa é a peça-chave para estabelecer relações terapêuticas verdadeiramente autênticas. O primeiro nível de congruência é aceitar e valorizar os seus próprios sentimentos, o segundo é conseguir estar em harmonia consigo mesmo, com os outros e com o mundo, enquanto o terceiro consiste na capacidade de se conectar com a energia vital de outras pessoas em um nível espiritual. Sem dúvida, Satir, desde a década de 1960, incorporou os fundamentos do movimento espiritual que, a partir do Budismo e da filosofia oriental, em tempos mais recentes, tomou forma no mundo ocidental com o termo *mindfulness* (Tolle, 2004; Kabat-Zinn, 2013; Germer et al., 2013); o monge vietnamita Nhat Hanh é considerado o pai desse movimento e, por meio de seus ensinamentos e livros, incluindo *Your True Home* (Nhat Hanh, 2011), essa forma de meditação teve uma difusão extraordinária, mostrando grande eficácia tanto em manter a saúde física e mental quanto em muitas condições médicas e psicológicas.

Whitaker (1994), usando a si mesmo como modelo, propõe-se ora como mãe, ora como pai simbólico, usando a metáfora do pai adotivo. Ele instiga o terapeuta a passar *do fazer* e, portanto, do uso e predomínio de técnicas, para *ser terapeuta*. Sobre seu *Self* interior, assim se expressa:

> Estou encenando o papel que os membros da família na terapia representam na minha família, interpretando aquele *eu* em termos de pai, mãe ou filho adolescente da família. Eu realmente estou agindo com a minha internalização pessoal em cada um desses papéis, desencadeando um processo de cura. (Whitaker, 1994)

E mais: "Ao sintonizar comigo mesmo (*my core self*) na presença de um outro (a família) que se sintoniza com o seu próprio Self, uma forma especial de intimidade é criada, uma influência recíproca como em um jogo paralelo" (Keith, 2015). Os objetivos traçados por Satir e Whitaker, que vão muito além da ideia de tratar sintomas ou modificar comportamentos disfuncionais, mostram-nos o quanto é essencial explorar as maneiras pelas quais os terapeutas podem aprender a usarem a si mesmo na terapia como agentes de mudança, com cada vez mais consciência e eficácia.

Tudo isso requer uma formação que treine o terapeuta a construir uma interação e sinergia entre o *Self* profissional e o *Self* pessoal, a partir de tal articulação se forja a sua identidade (Aponte, 1994; Haber, 1994; Timm & Blow, 1999; Robert, 2017). Gritti e Canevaro (1995) nos falam sobre a escolha vocacional e a identidade do terapeuta familiar, que descrevem o complexo entrelaçamento que conecta a identidade do terapeuta familiar e o seu estilo terapêutico à escolha vocacional que dá origem e ao cenário familiar que é sua raiz. O *Self* pessoal é nutrido pela harmonia entre o sentimento de pertencer à família de origem e ao seu próprio contexto cultural e aos vínculos horizontais formados pela família atual e pelo sistema de amizade e de trabalho. O *Self* profissional se desenvolve a partir dos estudos universitários, do *training* específico realizado em uma escola de formação para compreender gradualmente a sua rede profissional e institucional. Não menos importante, para a construção da identidade profissional, é a contribuição dos pacientes e das famílias, que, com seu comprometimento, as suas motivações e as suas transformações, bem como por meio do *feedback* remoto, dão consistência e robustez para a própria *pessoa terapêutica.*

Esclarecedor, nesse sentido, é o que Minuchin afirma aos 95 anos:

> Além do meu entendimento da arte da terapia, os conceitos interligados de pertencimento e de aquisição de múltiplos Selfs sempre assumiram maior relevância em meu trabalho ao longo dos anos. Os sistemas aos quais pertencemos, as diferentes culturas e os países de origem de onde viemos, nos dão uma noção de quem somos, eles nos fazem sentir aceitos e representam a forma de acessar a experiência de múltiplas identidades (Minuchin, 2017).

Nesse mapa complexo de interações, um significado fundamental é assumido pelos eventos e pelas adversidades da vida que marcam a vida humana e profissional do terapeuta, ajudando a definir a sua identidade, o seu planejamento existencial e a sua dimensão espiritual.

Um expoente importante da *psicoterapia existencial* é Irvin Yalom (1980), que dedicou toda a sua vida profissional à preservação de uma abordagem humana e solidária para o sofrimento psicológico. Dentro da psicoterapia individual, orientada para a psicodinâmica, abriu-se uma abertura para o uso de uma linguagem incomum, como a do livro "Os desafios da terapia" (Yalom, 2001) e as palavras *amor e compaixão.* Assim, ele coloca em seu livro "Eu, Yalom - memórias de um psiquiatra" (Yalom, 2017): "Eu que regularmente experimento amor e compaixão em meu trabalho como terapeuta e faço tudo o que posso para ajudar os pacientes a liberar seu amor e sua generosidade para com os outros". Como Minuchin, Whitaker, Aponte, Andolfi e outros inovadores de primeira geração, ele recorreu a uma linguagem provocatória, dizendo aos seus estudantes universitários exatamente o oposto do que haviam sido ensinados nos programas de treinamento de orientação comportamental. "Evitem o diagnóstico, criem uma nova terapia para cada paciente, deixem o paciente ser importante para você, sejam verdadeiros" (Yalom, 2017).

Aponte, retomando uma metáfora que provém de figuras mitológicas da Grécia antiga, usa a expressão *wounded healer* (tradução literal seria "curador ferido") para descrever o poder das experiências do terapeuta tanto na terapia quanto na formação (Aponte & Kissil, 2016). Refere-se, em particular, a experiências adversas da vida que levam o terapeuta a desenvolver uma sensibilidade e uma empatia universais para com o sofrimento dos outros; de suas feridas, uma vez curadas, surge a capacidade de oferecer o valor dessas experiências de vulnerabilidade pessoal para cuidar de outros. Essas experiências, então, tornam-se uma fonte de conhecimento e permitem reconhecer e entrar em uma relação empática com os sofrimentos trazidos à terapia por indivíduos e famílias.

A *SELF-DISCLOSURE* E A RELAÇÃO TERAPÊUTICA

A *self-disclosure* (usaremos a tradução em inglês do termo "autorrevelação", amplamente utilizada internacionalmente) faz parte das atitudes do terapeuta que visam a facilitar a relação terapêutica e a favorecer uma troca mais autêntica e transparente com os membros da família. Fragmentos da vida pessoal do terapeuta, experiências do passado, crenças e valores éticos, dilemas emocionais, fracassos ou sucessos, medos ou mesmo sonhos podem ser revelados na sessão. O propósito é entrar em sintonia com conteúdos igualmente pessoais e, às vezes, altamente conflitantes ou dolorosos expostos pela família e, compartilhando uma experiência autêntica, incentivar a mudança. Outra forma de *self-disclosure* é quando o terapeuta comunica impressões ou faz associações com situações terapêuticas que dizem respeito a outras famílias seguidas por ele em terapia em outros períodos históricos ou em outros contextos. O objetivo é desviar a atenção e a curiosidade de todos para eventos que, embora estranhos, contêm elementos de semelhança com a terapia em andamento. Na medida em que pode ser mudada a atenção, será mais fácil superar resistências e favorecer reflexões mais abertas à realidade atual.

Para que esse tipo de revelação, profundamente humana e confidencial, tenha efeitos positivos, é necessário que seja criado, na sessão, um contexto seguro e sem julgamentos, baseado na confiança mútua e no respeito pelos limites entre aqueles que vem à terapia com um pedido de ajuda e de mudança e quem tem a responsabilidade de recebê-los e, possivelmente, satisfazê-los. Sabe-se que tudo isso requer a presença de terapeutas que, além de sólida competência clínica, possuam um bom conhecimento de si mesmos e uma acentuada capacidade autorreflexiva que permita avaliar a oportunidade e o momento certo para revelar aspectos profundos de sua vida pessoal e profissional para fins terapêuticos. Por outro lado, tudo isso seria improdutivo se tivesse objetivos puramente estratégicos ou seria prejudicial se fosse alimentado por problemas de narcisismo pessoal do terapeuta ou de sua excessiva centralidade no cenário terapêutico.

Vamos tentar explicar com um exemplo para entender melhor como algumas formas de *self-disclosure* podem ser inadequadas, mesmo se realizadas com boas intenções.

Uma história de sucesso que distancia: a tentativa de suicídio de Noemi

Um terapeuta, há muito tempo, atende Noemi, uma garota que tentou se suicidar várias vezes e que tem a sensação de não ser amada nem por seu pai nem por sua mãe, que se separaram de forma hostil há alguns anos por causa de uma traição conjugal por parte do pai. Ainda hoje, há guerra aberta entre os dois ex-cônjuges, que participam separadamente dos encontros familiares, enquanto Noemi se sente presa entre dois fogos e duas lealdades divididas. O terapeuta gostaria de quebrar as hostilidades propondo um encontro conjunto em que os pais consigam, pelo menos uma vez, colocar as necessidades da filha antes de suas recriminações mútuas. Porém, a coisa é muito difícil, porque seria necessário demolir as paredes defensivas de ambos os lados. Para conseguir isso, o terapeuta pensa em usar aspectos de sua experiência pessoal, que entraram em ressonância com as problemáticas da família. Ele também sofreu por causa de uma separação conjugal muito hostil, que colocou sua filha adolescente em crise, e animado pela intenção de ajudar o casal a se encontrar pelo bem de Noemi, nas duas sessões subsequentes, em que participam separadamente os pais, revela alguns aspectos de sua história. Ele conta a dolorosa história de sua separação, seguida pela descrição da difícil, mas necessária reconciliação com a ex-mulher por causa de sua filha. Na verdade, o terapeuta involuntariamente propõe uma história de sucesso, a sua própria, diante de uma família despedaçada que sente que falhou e que será ainda mais resistente, porque acredita que o terapeuta não consegue se colocar no lugar deles e se sintonizar às suas dificuldades, propondo a sua solução. O terapeuta, sem dúvida, expõe-se em um nível pessoal, mas a sua *self-disclosure* está errada no momento e nos métodos, que em vez de fomentar o compartilhamento acaba criando um distanciamento maior com os membros da família.

A *self-disclosure* é uma modalidade relacional que está na base das psicoterapias humanísticas em que o compartilhamento dos aspectos mais humanos de si mesmo é o elemento fundador do vínculo terapêutico. Rogers (1961) e Jourand (1971) afirmam que a autorrevelação favorece a construção da aliança terapêutica por meio da sinceridade, da empatia e do apreço dos pacientes, que, por sua vez, sentem a possibilidade de se abrirem mais, uma vez que a relação hierárquica especialista-paciente seja transformada em uma relação mais igualitária e autêntica. Embora existam muitos promotores da *self-disclosure* na área da psicoterapia (incluindo Whitaker, 1994; Bowen, 1978; Framo, 1992; Kramer, 1980; Roberts, 2005; Andolfi, 2015; Hill & Knox, 2002; White & Epston, 1989; Anderson, 1991; Yalom, 2017; Zur, 2007), existem poucos estudos e pesquisas qualitativas que exploram como os pacientes experimentaram a *self-disclosure* de seus terapeutas e que impacto isso teve na relação terapêutica (Audet & Everall, 2010). Além disso, autores e escolas de pensamento que privilegiam o nível cognitivo e especulativo sobre o afetivo e experiencial tendem a afirmar que os pacientes devem ser protegidos da *self-disclosure* do terapeuta, porque é muito idiossincrática e está mais ligada à personalidade do terapeuta do que a um corpo de estudos validado nesse mérito. Outra crítica que é feita à *self-disclosure* é o perigo que os limites éticos da relação terapêutica podem ser ultrapassados, especialmente, quando se trata de áreas sensíveis, como identidade racial, orientação sexual, formação cultural, crença religiosa etc. (Roberts, 2005).

Não há dúvida que, quando se opta por tirar a máscara profissional e se valer de sua experiência pessoal e profissional na terapia, corre-se maiores riscos do que ficar com a cabeça "fora da relação" e se limitar a oferecer estratégias e prescrições que visem a modificar comportamentos perturbados ou recorrer aos medicamentos mais adequados para a situação. Os riscos da *self-disclosure*, no entanto, são relativos, porque são as respostas dos membros da família que irão guiar o terapeuta em uma direção ou outra. A psicoterapia é aquela arte que se aperfeiçoa por meio de um processo que se move entre a tentativa e o erro, como afirmam Yalom (2017) e Andolfi (2015). Você se torna um terapeuta especialista à medida que continua a fazer tentativas para abrir novas dimensões relacionais e aprender com os tantos erros e obstáculos que devem ser enfrentados no relacionamento com os pacientes. Nesse sentido, o encontro se torna ainda mais produtivo e sintônico, porque, até mesmo, famílias que pedem ajuda seguem em paralelo em seu crescimento por meio de tentativas e erros. Por exemplo, o terapeuta de quem falamos primeiro com relação à *self-disclosure* sobre a sua separação conjugal será capaz de tirar proveito das respostas defensivas dos dois pais e concordar em trabalhar ainda com suas paredes defensivas em vez de propor atravessá-las de forma prematura, seguindo as suas sugestões. Talvez, ele consiga dizer aos pais de Noemi: "Ingenuamente, pensei em ajudá-los falando sobre a minha vivência pessoal, na realidade não tinha percebido que, para derrubar um muro, é preciso tempo e o compartilhamento de quem está de um lado e do outro do muro. Só, então, Noemi estará livre para ir em uma direção ou outra".

Como em todas as disciplinas, existe um problema subjacente de aprendizado sério e prolongado para aprender a estar em contato consigo mesmo e com pacientes que estão pedindo ajuda. Não basta ter uma boa alma e uma predisposição natural para se conectar com as pessoas sobre seu sofrimento ou áreas positivas de suas vidas para se tornarem terapeutas. Esses são, no máximo, dons humanos valiosos fundamentais na motivação de alguém em atuar no campo das relações de ajuda. O resto, porém, dá-se por meio de uma formação contínua e prolongada e na prática clínica de forma a poder integrar e dominar os diferentes componentes do próprio *Self*, desde o cognitivo e reflexivo até aquele vinculado ao reconhecimento dos próprios sentimentos ao fator experiencial. Essa viagem no autoconhecimento pode favorecer a *self-disclosure* e outras modalidades de intervenção que visam a descobrir como a humanidade e a criatividade são componentes essenciais do conhecimento e da ação terapêutica.

Obviamente, existem diferentes níveis de *self-disclosure*, que podem operar mais na superfície ou ir mais a fundo e que correspondem à sensibilidade e à maturidade do terapeuta, ao momento e ao contexto terapêutico. Em todos esses casos, é uma *self-disclosure* voluntária, ou melhor, é uma escolha clara e consciente do terapeuta; mas muito do que revelamos na terapia é absolutamente involuntário, a tal ponto que Kramer, em seu livro histórico *Becoming a Family Therapist* (1980), afirmava que é impossível não revelar a si mesmo na terapia. Mesmo quando tentamos ser absolutamente neutros, como se fôssemos uma tela em branco, revelamos que estamos nos cobrindo, o que resulta em uma mensagem enganosa. Colocar-se como uma tela em branco é uma comunicação bastante semelhante ao silêncio do terapeuta na sessão, é uma mensagem mais forte do que muitas palavras e demonstra que é impossível não se comunicar!

Além do mais, estou cada vez mais convencido de que são precisamente as atitudes do terapeuta, desde o primeiro encontro com a família, que revelam a sua personalidade e favorecem maior ou menor confiança nele por parte dos familiares: a sua forma de saudar e acolher, de se sentar e de se conectar, de sorrir e, até mesmo, de fazer perguntas ou de ouvir respostas são todas formas de comunicação. As famílias são muito curiosas e sensíveis e, imediatamente, criam uma ideia de quem elas têm pela frente. Eles podem observar como o consultório é decorado, como está vestido a/o terapeuta, como está penteado, o relógio, os anéis, seus sapatos ou bolsa etc.

Lembro-me de uma garota de 18 anos que, por gratidão, no final da terapia, presenteou-me com um par de meias coloridas, dizendo-me que ela havia observado as minhas meias, desde o primeiro encontro, e havia ficado impressionada com suas cores extravagantes e originais, que indicavam que eu era uma pessoa muito criativa e otimista. Uma mãe, em uma sessão de *follow-up,* contava-me, de bom grado, que eu havia mantido uma parte criança, porque sempre tinha alguns brinquedos em minhas mãos durante as sessões, ou, ainda, um marido, bastante monótono e sem cor no início de nossos encontros, confidenciou que ficou negativamente impressionado por causa da minha pulseira de prata (forjada pelos índios Navajos), que lhe parecia inadequada no pulso de um professor, exceto depois de ter reavaliado durante o decorrer da terapia: "Porque só pessoas especiais podem ser sérias e responsáveis e usar objetos alternativos". Recentemente, durante uma difícil sessão com um casal, a senhora interrompe a conversa e cai na gargalhada. Era primeira vez que ela notava a frase escrita em um pequeno quadrado perto da janela do meu consultório: "*Marriage is a mutual misunderstandind*" (o casamento é um mal-entendido recíproco), e isso fez com que ela explodisse em uma risada, quase como uma quebra repentina da tensão diante de uma escrita tão verdadeira e universal. Eu poderia relatar muitos outros exemplos, como os que acabamos de mencionar, que nos fazem entender o quanto alguns detalhes, talvez insignificantes para nós, podem revelar aspectos de nós terapeutas, que são considerados e interpretados de várias maneiras por quem compartilha conosco o caminho da terapia.

A *SELF-DISCLOSURE* TRANSCULTURAL

Ter vivido muito tempo fora da Itália, onde nasci e cresci, e ter viajado muito ao longo da minha vida por motivos pessoais e profissionais, permitiu-me enriquecer de conhecimentos multiculturais, apreciar linguagens, modos de vida, valores e paisagens extremamente diferentes um do outro. Esses aprendizados de vida foram, sem dúvida, mais transformadores do que as terapias que fiz como paciente e a minha longa formação profissional e lançaram as bases para o desenvolvimento de um modelo de *Cultural Family Therapy*, que é uma orientação terapêutica, descrita por vários autores (Andolfi, 2004; De Nicola, 1997; Falicov, 1983; McGoldrick et al., 2005), que usa o contexto étnico e cultural como base do conhecimento e da pesquisa de recursos do tratamento. Para tanto, seria desejável incluir o ensino sobre "Processos de migração e terapia transcultural" dentro dos programas universitários de Psicologia Clínica em desenvolvimento e em escolas de formação em psicoterapia. Seria igualmente fundamental para os terapeutas familiares deixarem, pelo menos temporariamente, as suas próprias zonas de conforto, viajando como exploradores e não como turistas, a fim de conhecer outros mundos, outras línguas e outras famílias e adquirir uma curiosidade e um apreço por tudo isso que é estranho a eles.

Esse amplo conhecimento de tantas partes do mundo me permitiu usar a *self-disclosure* em várias circunstâncias terapêuticas com o propósito de reduzir a distância, tanto emocional quanto hierárquica, entre famílias de imigrantes e a cultura dominante do país anfitrião, bem ciente de que eu também pertenço a este último, tendo nascido e sido criado no mundo ocidental. Poderia relatar muitas situações desse tipo, limitar-me-ei a descrever apenas algumas que têm o mesmo denominador comum: como construir uma aliança terapêutica com famílias marginalizadas, como favorecer a mudança, indo, ao menos simbolicamente, encontrá-las em seu país de origem.

Como ir à Índia com Shanti e transformar uma recusa em colaboração

Shanti é uma garota indiana, já descrita no livro *Terapia familiar multigeracional* (Andolfi, 2018). De Mumbai, ela emigrou para a Austrália com a sua família, ela sofre de anorexia mental, e há uma profunda discordância entre os pais também sobre como lidar com o problema. As circunstâncias do meu primeiro encontro com Shanti são bastante singulares: deveria consultar com ela e sua família em um Centro de Terapia Familiar, mas a menina, tendo chegado ao centro, recusa-se a participar do encontro e fica na sala de espera, como se dissesse: "Vão em frente e façam a sessão sem mim". Diante do dilema do que fazer, depois de tentativas malsucedidas de membros da família primeiro e depois do seu terapeuta, opto por ir encontrá-la na sala de espera.

Shanti tem um corpo esguio, ela parece mais uma criança do que uma menina de 14 anos, está sentada com a cabeça baixa em uma das cadeiras da sala de espera. Eu me sento em uma cadeira ao lado dela, olho para frente e nem procuro olhar para ela e me apresento, dizendo meu nome e sobrenome, acrescentando que venho de Roma. Após uma pausa curta, pergunto informalmente: "Você sabe onde fica Roma?". Após uma breve pausa, em voz baixa, ele responde: "Sim". Parece, para mim, uma resposta encorajadora, que me permite responder como um viajante curioso: "Estive na Índia uma vez, há muitos anos, visitei o Sul de ônibus, partindo de sua cidade de Mumbai, passando por Madras até Cabo Comorim e depois Goa e Pune". A essa altura a garota levanta o rosto e me olha com curiosidade. Eu respondo ao seu olhar com um sorriso, eu vou até a cadeira dela e lhe digo: "O que você acha de subirmos e tentarmos ajudar a sua família juntos?". A garota se levanta e me segue até a sala de terapia.

Talvez, sem a informação da minha cidade natal, Roma, e, sobretudo, sem a informação sobre a minha viagem à Índia, partindo de Mumbai, a cidade natal de sua família, a minha conexão com Shanti teria sido mais difícil. Sem dúvida, suas respostas positivas foram uma confirmação encorajadora para superar a sua recusa e pedir abertamente a sua colaboração na sessão.

Ali e a viagem à Turquia com a família

A família de Ali é uma das muitas famílias de imigrantes turcos na Holanda, que têm dificuldades para se integrar, também, por causa de suas dificuldades em comunicar sentimentos e valores em uma língua muito diferente da sua língua. Somado a isso, muitas vezes, experimentam um sentimento de subordinação e desconfiança ao aceitar o tratamento psiquiátrico em relação aos problemas apresentados por seus filhos, cuja forma linguística e o conteúdo, eles não entendem bem. Ali tem 8 anos e sofre, de acordo com as categorias de diagnóstico do DSM-5, de Transtorno de Déficit de Atenção e Hiperatividade.

Durante um seminário, sou solicitado a fazer uma consulta ao vivo com a família de Ali e me oferecem uma tradução do inglês para o holandês, esta última, a língua que a família conhece satisfatoriamente, mas pela qual teria dificuldade de expressar seus sentimentos. Na minha primeira *self-disclosure* com a família, o psicoterapeuta responsável e o público correspondem à minha recusa categórica de excluir a língua turca do nosso encontro. Dada a minha firmeza em não querer proceder de outra forma, visto que nenhum dos presentes sabia uma palavra da língua da família, uma mediadora cultural turca, que conhece a família, é chamada para ser intérprete. A tradução será bastante difícil, mas a mensagem implícita para a família é muito clara: "Vocês são importantes para mim e eu quero conhecê-los dentro do seu contexto emocional e linguístico".

Além disso, o início do encontro é bastante imprevisível e lança as bases em cima de "ir à Turquia com eles" desde minha primeira afirmação: "Hoje, não vamos falar sobre os problemas de Ali, mas sim vamos fazer uma viagem ao país de vocês, e Ali nos guiará indicando no mapa onde vivem as famílias paternas e maternas de origem". Porém, antes mesmo de começar essa viagem em suas famílias, com o mapa da Turquia aberto na nossa frente, mostro a Ali todos os lugares que visitei em seu país. Na sessão, conto uma história pessoal de tempos atrás, que a lembrança ficou gravada em minha mente. Viajando ao longo de uma estrada esburacada que leva à Capadócia, meu carro ficou preso em uma área bastante remota da Turquia. Conto, então, que como eu estava sendo ajudado pelo gerente do posto de gasolina local para consertar o carro. Quando anoiteceu, fui convidado a comer com ele e com sua família e dormir na casa deles para poder ir embora no dia seguinte com a luz do sol. Tudo isso aconteceu sem nenhuma comunicação verbal, porque eu não entendia turco e eles não entendiam inglês!

As mensagens implícitas nessa minha história foram uma apreciação pela Turquia e pela hospitalidade de um povo gentil e generoso. Essa *self-disclosure* tornou possível conhecer as histórias e os problemas de suas famílias de origem como se eu fosse "um membro da família" em quem eles podiam confiar as dores e os sofrimentos ligados ao seu processo de emigração. Talvez, fosse a primeira vez que eles conheciam um psiquiatra mais interessado neles do que em tratar os sintomas de Ali. Além disso, ao fazer isso, tive sucesso para entrar na dinâmica do casal de pais, na qual a mãe cuidava de tudo e dava as regras para os filhos, enquanto o pai não sabia dizer não e dar limites aos filhos. Devido à sua doença crônica, ele sempre se colocou, primeiro em sua família de origem e depois na atual, como uma pessoa fragilizada, necessitando de cuidados e ajuda. Com a ajuda de Ali, que se sentia fortemente valorizado e apreciado no papel de ponte entre mim e a família, foi possível ajudar os pais a mudarem seus papéis educacionais e, acima de tudo, desafiar o pai a desistir de sua posição de pessoa frágil na família para assumir as suas responsabilidades. Aqui tive grande apoio de Ali que, "magicamente", mudará seu comportamento nos próximos meses tanto em casa quanto na escola.

Os afetos em Marrocos, o corpo em Paris

Uma família emigra do Marrocos para a França a trabalho. Depois de vinte e sete anos em Paris, ambos os pais ainda choram a perda de seus afetos mais profundos; o pai pela morte de seu pai, que deixou um vazio intransponível nele, compensado pelo afeto inesgotável de seu filho mais novo, Mustafà, que, aos 10 anos, parece destinado a carregar seu pai e todas as suas dores sobre os seus ombros. Os pais da mãe ainda estão vivos e residem em Casablanca, e ela, depois de vinte e sete anos, ainda chora desconsolada pela "perda de tudo e de todos" e vive em Paris como se fosse uma prisioneira em um país estrangeiro e hostil. A filha adolescente Selma, que tem uma aparência física decididamente magrebina, rejeita totalmente a cultura e a identidade marroquina, sente-se 100% francesa e o preço que paga por essas identidades cindidas é um estado depressivo com tentativas de suicídio. Novamente, o mapa do Marrocos juntamente ao genograma foram as ferramentas para entrar em contato com essa família.

Como sempre, procuro uma aliança com Selma, a garota para quem foi solicitada a consulta, permitindo-me guiar na exploração do Marrocos, o que ela faz com interesse, ainda que aparentemente com distância emocional, porque ela tem que manter a todo custo uma posição de estranheza, colocando-se como 100% francesa. Ela parece mais intrigada quando mostro a ela um anel que uso na mão direita com uns símbolos berberes (trata-se de uma etnia marroquina do deserto). Eu digo que comprei, alguns anos antes, em uma aldeia berbere perto de Agadir, ao sul do país, e, também, que gosto muito dele, assim como das belezas de seu país.

Novamente, os pais, com todo o seu sofrimento, sentem-se acolhidos por um terapeuta que até carrega um pedaço do Marrocos na mão e, talvez, estejam mais dispostos a ouvir a voz de seus filhos, ambos presos em dois papéis rígidos: Mustafà todo marroquino, Selma toda francesa. Uma segunda *self-disclosure* ocorre mais tarde, quando "me coloco no lugar da Selma", pedindo a ela que me deixasse sentar em sua cadeira. A garota parece intrigada com esse pedido um tanto bizarro e me dá o lugar. Isso me permite me identificar com ela dentro do contexto emocional de sua família, em seguida, comunicando em palavras as sensações experimentadas, como quando você personifica alguém na escultura da família. Isso tem o efeito de diminuir a distância e o papel do terapeuta como especialista, permitindo por um breve momento que Selma e seus pais deixem as suas experiências e papéis habituais de forma a ouvir e refletir com mais distanciamento sobre o que vivenciou a pessoa que interpreta Selma.

"Sinto-me muito sozinha e gostaria de fugir para longe do Marrocos; talvez, ainda mais longe de Paris para não me sentir sufocada por toda a dor que vem de Casablanca. Só se eu ouvisse algo além do choro da mamãe e do papai, eu poderia parar e olhar para trás." Isso é o que eu senti sentado na cadeira de Selma e o que eu transmiti para a família.

SELF-DISCLOSURE EM EVENTOS DA VIDA DO TERAPEUTA

Como mencionado anteriormente, falar sobre eventos da vida pessoal na terapia requer que o terapeuta, primeiramente, tenha adquirido a liberdade interior e a serenidade para revelar aspectos, por vezes, dolorosos ou sofridos de suas experiências de vida, uma vez que seja capaz de os elaborar ao longo do tempo para manter a distância necessária. Tudo isso é ditado pela ideia de que confiar em alguns aspectos de si mesmo pode promover maior transparência e autenticidade por parte dos membros da família, que poderiam fazer disso um tesouro para superar situações de impasse relacional e redescobrir novos recursos. Obviamente, as *self-disclosure* do terapeuta terão que estar em sintonia e serem coerentes com os problemas trazidos pela família e acontecerem em um contexto marcado pela confiança mútua. Vamos explicar com um primeiro exemplo.

A mudança deve começar pelo pai

Uma família vem à terapia por causa do comportamento agressivo do segundo filho, Claudio, e pela suspeita de que usa drogas e frequenta companhias perigosas. A família é bem conhecida publicamente, porque o pai, Giuseppe, é um conhecido jornalista de televisão, e isso pesa muito sobre Cláudio, que se sente limitado em suas experiências como um adolescente por causa de seu sobrenome. Outro elemento de tensão está ligado ao fato de que a família sempre teve que cuidar da Gioia, a filha mais velha, que tem Síndrome de *Down*, e o Claudio se sentiu negligenciado desde muito jovem. Na verdade, os pais deram o seu melhor nos cuidados e na reabilitação de Gioia, que mostrou progressos surpreendentes durante o seu crescimento. Claudio, dessa forma, foi o filho invisível, que tinha que crescer sozinho, porque era "normal", e os pais pareciam ter esgotado todas as suas energias nos longos anos que tiveram que acompanhar o desenvolvimento de Gioia. O pai costumava acusar Cláudio de ser um marginal, ele que tinha tudo na vida, saúde e bem-estar econômico. A relação entre o papai e Cláudio baseava-se basicamente em acusações mútuas com escalada verbal, até mesmo, na sessão. O pai, desesperado, pede-me um encontro individual, porque ele não sabe mais como lidar com o filho.

Por experiência pessoal, entendi e experimentei que a mudança em uma difícil relação entre pai e filho deve começar pelos pais (Andolfi & D'Elia, 2017). Só quando Claudio perceber a mudança em seu pai e sentir que é autêntica, talvez, ele seja uma pessoa diferente com ele. Eu revelo a Giuseppe as minhas dificuldades do passado como pai com o meu primeiro filho, que estava passando por uma adolescência conturbada e parecia que ele me sentia distante e desinteressado de seus problemas, tudo isso agravado por uma separação conjugal muito hostil. Embora não parecesse real, para mim, o desinteresse por ele, considerando que eu mesmo tinha ficado com a guarda dele, certamente, não poderia negar que estava muito ocupado com meu trabalho, sendo uma figura pública na minha área também.

O momento da verdade foi desencadeado quando eu tive que refletir comigo mesmo sobre as minhas prioridades e decidir quem era mais importante, meu filho ou meu trabalho. Enquanto eu falava sobre mim, estava realmente colocando a mesma pergunta para Giuseppe, que me escutava com muita atenção na história.

Eu confirmei na própria pele que a presença física e mental de um pai com um filho adolescente pode ter efeitos mágicos: mudei a minha rotina, antes, eu nunca ia para casa na hora do almoço, e meu filho cozinhava algo para comer quando voltava da escola. Por um ano, decidi dividir a minha jornada de trabalho e voltar para casa para comer com ele; nós revezávamos preparando o almoço e, em seguida, jogávamos carta. Custava muito dividir a minha jornada e estar para lá e para cá entre a casa e o trabalho e, entre outras coisas, temia que ele seria o primeiro a abandonar nosso encontro. Pelo contrário, fiquei surpreso com a sua constância, e se eu me atrasava, ele me ligava para me dizer que tudo estava pronto na mesa! Essa rotina mudou profundamente o nosso relacionamento, e meu filho recompensou o meu empenho ao ganhar segurança pessoal e ao ter sentimento de pertencimento. Embora pudesse parecer a descrição de um sucesso no final, a história foi contada com o objetivo de revelar os aspectos de preocupação e de perplexidade de um pai e seu desejo de estar lá para seu filho. Em sua dimensão humana e transparente, resultou em uma mensagem clara e empática para Giuseppe; representou implicitamente uma proposta para ele como um pai para refletir sobre as suas prioridades e fazer algo concreto com Claudio para o assegurar de que ele estava em primeiro lugar. Agora, Giuseppe sentia que tinha um aliado em seu projeto de mudar a relação com Claudio, e os resultados não demoraram a chegar.

Apenas algumas semanas depois, Claudio contava, durante uma sessão familiar, todo o seu espanto pelas mudanças de Giuseppe e com uma linguagem colorida e divertida, dirigindo-se a mim disse: "O que você fez com o meu pai, ele me parece outra pessoa!". A minha resposta igualmente concisa foi: "Eu contei a ele sobre o relacionamento difícil com o meu filho quando ele tinha a sua idade".

Aos 17 anos, entre a vida e a morte

Conheci a família de Kitty na Austrália devido ao comportamento autolesivo da menina e às suas repetidas tentativas de suicídio, ela é a filha mais velha de um casal misto. A mãe Rose é de origem irlandesa e o pai Peter vem de uma família tailandesa, realiza trabalhos manuais e tem uma formação cultural muito inferior à formação da esposa; Guy, o segundo filho, tem um mau relacionamento com Kitty e a culpa por tornar a vida impossível para todos. Desde as primeiras sessões, surgem as seguintes dinâmicas relacionais: Rose vive em função da filha, cujo comportamento ela observa em casa, na escola e no grupo de amigos, sempre temendo o pior. O pai Peter fala pouco, está ausente de casa para trabalhar e tem uma posição marginal e subordinada à posição de sua esposa a respeito do crescimento de Kitty e de seu irmão mais novo Guy. Kitty, que pegou as feições orientais do pai, aparece como uma menina de inteligência acima da média que, no entanto, mostra todos os seus limites na regulação de emoções e humores. Ela vem se recusando ir à escola há meses, na qual frequenta o último ano do ensino médio, pois "fica entediada, não gosta dos professores e não tem nenhum relacionamento com os seus colegas de classe".

Ela mantém toda a família sob controle e em apreensão com suas repetições de comportamentos autolesivos: ela se corta nos braços e nas coxas, arriscou a vida em várias ocasiões devido à overdose de remédios prescritos, em várias situações, pelos psiquiatras que a atenderam tanto no hospital quanto no ambulatório e que passaram de diagnósticos de depressão maior para aqueles de transtornos de personalidade. Pouco antes do início de nossas sessões, ela destruiu o carro de seus pais, batendo em um muro e milagrosamente permaneceu ilesa.

Apesar desse histórico comportamental desastroso, Kitty é uma garota muito inteligente e sensível, que sofreu situações traumáticas por abuso sexual repetido, sofrido na infância pelas mãos do avô paterno, amplamente negado na família. Além disso, tem, desde cedo, desempenhado o papel de consoladora da mãe, que sempre se sentiu sozinha na relação com Peter, que, aliás, traiu-a há alguns anos. Esse evento mexeu profundamente com a mãe que expulsou o marido de casa e, somente seis meses depois, fez as pazes com ele.

A aliança com Kitty é consolidada durante as sessões, porque não a trato como uma paciente psiquiátrica, mas sim como uma "especialista em família", que acompanhou todas as vicissitudes familiares desde muito pequena, tornando-se o reservatório emocional dos sofrimentos da mãe e o esteio do lar durante a separação dos pais. Talvez, com suas tentativas de suicídio, procurava uma saída para as muitas e pesadas responsabilidades? Outro elemento que fortalece o entendimento com a Kitty é o seu conhecimento da língua italiana e o fato de ter passado sozinha um período de férias por dois meses em Roma, entre uma internação e outra, "me sentindo bem"! Brincamos sobre os efeitos mágicos de Roma e passamos a falar em italiano quando Kitty quer expressar os seus sentimentos mais autênticos, como se assim pudesse fugir do controle da mãe, que, de qualquer forma, parece intrigada em ouvir a filha em uma língua que não conhece. No intervalo entre uma sessão e outra, Rose me envia longos e-mails com todos os mínimos detalhes sobre os comportamentos perigosos ou destrutivos de Kitty ao longo da semana, fechando todas as frestas para a esperança.

Apesar de ter compreendido muitas das dinâmicas relacionais da família e não ter percebido mudanças significativas tanto no comportamento de Kitty quanto nas atitudes dos outros três, constantemente em alerta para o que podia acontecer em casa, eu decido me encontrar primeiro sozinho com Kitty e depois com todos os outros.

O encontro com a garota é bastante breve. Eu decido revelar a Kitty alguns aspectos do suicídio de meu irmão, ocorrido muitos anos atrás. Raramente, falo sobre esse acontecimento e de suas consequências para minha família no decorrer de minhas terapias. Na verdade, muitas vezes, tive que lidar com os temas e ações suicidas de muitos adolescentes e jovens adultos, especialmente, desde quando moro na Austrália, em que a taxa de tentativas de suicídio está entre as mais altas do mundo. É fácil que meus pensamentos se voltem por um momento para aqueles eventos pessoais ao ouvir jovens em risco e famílias em dificuldade; mas sinto que alcancei uma serenidade e um distanciamento suficientes para não me envolver e, ao mesmo tempo, adquirir uma atenção interior (como diria Satir) para o que vejo e ouço na sessão em relação a essas questões de perda. Falo com Kitty sobre alguns detalhes do suicídio do meu irmão, como o fato de que ele se jogou pela janela e que o tinha feito no aniversário do meu casamento, mas, acima de tudo, faço uma pergunta: "Tirar a própria vida é uma escolha pessoal ou é um caso de relacionamento que envolve todos os membros da família, que terão que conviver com a dor e o sentimento de culpa por toda a vida?". É preciso dizer que Kitty afirmou, várias vezes, durante a terapia, que se ela morresse, seus pais logo a esqueceriam, concluindo: "Enquanto isso, eles têm Guy em quem derramar todo o amor deles!". Vejo que Kitty está seguindo com muita atenção e participação afetiva o que eu digo, em um contexto de grande intimidade e sem pedir alguma resposta, convido-lhe a se juntar ao resto da família para a sessão familiar.

A experiência clínica me ensinou que muitas famílias, durante a sessão, falam apreensivamente e estão envolvidas com as tentativas de suicídio de seus filhos, entrando em detalhes concretos que parecem tornar plausível um evento, aparentemente muito temido, mas, raramente, param para refletir sobre o que aconteceria com cada um deles se o filho realmente morresse. Como se entrar no tempo do "depois da morte" fosse muito assustador e fosse melhor "agarrar-se à vida" e ficar pendurado ao tempo do "antes".

Peço à família que dê esse salto para o depois e imagine que Kitty esteja realmente morta: "Kitty está sentada aqui conosco, mas ela está morta. Cada um de vocês agora pode comunicar na sessão o que está acontecendo no pós-morte de Kitty?". Mãe, pai e depois Guy entram nessa dimensão hipotética e, finalmente, expressam, cada um com a sua própria voz, todos os seus sentimentos de dor e de tristeza por uma perda tão incomensurável. Principalmente o pai, que sempre ficou na retaguarda, começa a chorar desenfreadamente, e Guy, superando a sua atitude usual de hostilidade para com sua irmã, em lágrimas, diz que ele não poderia viver sem ela. A mãe está com o rosto desconfigurado e fica petrificada e sem palavras. A sessão termina sem qualquer outra resposta, como se um "rito do amor" tivesse sido celebrado.

Poucos dias depois, recebo um e-mail da mãe tão inesperado quanto surpreendente, pois, pela primeira vez, ela não descreve nenhum problema sobre a filha. Kitty decidiu voltar à escola depois de um longo período de ausência e se preparar para os exames de maturidade. Em um e-mail subsequente, depois de alguns meses, ela me informa que Kitty passou na prova do ensino médio com 99/100. Um ano depois, a mãe me escreveu agradecendo por tudo o que fiz pela família deles, agora também o relacionamento com Peter parece ter melhorado, e Kitty se mudou para Melbourne, onde encontrou um trabalho e, de vez em quando, ela retorna feliz a Perth para se encontrar com eles e com sua avó materna de quem ela gosta muito.

Mas então os milagres realmente existem?

A *SELF-DISCLOSURE* EM OUTRAS SITUAÇÕES TERAPÊUTICAS

Muitas vezes, pude constatar que as famílias que requerem a intervenção terapêutica estão muito interessadas e curiosas sobre como a terapia de outras famílias está procedendo como um desejo implícito de compartilhar as suas próprias dificuldades e as possíveis mudanças com outras situações semelhantes, ditadas por um sentido inato de solidariedade e pertencimento à comunidade. A confirmação desse sentimento de participação social veio durante uma importante pesquisa sobre os resultados remotos da terapia de família, que apareceu em nosso livro

(Andolfi et al., 2001). Todas as famílias que haviam concluído o percurso terapêutico ficaram felizes em participar dessa pesquisa sobre os resultados e vieram até a Academia para serem entrevistadas por uma equipe de pesquisadores (não pelos terapeutas que haviam conhecido) para dar uma contribuição e um testemunho social sobre o seu progresso, para que outras famílias em dificuldade pudessem igualmente ser ajudadas, como havia acontecido com elas. Mesmo os casais e famílias que interromperam a terapia por vários motivos disponibilizaram-se a responder a uma entrevista por telefone, animados pelo mesmo desejo de ser útil com as suas observações para outros pacientes em potencial.

Muitos anos atrás, uma situação um tanto embaraçosa acabou sendo esclarecedora para me fazer entender a utilidade de contar, durante a sessão, curiosidades, histórias e mudanças de outras famílias seguidas na terapia. Por causa de uma distração minha, marquei uma sessão com duas famílias diferentes na mesma hora, e as duas famílias vinham por problemas relacionados aos seus dois filhos com idade escolar. Para uma das duas famílias, teria sido o primeiro encontro. Ambas já estavam na sala de espera, e eu não sabia o que fazer. Atrasar o encontro em uma hora para uma das duas teria sido desrespeitoso e, depois, com qual critério escolher quem desagradar?

Então, fiz um experimento novo e aparentemente pouco profissional; pedi desculpas pelo meu erro e propus aos dois casais de pais a virem comigo à sala de terapia, enquanto as crianças permaneceriam na sala de espera, não para esperar o fim da sessão dos adultos, mas para contribuir ativamente na terapia. Os filhos que já haviam participado de uma série de sessões familiares deveriam explicar aos outros em que consistiam esses encontros familiares e como as crianças eram ativadas na sessão. Mais ou menos, o mesmo processo aconteceu com os adultos. Na minha presença, o casal de pais há muito em terapia teria explicado aos "novos" alguns aspectos gerais sobre os encontros, seus objetivos, suas mudanças e a participação ativa de crianças na sessão. O resultado foi muito positivo para os dois casais de pais que sentiram carinho e confiança mútua ao transmitir e a receber informações uns dos outros, achando a sessão muito estimulante e produtiva. Também, foi interessante para mim estar presente como observador e ouvir a forma deles ilustrarem a terapia. Entretanto, acima de tudo, foi surpreendente constatar as reações de alegria e de satisfação das crianças ao final do encontro, seguidas do pedido final: "Poderíamos fazer mais desses encontros juntos, porque nos divertimos muito".

Depois dessa experiência, as minhas *self-disclosure* sobre outras situações terapêuticas se multiplicaram; acima de tudo, foi útil contar histórias sobre crianças e seus recursos extraordinários, sobre a linguagem bizarra dos adolescentes e seus sinais de SOS; bem como falar sobre a resiliência de muitas famílias de imigrantes e sobre os bloqueios de casais aparentemente intransponíveis. Precisamente sobre este último problema, de casais presos e infelizes depois de muitos anos de vida juntos, gostaria de dar um exemplo de *self-disclosure*.

A escola dos pais e o diploma final dos filhos

Um casal na casa dos 60 anos é enviado a mim para aconselhamento por um colega que está tendo dificuldade em ajudá-lo. O casal vive infeliz junto há mais de quarenta anos, depois de ter visto crescerem quatro filhos, agora adultos, e com lindos netinhos de dois primogênitos. O casal mora do outro lado do continente australiano, mas parece disposto a fazer qualquer coisa para sair de uma situação tóxica, na qual é impossível tanto se separar quanto viver bem juntos. Eu concordo em os conhecer e estou surpreso com a descrição de sua história, enviada por e-mail por cada um dos dois antes do encontro. Lendo seus longos e-mails, não parece haver um vislumbre de esperança pela sobrevivência do casal. O crescimento dos filhos, por outro lado, é descrito com muito amor e carinho pelo pai, que ainda os chama de "meus meninos". Sente-se um pouco de tristeza por parte da mulher, que não acredita ter sido uma boa mãe para os filhos, mas que, em todo o caso, sempre os protegeu e cuidou em tudo e para tudo. Se não fosse informada a idade dos filhos, o mais novo tem 25 anos, o modo como escrevem poderia imaginar que todos ainda estão na faixa da adolescência. O pai dirige um importante laboratório de pesquisa clínica, no qual seus filhos homens têm colaborado ao longo dos anos, que, no entanto, nunca despontaram, de acordo com seu pai, porque eles não são capazes de assumir responsabilidades suficientes na empresa. Seus estudos em excelentes universidades, segundo ele, só geraram críticas ao seu trabalho como diretor do laboratório. Apesar dessa limitação no trabalho, ambos os pais acreditam que seus filhos são a melhor parte da família, ao tal ponto que me pergunto como poderiam ter criado tão bem os filhos dois pais em guerra constante um com o outro. As informações de seu terapeuta Yung são igualmente desencorajadoras, mas me surpreendem positivamente que o casal tenha aceitado o seu convite para fazer uma viagem muito longa e cara para me conhecer, além de pagar também despesas de viagem e permanência do terapeuta. Por que colocar tudo isso em movimento se não há mais esperança de mudança? Seria muito longo para descrever em detalhes as duas sessões fechadas conduzidas com o casal, nas quais os nós do seu mal-estar são enfrentados e em que é lançada a proposta, agora que os filhos já saíram de casa, de entrarem em uma nova fase do relacionamento, baseada no respeito e na confiança recíproca. Isso exigiria um esforço para apagar os antigos ressentimentos dela e as atitudes de forte julgamento dele, que se descreve como austero e vitoriano, ocupado apenas com seu trabalho. Em suma, deveria se buscar um caminho que conduza à possibilidade de "casar de novo ou separar".

Os encontros foram longos e intensos e trouxeram à tona muitos sentimentos contrastantes: nesse ponto, eu lhes ofereço algo quase impossível, de procurar recursos que possam ajudá-los a "dar um salto" nas crianças, que são a coisa mais preciosa de suas vidas. Se eles tiveram sucesso em fazer uma viagem tão longa, talvez eles possam voltar, convidando os três filhos, espalhados por todo o continente australiano, e a filha que vive com sua família em um país asiático. O pedido é tão inesperado e difícil de atender que ambos ficam chocados e juntos intrigados, como se uma nova luz tivesse surgido. Em situações bloqueadas e aparentemente irrecuperáveis, descobri que pedir o impossível pode ser o estímulo certo para a mudança.

Dois meses depois, a família chega completa com todos os quatro filhos que aderiram à proposta inusitada dos pais, mesmo que apareçam a princípio muito céticos quanto à utilidade de sua presença. A filha começa chorar imediatamente, afirmando que sua mãe nunca a aceitou e que, há anos, mantém distância dela. Anos de experiência clínica me ensinaram que é melhor apoiar primeiro os aspectos parentais de um casal em crise na presença dos filhos e só depois entrar nos temas do casal. A ocasião surge justamente do choro da filha e do sentimento compartilhado, até mesmo, pela mãe que não foi boa e disponível para ela e para os outros filhos. Nesse ponto, crio uma situação de descontinuidade para evitar uma escalada de emoções e favorecer uma pausa para reflexão. Então, começo a descrever a história de uma família mexicana com quem eu havia conduzido uma consultoria na Cidade do México muitos anos atrás, que me lembrava um pouco deles, principalmente em relação aos negócios da família e à imaturidade dos filhos. A história é apenas um caso e retrata uma família em que o pai foi um verdadeiro pioneiro na colheita e comercialização de amêndoas em seu país. Com a sua genialidade, ele conseguiu construir uma empresa próspera e enviar seus filhos para estudar nos Estados Unidos. Assim que voltaram, eles quiseram modificar e modernizar as implantações paternas, acabando por excluir o próprio pai da empresa fundada por ele mesmo. Por outro lado, os filhos não se sentiram reconhecidos pelo pai que à sua maneira ainda os tratava como crianças, embora agora eles fossem todos maiores de idade. A mesma atitude tinha a mãe que, para evitar conflitos entre pai e filhos, acabava os protegendo e não os reconhecendo como adultos. Nesse momento, foi proposta uma cerimônia para a entrega dos diplomas. Os filhos preparariam seus diplomas nos quais teriam que ser atestado que haviam concluído a escola de filhos e obtido o diploma de adulto com a assinatura dos pais; esses também deveriam ter recebido o reconhecimento formal de seus filhos por seu excelente trabalho como pais.

Depois da história, seguida por todos com grande atenção, proponho um ritual semelhante de entrega de diplomas também para sua família. Eles terão o domingo para prepará-los e os trazer para a próxima sessão. Todos chegam para sessão com uma expressão de contentamento incomum, em contraste com o clima muito tenso desde o primeiro encontro, como se eles tivessem tido um dia absolutamente especial juntos. Ficarei sabendo, mais tarde, na sessão, que o pai, geralmente austero e distante, havia proposto para o domingo uma viagem a Rottnest, uma pequena ilha perto de Perth, onde se divertiram indo ao mar e percorrendo a ilha com bicicletas, redescobrindo uma coesão familiar absolutamente incomum.

O mais comovente foi a apresentação e a leitura dos diplomas pelos quatro filhos. Todos entenderam bem o simbolismo por trás dessa cerimônia de formatura, e cada um desenhou e interpretou de forma diferente; quem ofereceu para a Escola dos pais e, nesse caso, o diploma dizia respeito a dois pais que tinham concluído com êxito o seu trabalho como educadores; quem o intitulou como diploma de independência para se tornar autônomo, agradecendo aos pais por o ajudar a alcançar sua independência. O fato é que todos se sentiram mais livres e mais satisfeitos, e, finalmente, a mãe, com a aprovação dos filhos, foi tranquilizada na ideia de ter sido uma boa mãe, muitas vezes, sozinha, para acompanhá-los em seu crescimento e não era suficientemente apreciada por seu marido. Ele, surpreendendo a todos, no final da sessão, pegou a esposa no colo com carinho, quase como se quisesse virar a página, depois de anos de distância física e emocional.

Os filhos, dado ao seu extraordinário apoio nessas duas sessões, também foram propostos como testemunhas privilegiadas para um ritual posterior para fazer todos juntos na fazenda do casal. A mãe deveria queimar todas as evidências de seu ressentimento para com o marido, para com sua mãe e, acima de tudo, para consigo mesma, ateando fogo a todos aqueles objetos, papéis ou fotos que alimentara ao longo do tempo. Ao mesmo tempo, o marido teria que se casar novamente com ela, se pudesse a reconsiderar como sua prioridade, e se divorciar de seu compromisso no laboratório de pesquisa o dia todo, considerando como um trabalho importante e não como um casamento indissolúvel.

Com este capítulo, conclui-se a primeira parte deste livro, aquela que diz respeito à minha formação e à minha evolução como terapeuta de família. A partir do próximo capítulo, passamos a estudar como formar terapeutas no uso de seu próprio *self* e da *self-disclosure* e como transformar as suas limitações profissionais em recursos terapêuticos e, mais ainda, em como redescobrir a própria humanidade e criatividade a serviço da própria missão profissional no encontro com as famílias que nos trazem as suas dificuldades na esperança de serem ajudadas a encontrar harmonia e felicidade.

4. O GENOGRAMA E A ESCULTURA DAS RELAÇÕES FAMILIARES NA FORMAÇÃO DO TERAPEUTA

A REPRESENTAÇÃO GRÁFICA DO DESENVOLVIMENTO FAMILIAR

O genograma é a representação gráfica e visual da evolução histórica de uma família ao longo de pelo menos três gerações, uma espécie de radiografia de suas relações mais significativas. No contexto sistêmico-relacional, Bowen foi um verdadeiro pioneiro no uso do genograma; retomando mais de cem anos da evolução familiar, ele detectou uma transmissão de caráteres familiares entre uma geração e a próxima e demonstrou como era possível destacar uma série de fenômenos que serão os alicerces de sua teoria, como a transmissão intergeracional dos processos de imaturidade, a diferenciação do *Self* da família de origem etc. No famoso ensaio descrito como o *Anonymous*, Bowen apresentou o seu genograma familiar em detalhes, enfatizando a importância de estudar a família em um sentido longitudinal, tanto aquela que vem para a terapia quanto a do próprio terapeuta, que pode, assim, trabalhar a sua própria história familiar e aprender a se conectar de forma significativa com as famílias em processo terapêutico, evitando projetar, em seus pacientes, as suas próprias experiências e eventos familiares (Bowen, 1978).

O uso do genograma familiar foi descrito por muitos autores (McGoldrick & Gerson, 1985; Guerin & Pendagast, 1976; Montagano & Pazzagli, 1989; Walsh, 1982; Byng-Hall, 1995; Onnis, 2010; Andolfi, 1977, 2015; Viaro, 2006; Sorrentino, 2008; Cirillo et al., 2011), tornando-se uma ferramenta amplamente difundida para avaliar o funcionamento familiar, adotado por terapeutas de família em todo o mundo na prática clínica tanto na privada quanto institucional.

Graficamente, o genograma aparece como um conjunto de quadrados e de círculos, que simbolizam as pessoas, enquanto as linhas contínuas ou tracejadas indicam as relações. Datas, símbolos e sinais específicos representam os eventos mais significativos e podem ser representados com diferentes cores e traços, os conflitos, as coalizões etc. (Andolfi, 2015). Sem dúvida, é uma ferramenta gráfica muito mais completa e articulada do que a árvore genealógica para nos informar sobre os membros de uma família, sobre os acontecimentos mais significativos, como nascimentos, mortes, casamentos, separações, abortos etc., e sobre as conexões/desconexões entre as várias gerações. A ilustração do genograma permite conseguir informações detalhadas sobre a atividade de trabalho e sobre o contexto escolar, cultural, sobre a origem geográfica e sobre os acontecimentos mais relevantes tanto em nível individual quanto na dinâmica das relações familiares e sociais, configurando, assim, a história de desenvolvimento de uma família específica. Claro que é a história subjetiva de quem a descreve, e a sua utilidade varia de acordo com o uso que se pretende fazer. Pode ser usado como uma simples coleta de dados familiares em uma primeira avaliação diagnóstica de determinado paciente em um serviço local ou em um departamento hospitalar para ser incluída na ficha clínica e para ser consultado, talvez, durante o desenrolar da terapia ou pode ser uma ferramenta terapêutica extraordinária, se se transformar em um *genograma vivente* ou se, por meio da história, além das informações fornecidas quase automaticamente, mesmo os elementos que foram deixados de fora, removidos ou deixados na sombra, vierem à luz. É frequente, por exemplo, que uma parte do genograma que corresponde ao ramo paterno ou materno da família seja desenhada e descrita com muitos detalhes e com muita atenção, enquanto o outro lado permanece um tanto nebuloso ou incompleto. Isso, muitas vezes, representa como um ramo da família é sentido ao longo do tempo, de forma mais acolhedora que o outro, que é descrito com distanciamento e separação afetiva. Ao observar o genograma, poderão ser feitas perguntas aos familiares que permitam ativar emoções intensas durante a sessão e reflexões profundas sobre experiências passadas, sobre perdas importantes e conflitos familiares ainda em aberto, permitindo a descoberta de novas conexões emocionais e diferentes significados a serem atribuídos aos fatos e aos acontecimentos familiares.

Se quisermos dar consistência ao genograma com imagens fortemente evocativas, podemos pedir aos membros da família que tragam para a sessão algumas fotos significativas de quando os filhos eram pequenos, do casamento dos pais ou avós ou de circunstâncias especiais, como a celebração de uma formatura, um aniversário ou uma viagem importante. O *genograma fotográfico* permite fazer saltos no tempo, ativando memórias, lembranças e estados emocionais que ajudam a entender melhor o desenvolvimento da família ao longo do tempo e a força dos laços afetivos (Andolfi, 2015; de Bernart, 2019).

Nos últimos anos, na Academia de Psicoterapia da Família, experimentamos formas diferentes e criativas do uso do genograma em terapia. Devolvemos a preparação para as próprias famílias (na realidade, trata-se da história deles) ao invés de prepará-lo nós, terapeutas, como coleta de dados com a qual começamos a conhecer os nossos pacientes, depois de ter conversado com outros colegas. Essa modalidade corresponde à ideia de não discutir, não fazer hipóteses ou preparar estratégias antes de se reunir com a família, de acordo com o ditado de Whitaker de "não fazer planos às costas da família", o que contrasta bastante com o modelo médico-psiquiátrico, que visa a pensar que a competência está nas mãos de quem trata e de seus procedimentos de diagnóstico padronizados. Em especial, entendemos a utilidade de se fazer crianças e adolescentes desenharem diretamente durante as sessões, principalmente, quando a intervenção foi solicitada devido aos problemas/sintomas deles, dando a eles a função de especialistas ao os fazer compor o genograma e explorarem seus diferentes componentes, o que permite, mesmo sem falar nisso, devolver a competência para a criança-problema, que ficará feliz em orientar o terapeuta na compreensão de seu mundo familiar. Talvez, saia um desenho que não respeite os aspectos formais e padronizados do genograma, mas adiciona cor, imaginação e criatividade para a compreensão das relações familiares. Os pais acabarão por fornecer informações significativas durante essa exploração, que se torna uma viagem dentro da história deles ao invés de uma sessão terapêutica, reduzindo, assim, a distância e as hierarquias entre quem trata e quem vem pedir ajuda.

Com casais que buscam terapia por causa de seus conflitos, muitas vezes, acabamos fazendo a mesma operação, ou seja, pedindo para eles desenharem seu genograma em um pedaço de papel ou no quadro branco. Também, nesse caso, fazê-los participar da construção gráfica de sua história de desenvolvimento dá a ambos uma perspectiva visual de suas dificuldades em um contexto familiar alargado. Guiados pelas perguntas do terapeuta, eles serão capazes de observar, dessa forma, as suas dificuldades como casal, mantendo uma relativa distância, "externalizando o problema", como diriam White e Epston (1989), e, também, buscando as linhas de força, ou melhor, os recursos presentes nas respectivas famílias de origem. Como Virginia Satir (1967) afirma: será possível "olhar velhas situações com novos olhos". E nós, terapeutas, estamos lá para oferecer a eles um novo par de lentes por meio dos quais eles possam ler conflitos e histórias de família.

Como já dissemos, trata-se de uma ferramenta que pode ser usada de várias maneiras, tanto na terapia quanto na formação, por diferentes escolas de pensamento e com propósitos também diversificados. Alguns autores, incluindo Sorrentino (2008), usam o genograma como uma ferramenta gráfica para hipotetizar o funcionamento mental do paciente. Eles pedem ao paciente que desenhem seus genogramas e observam uma série de detalhes: como utilizam o espaço gráfico, ocupando-o inteiramente ou preenchendo apenas o espaço vertical ou horizontal da folha; a presença de ideias gráficas originais ou caóticas; o tamanho diferente dos símbolos ou a falta de sinais que representam os vínculos; bem como os traços meticulosos ou a linha gráfica mais ou menos marcada. Analisando todos esses aspectos estruturais, é possível hipotetizar diferentes configurações diagnósticas.

Se você deseja ter uma representação gráfica e visual da família no que diz respeito às suas ligações com o mundo exterior, se pode construir um *eco mapa*, que permite examinar as relações familiares e individuais com relação à rede social. Nesse caso, as ligações com o mundo exterior são indicadas por alguns círculos, dentro dos quais são escritos os principais sistemas com os quais a família interage. Podem ser mais próximos, como o grupo de amigos ou a família alargada, ou mais externos, como a Igreja, a Escola, um clube esportivo, locais de entretenimento, serviços sociais ou o sistema de saúde. Dessa forma, os pontos de força da família poderão ser avaliados e os recursos aos quais recorrer para atender às suas necessidades mais urgentes, bem como identificar as limitações ou falta de recursos externos para o seu desenvolvimento saudável (Hartman & Boerger, 1989).

Outra forma de trabalhar as famílias de origem e a história é o chamado *genograma-paisagem* (Pluymaeckers & Neve Hanquet, 2008). Graças à sua flexibilidade formal, ou seja, o uso de cores, desenhos, esboços e as setas facilitam a espontaneidade e a expressão emocional. O espaço dentro dos limites da folha em que cada um traça o que deseja expressar é o campo das distâncias e das reconciliações, e o conjunto que daí surge é uma espécie de paisagem impregnada de história pessoal contida naquela família e vice-versa. Nesses casos, a construção do genograma precede e se completa com uma intervenção psicodramática.

O GENOGRAMA DO TERAPEUTA: INSTRUMENTO FUNDAMENTAL NO PROCESSO DE FORMAÇÃO

Se, como dissemos no capítulo anterior, duas famílias se encontram na sessão, a *real,* que traz o problema, e a *interna* do terapeuta, é essencial que o terapeuta esteja familiarizado com o funcionamento de ambas. Quanto mais se torna consciente de seus próprios processos de desenvolvimento e está em sintonia com as suas vicissitudes e a sua história, mais ele será capaz de ouvir e se sintonizar com os problemas da família que está diante de si em terapia. Tudo isso nos leva a refletir sobre o quanto, na formação de um terapeuta sistêmico-relacional, é necessário aprofundar as suas etapas de desenvolvimento familiar, a sua dimensão identitária e as eventuais dúvidas/bloqueios ainda não resolvidos com a sua família.

Antes de entrar no assunto, deve-se notar que, na Itália, e apenas nos últimos vinte e cinco anos, temos testemunhado o fenômeno dos especialistas em Psicoterapia que se formam com menos de 30 anos de idade e, muitas vezes, sem experiência clínica anterior. Quando falamos de alunos psicoterapeutas neste livro, estamos também nos referindo a esse grupo de jovens, mas também pretendemos incluir aqueles que, especialmente no exterior, decidem se especializar em psicoterapia familiar após anos de trabalho clínico como psiquiatra, como psicólogo ou como assistente social, tanto em consultórios particulares quanto no atendimento de saúde pública. Acreditamos que a idade cronológica seja uma variável importante a ser levada em consideração, mas, ao mesmo tempo, ao considerar o aluno jovem demais e inexperiente, corre-se o risco de favorecer processos de dependência e de idealização do professor em detrimento da aquisição de um pensamento crítico e de uma preparação profissional adequada. No que tange ao programa de formação da Academia (Roma), pode-se consultar o que já foi escrito em muitos dos nossos trabalhos, destacando a necessidade de incentivar no aluno uma integração de competências profissionais de excelência juntamente com um maior autoconhecimento. Esse objetivo é alcançado por meio de um trabalho centrado no desenvolvimento do *Self* do terapeuta e por meio da supervisão direta das famílias seguidas em coterapia dentro de um grupo que está se especializando. Existem maneiras muito diferentes de usar o genograma durante a formação do terapeuta, que respondem diferentes teorias e objetivos da terapia familiar, bem como o papel do professor e grupo de formação. Vamos distinguir duas formas, dependendo se o aspecto narrativo visa à compreensão e à reflexão sobre os elementos cognitivos da história ou se visa a propor uma experiência transformadora por meio do uso ativo do genograma.

O genograma cognitivo

A primeira modalidade que poderíamos chamar de cognitiva visa a apresentar as partes isoladas do genograma de forma detalhada e analítica, caminhando por entre as gerações. Com a ajuda de questões circulares do professor, a tendência é expandir o campo do conhecimento, envolvendo, nesse diálogo, também, os outros alunos que atuam como mente coletiva. Aqueles que apresentam o genograma, geralmente, leem primeiro, convidando a família e parentes a fornecer mais detalhes para completar as lacunas do genograma, e chegam ao *training* com grandes folhas de papel enroladas quase como "lençóis", no caso de o espaço não ser suficiente. Essa busca por informações o mais completas possível, sem dúvida, estimula a curiosidade do aluno, que também pode fazer descobertas interessantes e descobrir segredos de família ou áreas tabu da família. Em outros casos, em vez disso, convida-se os participantes a desenharem o seu genograma em aula, e, na apresentação verbal, cada aluno terá ampla liberdade para utilizar o espaço narrativo à sua disposição. A sua exposição será seguida pelo *feedback* de professores e membros do grupo: tudo é voltado para *compreensão* dos terapeutas em formação por intermédio da descrição da sua história pessoal. Essa apresentação poderá ser repetida ao longo da formação, de modo a refinar o senso de autoconsciência e autorreflexão dos participantes de acordo com as bases do processo *narrativo*. Trata-se de uma modalidade de treinamento coerente com as ideias básicas e com os objetivos de uma terapia cujos pilares são compreender, ouvir e redefinir os significados. Curiosamente, falando em processo narrativo, é o que Van Chutsem et al. (2013) descreveram a respeito do *romance familiar* no contexto da formação. É sobre a história que o aluno será capaz de escrever em termos pessoais (eu nasci...) com base em fatos conhecidos, mas enriquecida por suas fantasias e por cenários internos e sonhos que se têm acordado, que todos contam sobre suas experiências vividas com as suas respectivas famílias.

O genograma experiencial

Uma segunda modalidade, proposta pelo autor, poderia ser chamada de experiencial, porque é baseada na experiência vivida em grupo pelo aluno ao reconstituir simbolicamente as passagens cruciais da própria história familiar, usando o genograma como um verdadeiro mapa de seu próprio mundo relacional. Atrás da orientação do professor, as respostas emocionais e afetivas do aluno e do grupo serão privilegiadas para trocas verbais mais em nível acadêmico e especulativo. Dessa forma, poderão ser exploradas áreas de sofrimento ou de impasse relacional do jovem terapeuta, bem como as linhas de resiliência familiar, abrindo novos cenários de conhecimento. Uma vez superados preconceitos ou estereótipos geracionais ou de gênero, amplamente presentes na descrição de cada genograma, aquele que apresenta poderá revisitar alguns aspectos de sua própria história de desenvolvimento, como traumas, distanciamentos emocionais, fragilidades, perdas, com uma nova consciência de si mesmo e de seus relacionamentos mais significativos. Portanto, o objetivo ainda é aumentar as habilidades de autorreflexão e autoconhecimento do terapeuta, mas tudo isso dentro de uma experiência transformadora que permanece gravada na mente tanto quanto nos sentimentos daqueles que a estão vivenciando. Para conseguir isso, usamos o *funil invertido* (Andolfi, 2003), ou seja, propomos a quem apresenta o genograma escolher os eventos mais significativos que, em sua opinião, marcaram a estrutura emocional da família e o seu próprio crescimento pessoal, em vez de *descrever tudo* detalhadamente. Estamos nos referindo àqueles acontecimentos que, na linguagem de Bowen, produziram uma *onda de choque emocional* na família, com repercussões importantes no equilíbrio emocional da família ao longo de várias gerações, e que agora fazem parte da bagagem das gerações mais novas e de quem apresenta sua história, tendo que lidar com pesos e responsabilidades que vêm do passado.

O genograma: da lousa à mesa

Com a experiência de muitos anos de formação, entendemos quanto o uso do espaço é determinante na produção de um contexto reflexivo ou quanto pode favorecer uma experiência de grupo. A apresentação do genograma, transcrito na lousa ou pendurado na parede, acaba recriando um contexto escolar em que alguém em pé fala enquanto os outros, sentados à sua volta, ouvem ou fazem anotações. Cria-se, desse modo, um distanciamento emocional entre o expositor e o grupo, o que favorece a descrição de fatos e eventos por parte do primeiro e o pedido de esclarecimentos ou mais informações por parte dos outros participantes. É mesmo verdade que, ao falar, o aluno pode sentir emoções, sobretudo, de tristeza ou dor na narração de algumas passagens cruciais de sua história, mas o risco é que seja facilmente levado ao "nível mental", ou melhor, levado a refletir sobre os acontecimentos ao invés de viver uma experiência profunda no momento presente. A mesma coisa vale para o professor que deve escolher qual contexto que mais lhe convém e qual é o objetivo da formação no trabalho dos genogramas dos alunos. Talvez, a própria palavra professor, nesse contexto, pode ser limitante e relembrar facilmente a relação professor-aluno, na qual tudo se baseia na aquisição de competências e na hierarquia acadêmica. Ainda mais fria e distanciada, parece-me a definição dada, em algumas escolas, ao condutor com o termo de genogramista (Cirillo et al., 2011). Se, por outro lado, deseja acompanhar e orientar o terapeuta em uma exploração delicada do seu mundo interior e relacional, então, o genograma é uma ferramenta especial para compartilhar uma experiência humana e profissional muito intensa e profunda, na qual ambos concordam em se expor sem levantar barreiras. Aquele que guia a exploração assume tantos riscos quanto aquele que abre a porta do seu mundo emocional para ele e para o grupo de colegas, e tudo isso requer um alto nível de confiança mútua e clareza do contexto que é proposto.

Então, optamos por transformar o espaço e colocar o genograma em uma mesa baixa no centro da sala e pensamos em chamar de supervisor quem orienta os trabalhos sobre genogramas. Na verdade, configura-se como uma visão em um nível meta do que será explorado com o aluno. Os dois estão sentados próximos, a uma distância que permite, quando oportuno, um contato físico, principalmente, se deseja receber uma mensagem de apoio afetivo em uma passagem difícil ou dolorosa da experiência atual. Os membros do grupo estão sentados ao redor da pequena mesa para entrar no espaço visual do genograma e se sentirem realmente envolvidos na história e nas emoções de seu colega em um contexto de intimidade e respeito.

Embora essa forma de contar a sua própria história possa despertar emoções bem profundas, ainda se trata de um canal verbal, no qual as palavras do falante, as perguntas do supervisor e dos membros do grupo são a substância, ou seja, a linguagem em que se realiza o trabalho do genograma. Trata-se, portanto, de completar a experiência em curso, passando do nível da palavra ao da ação a partir do uso do espaço, do corpo e do movimento, compartilhando como afirma Stern, que a ação é a estrada mestre para o conhecimento (2004).

Assim, após ter ilustrado o trabalho com o genograma, passaremos a descrever o uso da escultura e da dramatização de eventos familiares especialmente significativos como um complemento ao que foi explorado anteriormente na história. O objetivo é fazer com que tanto o apresentador quanto os membros do grupo vivam uma experiência intensa e transformadora a fim de permitir o enriquecimento do seu conhecimento de si mesmo. Nessa passagem do canal verbal para o analógico, a percepção de si mesmo em relação ao seu mundo familiar pode ser profundamente alterada, pois esculpir as próprias relações intrafamiliares é muito diferente do que falar em voz alta, um pouco como a diferença entre nadar na superfície ou explorar o mundo subaquático: trata-se do mesmo mar, mas visto de duas perspectivas muito diferentes.

JOHN E AS SUAS IDENTIDADES DISSOCIADAS

John frequenta um curso intensivo de terapia familiar aberto para um grupo internacional de psicoterapeutas. Preparou o seu genograma com esmero antes de iniciar a sua narração, enquanto o grupo e eu esperamos que ele o complete. Sempre me perguntei que pensamentos passam pela cabeça de alguém que está traçando a sua história de desenvolvimento somente com alguns sinais gráficos. Observando o olhar atento e compenetrado de John enquanto desenha, suponho que seja um momento de grande intensidade emocional, em que, com alguns traços, percorre em uma folha de papel os movimentos e as mudanças de sua família: no topo da folha, estão as informações de dois mundos diferentes, Canadá e Irlanda, que eu imagino ter algo a ver com a sua dupla identidade.

John tem 32 anos, é psicólogo clínico, já atua há alguns anos com a psicoterapia em um centro público para as famílias de Toronto e gostaria de aprofundar os seus conhecimentos na área. Participa desse curso focado no uso do *Self* do terapeuta para seu desejo de crescimento pessoal e profissional. Ele mora com a sua companheira na cidade, em que moram também os seus pais e a irmã mais nova, Nina, de 26 anos, que ainda não saiu de casa. John começa a contar sua história com entusiasmo a partir do lado paterno, descrevendo todos os aspectos positivos de seu crescimento no Canadá, rodeado pelo carinho de seu pai e de toda a sua família alargada com quem passou a maior parte de sua infância. Quando ele fala sobre seu pai, James, ele descreve minuciosamente seu caráter, sua escolha profissional e senso de responsabilidade familiar, valores e escolhas com as quais ele se identificou fortemente e, então, mudando seu tom de voz, ele afirma: "Sem ele, eu teria acabado como minha irmã Nina!". Dessa forma, ele mesmo orienta o supervisor e o grupo para entrar na parte dolorosa da história. Quando solicitado a descrever o evento mais significativo na parte irlandesa do genograma, John aponta para seu avô materno Daniel como a fonte de todos os problemas da família: ele era um homem violento, de pavio curto e viciado em álcool, e a sua esposa Mary era muito preocupada com suas filhas, em especial, pela filha mais velha Christina, que parecia ter sido mais afetada pelo clima de violência em casa. Esse clima de violência é o que John mais absorveu da linha materna da família e teme ter herdado de seu avô as explosões de raiva que, às vezes, aparecem mais do que seu caráter bem-humorado e sempre otimista. Ele se lembra de ter tido pouco contato com os avós e as tias maternas, especialmente por todas as histórias negativas ao redor desse avô que, mesmo após a sua morte prematura e repentina, ocorrida mais de quinze anos antes, parece ter deixado um vazio intransponível. Porém, ele simplesmente não entende as razões desse vazio. Partindo desse vazio, John pode ser direcionado a narrar um outro aspecto da história negligenciado, aquele momento relacionado ao processo de emigração. Embora ele não tenha experimentado o desligamento em primeira pessoa, tendo nascido no Canadá, John parece ver apenas os eventos negativos resultantes do desenraizamento da família, amplificados por histórias, lugares-comuns e rumores da cidadezinha de onde vieram os avós, das quais ele sempre ouviu falar em casa e que levou a crescer dentro de si duas identidades dissociadas e em contraste uma com a outra. John gostaria de apagar a história irlandesa da família, porque viu as consequências negativas do sofrimento esculpido no rosto e no corpo de sua avó Mary. Acima de tudo, ele nunca viu sua mãe Christina sorrindo e serena, desde quando era pequeno. A irmã Nina é o último terminal de uma cadeia de mulheres que se sentiram infelizes e solitárias, e John não gostaria de ser contagiado por esses sentimentos, identificando-se 100% com o Canadá, que o acolheu com alegria e carinho desde que nasceu.

Proponho ajudar John a entrar nesses lugares de dor, por meio de uma viagem simbólica às terras de origem de sua família materna, e, nessa exploração, o mapa geográfico é muito útil para pesquisar locais e cidades de origem. Essa viagem às terras de origem permite dar espaço à curiosidade e promover um afastamento temporário dos sentimentos negativos ligados às pessoas reais de sua família. Eu peço, em seguida, para John, mostrar-me no mapa a região da Irlanda de onde sua família emigrou. Ele me aponta Connemara, um distrito rural a oeste da Irlanda de origens muito antigas, constituído por uma península e uma série de ilhotas, rodeadas por montanhas que se refletem no Oceano Atlântico. A sua descrição precisa e animada daquelas terras parece estar em contraste com seu sentimento de estranheza, demonstrado até então, e estou feliz em lhe devolver algumas impressões sobre uma viagem a Connemara feita há muitos anos, antes de seu nascimento, da qual ainda tenho uma lembrança preciosa, principalmente pela hospitalidade que recebi de um povo muito acolhedor. Esta *self-disclosure* permite criar uma forte empatia com John, que parece ansioso para recuperar um pedaço de sua identidade irlandesa e revela seu desejo de visitar um dia a cidade de onde vêm os avós maternos. Podemos, então, voltar à história com outro espírito e alguns fatos importantes. Por trás da história da violência do avô, que, infelizmente, corresponde à verdade, há também de uma pessoa determinada, descrita por todos como uma rocha que conseguiu colocar a família nos ombros e emigrar com a esposa e três filhas pequenas de sua cidade muito pobre e entrar em um barco para, depois de muitas aventuras, ancorar no Canadá. Contudo, se o Canadá, onde ele nasceu e foi criado, é a terra prometida para John, para a sua mãe Christina, tornara-se um lugar estranho em que ela vai acabar se sentindo isolada e deprimida, ainda mais após a morte prematura do pai Daniel de cirrose hepática, que, no entanto, vai deixar um grande vazio depois de ter "carregado a família nos ombros" para um novo mundo. Nina absorveu a sensação de desenraizamento e de solidão de sua mãe, o que não lhe permite construir uma vida própria fora da família de origem.

Pouco mais de uma hora se passou, e John, por meio da exploração de alguns eventos importantes em seu genograma, parece ter sido capaz de passar por estados de espírito muito diferentes e viver uma experiência de crescimento: da idealização de seu ramo paterno e da identificação com um pai indubitavelmente especial, da rejeição total de suas raízes irlandesas, conseguiu se abrir para a curiosidade sobre as terras de origem de seus avós maternos. Aprofundar-se na violência e no sofrimento da família Connemara lhe permitiu compreender melhor o distanciamento da avó e se identificar com o seu desespero por ter perdido tudo que lhe pertencia. Agora, ele parece entender e conseguir se sintonizar com o sofrimento de sua mãe e com a sensação de solidão de sua irmã Nina, sem ter que fugir para não se sentir contagiado pelo mal-estar delas. Sem dúvida, durante a sua narrativa, uma relação de confiança foi se desenvolvendo com o supervisor que permitiu guiá-lo nas áreas de vazio e mal-estar de sua família, descobrindo uma parte de si mesmo. A participação emocional dele e do grupo de colegas, atentos e absortos em sua viagem pela história, ajudou a transformar uma narrativa em uma oportunidade de crescimento pessoal e profissional. Os retornos verbais e analógicos do grupo favoreceram ainda mais a criação de um clima de intimidade e de apoio mútuo no final de uma experiência na qual todos participaram ativamente. Agora, John tem uma melhor compreensão dos motivos de suas dificuldades em terapia com homens violentos e ainda mais com a depressão feminina, da qual ele tende a escapar como fez durante a sua vida.

A escultura em identidades duplas

Assim que o trabalho com o genograma foi concluído, propus a John construir uma escultura da sua dupla identidade. Eu pedi a ele para escolher dois membros do grupo que deveriam representar o Canadá e a Irlanda respectivamente e os relacionar um com o outro no espaço da sala. Desse modo, John pediu aos dois participantes que ficassem a uma certa distância um do outro e assumissem os comportamentos e os olhares que John achava mais adequado à maneira como ele sente a relação entre essas duas partes de si mesmo. Assim que a escultura foi fixada, por alguns momentos, em silêncio, John terá que assumir a posição de uma parte e depois da outra para sentir melhor como é estar em cada uma dessas duas condições e, em seguida, descrever como ele sentiu a relação entre essas duas identidades, a canadense e a irlandesa. Quem sabe se precisamente ao esculpir a distância e sentir o profundo desconforto, John seja capaz de buscar uma integração entre essas duas partes de si mesmo também importantes para o seu crescimento humano e profissional.

A narração do genograma pode se tornar uma viagem simbólica na história de seu mundo familiar e pode, também, despertar emoções fortes. Não há dúvida, porém, que a escultura, excluindo o canal verbal e permitindo a visualização e escuta das relações, tem o poder extraordinário para trazer à cena dramas familiares, identidades dissociadas, (no diagrama de John, constam apenas nomes e datas) sentimento de perda em muito pouco tempo e com uma intensidade e transparência inimagináveis com palavras. Elas são importantes nas reflexões que se seguem, fornecidas tanto pelo escultor quanto por aqueles que personificaram os seus familiares ou, como no caso de John, as suas identidades. Para a conclusão, são recolhidas as impressões e as experiências do grupo de observadores.

Figura 1. Genograma de John

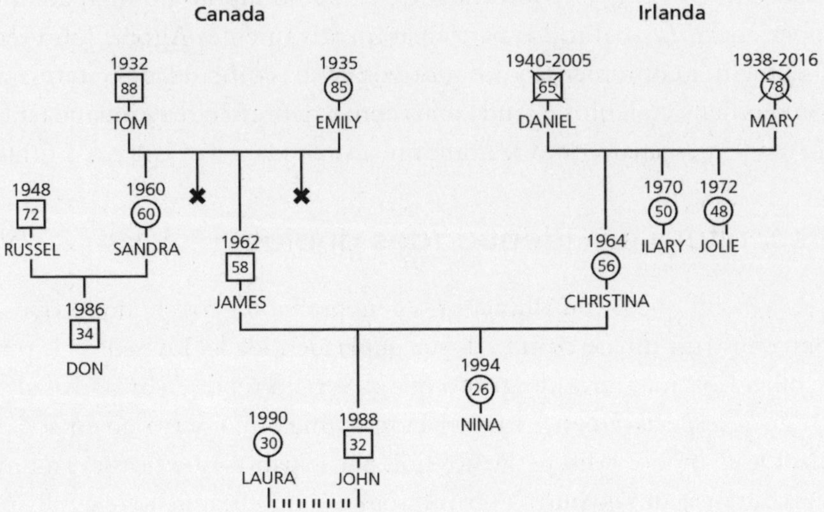

GIORGIA E O PROBLEMA DA VELOCIDADE

Giorgia acaba de fazer 40 anos, é casada com Alessandro e tem uma menina de 3 anos, chamada Chiara. Ele está completando a sua especialização na Academia de Psicoterapia da Família de Roma. É uma psicóloga clínica e trabalha em um departamento para pessoas com necessidades especiais.

Ela apresenta o seu genograma em grupo com muita apreensão. Preparou-lhe com cuidado, envolvendo também a sua mãe Laura na pesquisa de algumas informações sobre o crescimento da mãe quando esta era criança. Ela trouxe consigo várias fotos que coloca ao lado dos símbolos de vários membros da família. Por ser muito grande para usar a mesinha de centro, optamos por observar o genograma no chão com todo o grupo ao redor, o que cria um contexto de grande proximidade e participação emocional. Na verdade, antes mesmo de falar sobre o genograma, Giorgia afirma que seu maior problema, tanto na vida familiar quanto no trabalho, é a velocidade. Toda a sua vida foi uma corrida, até mesmo, o nascimento de sua filha Chiara foi um nascimento precipitado. Então, eu escolho entrar imediatamente no tema que ela propôs e percorrer juntos as linhas de velocidade dentro de sua família, sem começar com uma apresentação formal de sua história. Pergunto a ela, apontando para o seu genograma, para que ela mostre: "Quem sempre estava com pressa na família?", "A velocidade era uma problemática que provinha mais do lado paterno ou materno da família?". Giorgia, já abalada com os primeiros questionamentos, aponta a mãe e o ramo materno como principais fontes de transmissão de velocidade. Sentimento de pressa e de falta de ar em tudo são as atitudes predominantes da mãe que Giorgia lembra desde muito pequena.

> Estava sempre em movimento, parecia que não poderia parar nunca, e meu irmão Dario e eu, ele três anos mais novo, nós também nos tornamos dois corredores. Corríamos com ela para pegar o bonde para ir à escola todas as manhãs, corríamos para ir praticar esportes à tarde. Tínhamos que comer com pressa de noite, sem nunca esperar o papai, para ir dormir na hora certa e assim por diante. (Giogia)

Ela acrescenta que sua mãe lhe contara em várias ocasiões que o suicídio de seu avô Domenico fez sua avó Marta entrar em um estado de depressão ansiosa que a impedia de ficar parada por um minuto e que esse estado de ansiedade foi transmitido de uma geração para outra, especialmente, por meio do ramo feminino da família.

Entretanto, para a mãe Laura, o golpe de misericórdia foi a perda da primeira filha Roberta, que morreu no hospital com poucos dias de vida por causa de uma grave asfixia. Roberta ainda hoje é uma presença muito viva na sua família de origem, e Giorgia descreve as corridas frenéticas até o cemitério com a mãe e com o irmão mais novo, que duraram anos, porque a mãe "não queria que um dia a memória de Roberta se perdesse". Como costuma acontecer quando uma perda, por mais grave que seja, não pode ser aceita, Giorgia e seu irmãozinho Dario cresceram sentindo que todo o carinho e atenção da mãe eram destinados a Roberta, efetivamente, privando-os, eles que estavam vivos, de seu cuidado ao longo de suas infâncias. Eu peço para que ela pare por um momento de contar a história e peço que nos mostre as fotos da irmãzinha, que, mais do que fotos, são retratos com molduras douradas. Até Giorgia, que nunca conheceu Roberta, entrou no "mito da imortalidade" construído pelas mulheres da casa em torno da criança morta ainda bebê e fala de sua irmã como se ela ainda fosse uma presença real, não só na casa, mas também dentro dela, e manuseia as fotos de Roberta como se fossem relíquias. Avançando na história da família e observando o genograma, pode-se captar a desproporção gráfica entre o ramo materno e o paterno. A família de origem do pai é somente mencionada, com muitos espaços em branco e pontos de interrogação; essa falta de informação e emoções me intriga e peço a Giorgia para explorarmos juntos a história paterna. Passando para o outro lado e deixando a família da mãe de fora por um momento, podemos observar que o ritmo acelerado e ansioso da história de Giorgia desacelera e, no seu rosto, percebe-se uma espécie de sofrimento contido. Seu pai, Ferdinando, vinha de uma família muito humilde de camponeses, na qual as emoções nunca circulavam e todas as interações comunicativas foram baseadas em coisas concretas como o trabalho e as tarefas domésticas. Giorgia sabe pouco sobre a família do pai, sabe que tinha vários irmãos, que quase nunca se viam, e ela e seu irmão mais novo Dario nunca haviam tido contato com eles quando crianças, uma vez que viviam no campo a várias horas de distância deles. Principalmente a mãe de Giorgia sempre desencorajou os filhos de visitar os avós paternos "porque eles eram estranhos e muito ignorantes". Além disso, eles nem tinham ido ao funeral de Roberta, porque, segundo eles, "estavam mal de saúde" e, a partir daquele momento, Laura os apagou de sua vida, lançando seu ressentimento em Ferdinando, que passará a vida toda lutando entre a lealdade para com sua esposa e para com seus laços familiares. O resultado é que Ferdinando é progressivamente adotado pela família dela, tendo que sofrer com a ansiedade e as emoções que estão sempre a flor da pele em todos os membros da família de Laura. Ele que, pela sua natureza, sempre foi lento e pensativo. Para a pergunta: "Quem o pai foi para você?", Giorgia desatou a chorar, dizendo em meio às lágrimas que gostaria de lhe ter conhecido melhor, mas demorou muito para o procurar, porque seu pai faleceu devido a um ataque cardíaco justamente enquanto Giorgia estava prestes a dar à luz sua filha.

"Pela primeira vez, Giorgia, que sempre viveu em ritmo acelerado, atrasou-se para um compromisso importante", será meu comentário para encorajar Giorgia a tentar "conhecê-lo melhor agora" enquanto observamos o seu genograma. A relação entre os pais é descrita por Giorgia como fria e hostil de ambos os lados, ficando ainda mais negativa por causa da dependência de Ferdinando ao álcool, que gradualmente se verá marginalizado pela família. "Eles nunca se separaram, mas viveram como separados", acrescenta Giorgia, "até a morte repentina do meu pai". Parece-me que Giorgia tem interesse em entrar no mundo de seu pai, e, então, eu a instigo com uma série de perguntas: "Como foi a morte de Roberta para seu pai? Papai e mamãe alguma vez conseguiram compartilhar essa perda? Você e Dario já conversaram sobre álcool com pai?". O tom muda e o ritmo das respostas fica mais lento e escapa um sofrimento diferente, nunca enfrentado, devido a outra perda importante, ou seja, a perda da relação com o pai. Esse relacionamento, como também o relacionamento entre mãe e filhos, foi sufocado pela necessidade de Laura manter a sua filha Roberta viva a todo custo, certamente, não para compartilhar um luto, mas para se proteger da dor profunda que se seguiria ao aceitar a sua morte. Talvez, se ela tivesse tido a coragem de fazer essa passagem, ela poderia ter se sentido mais viva por dentro e poderia ter se sentido próxima e solidária com o marido e com os filhos.

Da palavra à ação

Também, no caso de Giorgia, conforme já descrito em relação à história de John, quando um clima emocional de confiança e de intimidade é alcançado na exploração verbal do genograma, é útil interromper as palavras e passar para a ação. Como sabemos por meio dos estudos de Stern (2004), há um *conhecimento implícito* que passa pelo canal não verbal e é isso que queremos ativar em Giorgia, a fim de permitir que ela descubra caminhos diferentes para observar a realidade. Por meio do uso do espaço e do movimento, eventos reais podem ser recriados simbolicamente, em busca de outras leituras e outros significados. Entretanto, acima de tudo, será a experiência com o grupo de Giorgia que ficará gravada em sua mente e poderá ajudá-la a sentir o valor dos laços e a aumentar a sua autoconsciência.

A primeira oportunidade será ajudar Giorgia a passar do luto congelado para o que Roustang (2004) descreve como "esquecimento que preserva", isto é, para uma lembrança internalizada de Roberta que não invada mais sua vida real. Com a ajuda do grupo, será convidada a *dramatizar a morte da irmãzinha*: colocando-se diante das fotos de Roberta, será capaz de fazer uma escultura, usando o espaço e o movimento, que mostra como ela lembra a sua relação com seu pai, sua mãe e seu irmão ao redor daquele evento de perda. Ela poderá, então, fazer uma escultura do futuro, mostrando como ela gostaria que as relações emocionais mudassem no futuro entre ela e os outros membros da família, uma vez que foi possível deixar Roberta ir, rompendo, assim, com o mito da imortalidade construído ao longo dos anos em torno dessa perda. (No genogramma de Giorgia, aparecem somente nomes, datas e algumas característica para a avó Marta – depressão ansiosa; para o avô Domenico – suicídio / família de camponeses à direita; Ferdinando - infarto):

Figura 2. Genograma de Giorgia

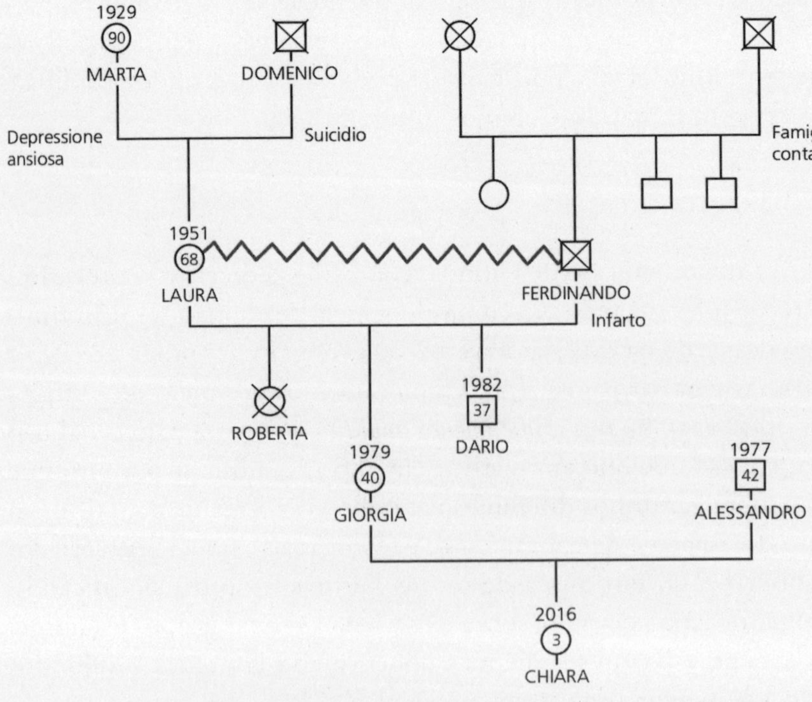

Nessa experiência de crescimento, as sensações e as imagens que Giorgia pode levar consigo são importantes, mas são também úteis as reflexões verbais do grupo de formação sobre as emoções que sentiram, especialmente, por aqueles que personificaram os personagens de sua família. O trabalho de Giorgia em seu genograma se encerrará com uma prescrição do supervisor (2015), que sugere a Giorgia ir ao túmulo de seu pai e contar o que ela queria ter dito a ele em palavras, se ela tivesse conseguido encontrá-lo quando ele ainda estava vivo. Simbolicamente, ainda é possível completar essa etapa e se reconectar com o pai. Se fizer o que diz a prescrição, essa experiência concreta (ir ao túmulo do pai) e simbólica (falar com ele) poderá tranquilizá-la e, talvez, ajudá-la a não ter que correr o tempo todo; encontrar uma maior harmonia consigo mesma será um grande benefício para a sua vida familiar e para o seu trabalho profissional.

A ESCULTURA DAS RELAÇÕES FAMILIARES E A DRAMATIZAÇÃO DAS ADVERSIDADES DA VIDA

> *"Escultura é a arte e a técnica de criar uma forma ou uma representação plástica a partir de um material; esculpir em sentido figurado-simbólico significa imprimir indelevelmente: no coração, na memória"*
> (Devoto-Oli, *Dicionário da língua italiana*).

A escultura familiar foi introduzida no mundo relacional sistêmico por Virginia Satir em 1967: além de seu interesse no estudo de modelos de comunicação dos integrantes de uma família ou de um casal, Virginia teve uma formação *Gestalt* igualmente significativa. A sua modalidade era bastante diretiva, na verdade, era ela quem escolhia, dentro de um grupo de formação, as pessoas que deveriam representar um pai, um cônjuge ou um irmão do terapeuta que teria que esculpir as suas relações familiares. Nesse sentido, o estilo de Satir pode ser comparado ao de Hellinger em seu trabalho sobre constelações familiares (2012). Ambos usavam o carisma e as suas intuições para escolher os personagens que seriam encenados pelo escultor.

Aprendi sobre escultura familiar em Nova York ao experimentá-la pessoalmente em dois momentos-chave da minha vida, o primeiro após a morte repentina do meu irmão e o segundo quando perto do meu controverso retorno à Itália. Em ambos os casos, foi uma experiência muito envolvente e transformadora, o que me fez entender totalmente sobre o poder da linguagem corporal e do uso do espaço. Em especial, fui capaz de reconhecer o meu nível de participação emocional em uma experiência que, apesar de sua simplicidade, "despe você diante de você mesmo" no espaço cênico, sem a defesa das palavras e de uma posição confortável e relaxada, como a de estar sentado em uma cadeira falando sobre a sua família. Igualmente significativo, foi o envolvimento pessoal dos membros do grupo que iriam representar os membros da minha família a partir do momento em que foram escolhidos por mim, um após o outro. O valor simbólico de uma experiência muito intensa, na qual todos se identificam com o seu papel na família em um nível profundo, é inestimável. O que mais me surpreendeu é que a escultura não é concluída após a sua realização nem após o *feedback* verbal dos integrantes do grupo a respeito de suas vivências dentro da escultura. Criou-se um vínculo e uma relação empática que, com alguns deles, manteve-se ao longo dos anos como se eles tivessem se tornado parte da minha família. Eu encontrei impressões semelhantes nas esculturas de outros colegas quando era eu quem representava um de seus familiares.

Esse trabalho de treinamento pessoal em grupos acontecia *no Ackerman Instituto de Nova York* no início dos anos 70 como parte de um programa de formação clínica para terapeutas especializados sob a orientação de Kitty La Perriere e Peggy Papp (Papp et al., 1973). A modalidade era semelhante à experimentada nos mesmos anos por Duhl et al. em Boston (1973) e por Andy Ferber et al. (1972) no *Family Study Section* do *Bronx State Hospital*. Geralmente, iniciava-se com a descrição verbal do genograma familiar de um terapeuta em formação e, em seguida, passava-se para a construção da escultura de sua família. O papel do supervisor (como decidimos chamá-lo) era apoiar e orientar a execução da escultura, mas não era ele quem escolhia dentro do grupo as pessoas que iriam representar os familiares do terapeuta. Cabia ao terapeuta escolher uma pessoa específica, chamada para personificar determinado integrante de sua família. Eu acredito que essa escolha corresponda a um processo implícito e não verbal de "identificação" do escultor com aquela pessoa, justamente por ter sido escolhida, sentirá um maior envolvimento pessoal em ser posicionada de uma certa forma, com um certo olhar, a uma certa distância de outros membros da família dentro da escultura. Esse fenômeno de identificação profunda começa desde a primeira fase, ou seja, a partir da construção não verbal da escultura, na qual cada pessoa é escolhida em um papel familiar específico e é colocada em relação com outros, assumindo uma certa postura, uma forma de olhar e de entrar em contato visual ou o evitar com outros personagens. Depois de terminar e ficar olhando a escultura por um certo tempo como se fosse uma fotografia, dá-se prosseguimento com o *feedback* verbal em que todos podem descrever o que sentiram no papel do membro da família que personificou e como sentiram o relacionamento com os outros. Esse processo simbólico de identificação explica, pelo menos em parte, a correspondência entre as respostas emocionais de quem representou na escultura de um pai, de um cônjuge, de um filho ou de um irmão e a percepção subjetiva de suas relações familiares por parte do escultor, que poderá dizer "vocês parecem mesmo a minha família". Ao mesmo tempo, a intensidade da experiência vivida por cada um na escultura familiar pode permitir a quem a construiu ver, com surpresa e, às vezes, com dor, as conexões afetivas diferentes das usuais, de vivenciar novas emoções, de aumentar a autoestima e de gerar uma maior autenticidade ao olhar para problemas relacionais. Por mais de quarenta anos, eu uso a escultura como uma forma não verbal de representar relacionamentos dentro dos processos terapêuticos familiares, de casais e, também, individuais e, sobre esse assunto, sugiro ao leitor outras publicações (Andolfi, 1977, 2015). Neste capítulo, pretendo descrever o uso dessa técnica exclusivamente dentro da formação do terapeuta.

Os tempos da escultura e os eventos familiares

O supervisor pode sugerir os tempos da escultura ou pode pedir para aqueles que esculpem para escolherem o momento e as circunstâncias, ou melhor, em torno de qual evento familiar querem construir a escultura. Frequentemente, aquele que esculpe opta por voltar à época em que era criança ou adolescente e representar as relações familiares daquela época ou, pelo contrário, prefere esculpir o momento presente; além do tempo, geralmente, é escolhida uma circunstância com forte carga emocional. Frequentemente, trata-se de eventos de perda, como no caso de Giorgia, cujo genograma acabamos de descrever, em que a morte da primogênita Roberta, com poucos dias de vida, parece ter congelado o tempo familiar e impedido Giorgia e a sua família de elaborarem o luto ao longo dos anos.

Assim, "dramatizando a morte de sua irmãzinha" e fazendo Giorgia reviver em forma de uma escultura, depois de tantos anos, a lembrança do desespero e consternação de sua família por uma perda tão repentina, pode ser uma forma de libertá-la do fardo de uma "presença que ainda está viva e que ainda pesa", que a impede de se sentir livre em suas escolhas e no relacionamento com sua mãe. Não se deve esquecer que substituir os membros da família com os colegas que os representam permite criar uma distância do entrelaçamento familiar daquela época, por meio de uma reproposta simbólica no momento presente, que desperta novas sensações e novas reflexões.

Será ainda mais transformador para Giorgia fazer uma segunda escultura, a do futuro, na qual "se pode imaginar" uma mudança nos relacionamentos familiares, uma vez que se consegue frear o mito da imortalidade de Roberta. Imaginar que se pode "deixar Roberta ir," representando isso como uma possibilidade concreta com a ajuda do grupo, é um pensamento catártico e, também, evolutivo. Percorrer de forma simbólica, por meio da escultura e dos atores que a povoam, as etapas do trauma de uma perda familiar, muitas vezes, têm o significado de encerrar um capítulo doloroso e de retomar a vida, transformando o "esquecimento que apaga em uma memória que preserva" (Roustang, 2004).

A migração e as metáforas geográficas

Tendo vivido por vários anos em um país multicultural como a Austrália, é muito comum ter amigos, ver famílias em terapia e formar terapeutas que vivenciaram processos migratórios na primeira pessoa ou que cresceram dentro de relações familiares multiétnicas e multiculturais. Nesse sentido, a Itália está entre os países europeus com maior defasagem em relação a esse fenômeno universal e ainda não é capaz de perceber plenamente o valor e, ao mesmo tempo, a complexidade das relações familiares e sociais multiculturais. Isso representa um grande paradoxo, já que, em cem anos de história, mais de 26 milhões de pessoas e famílias italianas emigraram para todas as partes do mundo devido à pobreza e à devastação das duas guerras mundiais. Ainda mais paradoxal é o fenômeno dos últimos anos, em que quase um milhão de jovens italianos, com nível de instrução médio-alto, tiveram que emigrar para o exterior em busca de emprego e recolocações profissionais satisfatórios, não sendo possível encontrá-los na Itália. A característica comum tanto de migrantes pobres e quase analfabetos de antes e da atual migração de jovens profissionais qualificados e instruídos é que eles tiveram sucesso onde quer que tenham ido por suas qualidades de resiliência e de criatividade. Para todos eles, porém, o modelo de vida italiano foi se transformando e se enriquecendo por meio do contato com outras culturas em um processo de integração progressiva. Voltando aos processos imigratórios de estrangeiros na Itália, embora, em crescimento exponencial, ainda parecem ter caráter emergencial e será necessário esperar pelo menos mais duas décadas para enfrentar a realidade de múltiplas identidades, quando os numerosos filhos nascidos na Itália de pais estrangeiros se tornarão adultos e formarão uma família, dando vida a uma nova e interessante miscigenação.

Como vimos na descrição do genograma de John, um ramo da família - o canadense - é privilegiado e ilustrado de forma positiva enquanto o outro - o irlandês - é pouco explorado, senão definitivamente rejeitado. De forma geral, isso acontece quando as diferentes matrizes identitárias de uma pessoa, ao invés de serem integradas de forma harmônica, são percebidas separadamente ou em contraste uma com a outra. Achei muito útil usar metáforas geográficas todas as vezes que procurei amplificar e dramatizar o conflito entre identidades irreconciliáveis de uma pessoa. Com a ajuda da escultura, que, nesses casos, poderíamos chamar individual (Andolfi, 2015), pode-se colocar em cena países diferentes, em vez de descrever aspectos pessoais de identidades dissociadas. Dessa forma, uma espécie de externalização do problema é produzida (da pessoa para os países de origem) que permite manter um certo distanciamento do problema, adquirindo, assim, uma maior capacidade introspectiva. A lembrança dos países, interagindo entre eles, permanece indelével, porque é composta por imagens e sensações muito intensas que ficam gravadas no coração e na memória de quem está encenando a escultura.

Então, voltando ao John, será uma proposta um pouco inesperada e forte, a de escolher dois colegas no grupo de treinamento que, em vez de personificar, por exemplo, seu pai ou sua mãe, devem se identificar com o Canadá ou com a Irlanda, como se fossem duas pessoas, e se relacionarem conforme John decidiu posicioná-los. Ou seja, eles têm que assumir uma distância entre eles, uma postura e um olhar, que pode ser triste ou sereno, zangado ou indiferente, que se cruza com o olhar do outro ou que, ao contrário, o evita etc. Nessa fase, John constrói a escultura, observando-a de fora, como se fosse uma projeção visual de seu conflito de identidade. Ele ficará ainda mais envolvido quando o supervisor lhe pedir para substituir as pessoas que escolheu e "entrar na escultura", ocupando primeiro o lugar de um país e depois do outro país. As sensações relatadas são múltiplas. Primeiro, vamos ouvir os dois atores da sua escultura e depois John. Ouvir as emoções vividas pelos dois colegas ao representarem o Canadá e a Irlanda e, em seguida, a descrição em se passar por um país e depois pelo outro têm um impacto muito mais forte e transformador sobre John do que apenas falar sobre o conflito entre o seu pertencimento duplo. A dor e o desespero de John ou sua sensação de perda e de confusão podem, portanto, emergir com intensidade, bem como a descoberta de novas narrativas. Trata-se de estados de ânimo genuínos e transparentes que quebram qualquer forma de defesa ou de fachada. O grupo tem a função de "reservatório da experiência" no qual todos participaram de forma mais ou menos ativa. A memória dessa experiência terá um tempo de permanência muito mais duradouro no que diz respeito às descrições verbais, como acontece toda vez que se usa uma linguagem metafórica ao invés da lógico-dedutiva. As imagens da cisão de identidades, ampliada na escultura, poderão fazer John refletir sobre a dor e a dificuldade que ele teve ao tentar mantê-las separadas e sobre a possibilidade de encontrar uma melhor integração, uma vez superados os *scripts* familiares sobre os quais os conflitos e os contrastes de pertencimento foram construídos e mantidos ao longo do tempo.

As metáforas geográficas podem ser infinitas: significativa, por exemplo, foi a escultura de Kiira, a primeira terapeuta que veio da Estônia para um curso de formação internacional em Roma. O Muro de Berlim havia caído há pouco tempo e a União Soviética foi dissolvida, o que permitiu que a Estônia recuperasse sua liberdade e sua independência em 1991, após tantas dominações: primeiro pelo Império Russo (a partir de 1721) e depois, após vinte anos de vida da República da Estônia, novamente a anexação à União Soviética em 1940 até sua queda. As coisas haviam mudado recentemente, e a situação geral ainda era muito confusa. Kiira cresceu dentro do regime soviético e mal conseguia ver o novo, apesar de o querer muito para si e para os filhos. Era muito doloroso, mas, ao mesmo tempo, apaziguador para ela encenar a difícil relação entre a *Estônia de antes* (aquela em que ela cresceu com sua família, onde estudou psiquiatria e onde nasceram seus filhos) e a *Estônia de depois*, a do futuro, certamente melhor, mas ainda em construção. Dois terapeutas, vindos de outras partes do mundo, foram escolhidos para representar as duas Estônias em conflito: a experiência foi muito tocante para Kiira e profunda para mim e para os outros membros do grupo, especialmente, para os dois que haviam vivido isso na própria pele. Foi também o início de uma relação profissional cada vez mais assídua com os colegas desse belo país por meio da escultura das duas Estônias de Kiira.

Da mesma forma, algumas terapeutas da República Dominicana, que vieram em grupo à Roma para participar de um curso intensivo sobre o uso do *Self* do terapeuta, colocaram em jogo, por meio da escultura de suas dúplices identidades, muitas vezes, divididas ou em contraste uma com a outra: a dominicana e a dos Estados Unidos da América (EUA). Muitas emigraram para os Estados Unidos a trabalho e para garantir a seus filhos uma vida melhor em comparação com as suas, ao mesmo tempo, sentindo que estavam traindo suas fortes afiliações culturais e linguísticas, ou seja, as suas raízes dominicanas.

Ainda podemos falar de Edith, uma terapeuta belga, que cresceu desde criança no Congo, então, voltou como uma jovem adulta para Bruxelas com seus pais e com suas irmãs e que parece dividida entre os dois mundos. O Congo, onde viveu quando criança com espaços imensos, deu-lhe a percepção de liberdade total. "Lá é onde eu sinto ter deixado o coração", nos diz Edith, enquanto a cabeça voltou com ela para a Bélgica e, ao descrever esse conflito entre o coração e a cabeça, ela tem dificuldade de respirar. No livro *Terapia familiar multigeracional* (Andolfi, 2018), descrevi uma forma um tanto bizarra de representação, mas extremamente eficaz, isto é, a *escultura dos próprios órgãos*. O terapeuta, auxiliado pelo supervisor, pode criar uma representação de seus órgãos que terão que interagir entre eles. No caso da colega belga, Edith será convidada a escolher no grupo quem ela quer que personifique o seu coração, quem será a sua cabeça ou os seus pulmões, que, como acabamos de perceber, são os órgãos que mais surgiram na descrição de seus mundos em contraste. O resultado será um retrato tão criativo quanto cheio de significados simbólicos, que visam a evidenciar, por meio da ação e do movimento, a maior ou a menor integração entre os órgãos vitais de Edith. Além disso, o *feedback* das pessoas/órgãos será de grande valia e permitirá que Edith veja a desconexão entre seus órgãos vitais, a fim de procurar uma maior harmonia.

A experiência de muitos anos de terapia e formação me confirmou a ideia de que para alcançar a harmonia é necessário sermos capazes de integrar as dimensões fundamentais da nossa essência: o nosso eu pensante, o emocional e, finalmente, um terceiro, o experiencial, que coloca em movimento os outros dois e faz com que as nossas múltiplas identidades interajam. Para alcançar esse objetivo, é inevitável passar pela desarmonia, pela divisão, pelo contraste com todo o peso e com a dor que isso acarreta. Em vez de os negar ou escolher estratégias defensivas, é mais útil amplificar o que não funciona ou o que bloqueia e, então, encontrar o caminho para a mudança. Tanto a escultura das relações familiares quanto a individual, que descreve o relacionamento consigo mesmo, são ferramentas muito eficazes para dramatizar traumas e eventos adversos da vida com o objetivo de os superar.

MEU PAI TINHA HANSENÍASE

Vera é uma experiente terapeuta familiar brasileira, que participa de um curso intensivo sobre o *Self* do terapeuta em Roma. O grupo é grande e apenas algumas pessoas poderão fazer um trabalho específico sobre a sua própria família. Vera faz de tudo para ser escolhida para apresentar seu genograma. Começamos a explorá-lo há pouco, é muito extenso e difícil de entender do ponto de vista gráfico, porque está escrito com letra muito pequena. Eu, então, pergunto qual foi o evento mais dramático dentro de sua família e seu olhar se torna pensativo e triste. Vera responde em poucas palavras: "Meu pai tinha hanseníase!". Desde que ela escolheu o tema pelo qual começar, sem qualquer hesitação, percebo que vamos tocar em aspectos muito dolorosos da sua história de desenvolvimento e, apesar de ser a primeira vez que me deparo com um tema tão difícil e dramático, estou pronto para acompanhá-la durante a história de sua família. Vera começa pela infância e pelo "segredo de família", que nunca deve ser revelado. Na verdade, ela é a terceira filha e, mesmo antes de seu nascimento, a família teve que abandonar a cidade onde morava e ir para outro estado no sul do Brasil, em que ninguém deveria saber que o pai tinha hanseníase. Vera nasce, quando a família voltou e foi morar em outro lugar, e é obrigada ao silêncio e nunca poderá revelar esse segredo na escola ou em qualquer outro lugar em que ela vá quando criança e adolescente, e nunca nenhuma colega ou amiga pode visitá-la em casa. A mãe dá permissão para ela falar com seu marido sobre a doença de seu pai só antes do casamento, e seu futuro marido vai contar para seu pai um dia antes do casamento com Vera. Além disso, ele era o diretor de um Instituto de Portadores de Hanseníase e queria conhecer em detalhes a história da doença do sogro.

Não só as relações com o mundo exterior são difíceis, mas também em casa entre pai e filhos nunca se podia falar sobre a sua doença, o relacionamento com a avó paterna era muito frio, e qualquer contato físico era evitado. Felizmente, a relação com a avó materna foi muito positiva para Vera desde pequena. O maior sofrimento foi se sentir "distante" de seu pai quando ela era criança todas as vezes em que desejava ter contato físico com ele, como uma carícia ou um abraço. Sua irmã e seu irmão, muito mais velhos que ela, morreram e tiveram uma vida muito difícil, a irmã se casou com um portador de hanseníase, e o irmão se perdeu no álcool.

Vera desenvolveu uma resiliência extraordinária ao longo dos anos e escolheu se tornar psicóloga para ajudar os outros. Seu pai morreu em um hospital há vinte anos, e ela não conseguiu se despedir dele. "Não dá para descrever o que é ser filha de uma pessoa portadora de hanseníase", diz Vera, que, há vinte anos, sente uma grande tristeza e sente *um nó na garganta* cada vez que pensa na hanseníase de seu pai. "É como uma marca que passa de geração para geração, até as minhas filhas carregam esse peso, e elas se sentem netas de uma pessoa com hanseníase." Resumindo, essa é a história: agora, é hora de passar da história para uma experiência que pode libertar Vera do nó na garganta.

É sempre muito útil pensar em um aspecto concreto, como ponto de referência no qual condensar o trabalho experiencial.

A hanseníase, a hanseníase internalizada e Vera

Proponho a Vera que construa uma primeira escultura na qual dê forma e consiga interagir com essas duas entidades: a hanseníase como doença e a hanseníase internalizada, ou seja, aquela marca social que ela transferiu para dentro de si mesma. Ela deve escolher três pessoas do grupo que as representarão. Para cada um deles, ela terá que dar uma postura, uma modalidade de olhar e um movimento no espaço. Emocionada já com o pedido, certamente, inesperado, observa bem o grupo de colegas antes de decidir: a primeira a ser escolhida é uma jovem terapeuta que tem que se passar pela hanseníase; a postura pedida é inquietante com o corpo contorcido, dobrado sobre si mesmo e seus braços igualmente torcidos e com um olhar triste voltado para a frente. A segunda, aquela que deve representar a hanseníase internalizada, já aparece com colar para a cervical: deve manter o pescoço bem estendido, olhar para cima com um tom deprimido e alternando um movimento de abertura e fechamento dos braços no pescoço. A terceira, aquela que deve representar Vera, deve mover-se continuamente em direção à primeira ou à segunda figura, entrando em contato físico com ambas, mal tocando nelas. Vera constrói primeiro a escultura com a ajuda do supervisor, dando forma, depois observa a cena final vista de fora, como se fosse uma série de quadros em movimento. Posteriormente, ela ocupa o lugar de cada uma das três figuras para "sentir plenamente os estados de ânimo" de cada uma. Representar a hanseníase com todo o fardo do sofrimento e do preconceito social que deriva dela, na frente de um grande grupo de colegas, é muito difícil. Primeiro para a jovem terapeuta que a representou e que se sentiu exposta, explodindo em lágrimas; depois para Vera que, ao se identificar com a hanseníase, sentiu o peso e o desespero disso, ela que foi mantida longe do contato com seu pai durante toda a vida justamente para evitar que ela contraísse a doença. A hanseníase internalizada está exausta por causa do movimento contínuo de abertura e fechamento dos braços e em manter esticado o pescoço, forçando a cabeça para frente, e Vera se sente como uma pessoa esvaziada nesse movimento de aproximação em direção a um ou em direção ao outro, na sua tentativa de cuidar, ela acaba não recebendo nenhuma resposta afetiva nem de um lado nem de outro.

O preconceito social e o pai morto

Depois de receber o *feedback* dos participantes da escultura, sugiro uma segunda escultura para Vera. A cena, escolhida pelo supervisor, é proposta para dramatizar um encontro entre Vera e seu falecido pai no qual ela pode comunicar o quanto o amava. Cabe a ela escolher um colega que possa representar o pai, que terá que se deitar no chão com os olhos fechados. No entanto, antes de estabelecer uma relação com o pai, Vera terá que lutar com todas as suas forças contra o preconceito social.

Cinco colegas serão, então, escolhidas e terão que se passar pelo estigma social para com aqueles que sofrem de hanseníase. A maneira com que elas vão representar será vocal: elas terão que emitir todas juntas sons dissonantes e estridentes como uma lamentação, e Vera terá que contrastá-las com todas as suas forças para silenciá-las. Só, então, ela poderá se inclinar sobre o pai morto e falar com ele.

Quem participou dessa dramatização, começando pela Vera, para dar continuidade com aqueles que participaram em primeira pessoa de suas esculturas e com o grupo de observadores, carregará por muito tempo essas imagens. Vera, como uma fúria, avança contra "o preconceito" e o enfrenta por alguns minutos intermináveis, dominando com a voz e o movimento frenético das mãos o lamento estridente das "cinco erínias da mitologia grega", finalmente silenciando-as.

Essa cena é seguida por um longo momento de silêncio, que terá um efeito libertador para Vera, que, ao longo dos anos, derrotou esse estigma social, tanto externamente e quanto aquele internalizado durante anos. A dramatização termina com a parte mais íntima e comovente, aquela de uma filha que se inclina, acaricia o pai morto e chorando diz a ele o quanto ela o amava. Também, diz a ele o quanto custou a ambos evitar qualquer contato físico e o quanto ela sofreu quando era criança, mesmo entendendo que aconteceu por amor. Enquanto ela o acaricia, ela se desculpa por ter tido vergonha dele enquanto portador de hanseníase. Aqui termina o trabalho.

No dia seguinte, Vera se apresenta como outra pessoa e afirma estar se sentindo muito mais leve e livre, dizendo "Não sinto mais o nó na garganta", como se tivesse saído de uma cirurgia de alta precisão e agradece a mim e ao grupo por ajudá-la a se livrar de um fardo insuportável. Contactada por mim um mês depois, confirma-me que se sente muito melhor, mais leve e que o nó na garganta está desaparecendo pouco a pouco. Dada a delicadeza do assunto e o importante papel profissional da Vera no mundo da terapia familiar brasileira, pergunto se ela prefere que o caso descrito no livro permaneça anônimo e a primeira resposta da Vera é que seria melhor se ela não fosse identificada. Assim, a história da Vera "muda de nome e continente" e se torna um caso da Indonésia, um país em que, junto à Índia e ao Brasil, a hanseníase ainda tem uma disseminação significativa. Mais tarde, Vera me manda um e-mail no qual ela me comunica que não tem nada do que se envergonhar e o que esconder e que posso usar o nome dela e o Brasil para o meu livro. "Este será mais um passo no meu processo de eliminação do nó na garganta", diz Vera. Para mim, para os muitos colegas brasileiros que participaram da experiência tocante e dramática das esculturas da Vera e para os leitores deste livro, a corajosa decisão da Vera, ao se revelar em primeira pessoa, é uma lição da vida e um *dom da verdade* no que diz respeito ao valor da autenticidade diante de eventos adversos da vida. É, também, um exemplo ao contrastar o crescente profissionalismo no mundo da psicoterapia, em que, muitas vezes, esconde-se por trás da máscara de privacidade ou dos modelos de referência. Além disso, agora, Vera derrotou definitivamente o preconceito social, tema para ela sensível mesmo na terapia, em que sentiu um efeito paralisante no passado. Essa experiência tão forte e transformadora também a ajudará a pensar que suas filhas não são netas de um avô portador de hanseníase, porque o preconceito foi derrotado e não continua por meio das gerações.

Este capítulo termina aqui em que o uso do genograma da família como instrumento de autoconhecimento foi descrito de forma original e criativa. Porém, é um conhecimento que vai além da narrativa familiar, produzindo uma transformação pessoal de quem apresenta a partir de uma experiência íntima, livre de preconceitos, vivida no presente sob a orientação atenta do supervisor e com a participação afetiva e reflexiva do grupo. Ainda mais transformadora, é a criação de esculturas familiares e individuais, nas quais o canal não verbal e o movimento são privilegiados. A representação de relações familiares bloqueadas ou violentas, bem como eventos adversos da vida têm o objetivo de reviver no presente, de forma simbólica, situações traumáticas ou desesperadoras do passado com o resultado de sair dele individualmente mais forte e livre dos roteiros familiares estereotipados e repetitivos. O grupo representa o reservatório mais seguro e acolhedor, que permite que todos possam transformar o sofrimento, o desespero e a impotência em recursos da vida. Na formação, como na terapia familiar, estamos apresentando um supervisor muito ativo, que assume uma posição de guia e usa a sua criatividade, a sua competência e a sua humanidade para favorecer os processos de crescimento e de transformação do terapeuta no processo de aprendizagem.

5. SUPERVISÃO DIRETA: EXPERIÊNCIA FUNDADORA DO TERAPEUTA DA FAMÍLIA

O ESPELHO UNIDIRECIONAL E O PROCESSO DE SUPERVISÃO NA FORMAÇÃO

Lynn Hoffman, em um de seus trabalhos (1981), afirma que a verdadeira revolução das terapias sistêmicas foi a introdução do espelho unidirecional no trabalho clínico com as famílias e na formação ao vivo do terapeuta. Na realidade, o espelho unidirecional não é apenas uma divisória entre a sala de terapia e a sala de observação, mas é uma "metáfora concreta" que nos permite superar o conceito de *confidencialidade*, tão sagrado no mundo psicanalítico e, mais geral, em todas as formas de psicoterapia individual para nos abrirmos à ideia de um trabalho em equipe e de uma forma diferente de transmissão de conhecimento. Dessa forma, passa-se dos protocolos ou dos relatórios verbais a serem discutidos em grupos ao próprio trabalho terapêutico quando ocorre a sessão. Tudo isso corresponde aos pressupostos das teorias sistêmicas, nas quais a observação das interações em andamento é um pilar do aprendizado tanto quanto a escuta participativa. Se aceitarmos o axioma de que a observação sistêmica não se limita apenas a trocas verbais, mas inclui a linguagem do corpo, dos olhares, do movimento e da paralinguística, é evidente que o espelho unidirecional permite ao supervisor e ao grupo em formação tanto ouvir os diálogos quanto observar ao vivo se isso está acontecendo entre o terapeuta e a família na sessão.

O USO DO INTERFONE E O SENTIDO DA INTERRUPÇÃO

Além da novidade do espelho unidirecional, o uso de um interfone (ou telefone), que permite ao supervisor ligar para o terapeuta da sala de observação e falar com ele, criando uma breve interrupção do diálogo com a família durante a sessão, seria algo inimaginável em uma sessão individual, na qual a continuidade da relação dual deve ser garantida sem intrusão de terceiros. Por outro lado, é muito útil no trabalho familiar, pois, normalmente, em uma família, as pessoas se interrompem de forma mais ou menos adequada, e tudo isso é natural; no contexto terapêutico, uma ideia semelhante é, então, introduzida, que mesmo o terapeuta, saindo temporariamente da sala de terapia ou atendendo a uma chamada do interfone do supervisor, pode interromper o fluxo da fala. A interrupção, portanto, favorece um procedimento constituído por sequências verbais descontinuadas em que dizer "vamos retomar o assunto" é mais produtivo do que afirmar "não interrompa, senão perco o fio da meada". Quando falamos sobre famílias, estamos nos referindo aos adultos (pais e, às vezes, avós) e filhos, que interagem com o terapeuta na mesma sala, e é muito raro que não haja interrupções causadas pelo movimento das crianças, por frases provocatórias de adolescentes, por mudanças de assunto, de lugar ou de humor em uma hora de sessão. Disso tudo, temos que o terapeuta deve aprender no campo a manter a sua coerência, a sua calma e o seu papel de guia atento em um contexto no qual o diálogo terapêutico ocorre em zigue-zague e não em forma linear. As interrupções entre membros da família costumam ser marcadas por premissas como "não concordo com você", "você sempre me interrompe enquanto eu falo", "ouça seu pai", "nem mesmo se eu começar a chorar você para de me sobrecarregar com a sua voz", "é sempre assim em nossa casa", "se continuar a me interromper, eu me levanto e vou embora", "mas porque você me trouxe aqui?". Sem falar na linguagem não verbal, que pode aumentar ainda mais as distâncias e os contrastes. Essas descontinuidades, embora, às vezes, rudes ou agressivas no tom de voz e, também, na postura, não devem ser temidas ou percebidas como incorretas, devem antes ser compreendidas e apreciadas, porque aumentam o nível de informação dos modelos de relações da família e sobre as diferentes posições no campo. Sem falar sobre os próprios motivos para vir à sessão, que podem ser os mais conflitantes: vão desde aqueles que dizem que "a terapia é o último recurso para salvar a unidade da família", para aqueles que dizem antes que "não acreditam na psicologia" ou para aqueles que, como no caso de um adolescente, declaram com raiva de que "aqui não queriam realmente ter vindo" ou que "o trouxeram à força ".

A ANSIEDADE DO TERAPEUTA

Porém, como tudo isso é vivenciado pelo terapeuta, é um assunto muito complexo. Muitas vezes, essas formas de comunicação levam os terapeutas, sem muita experiência, a ficarem ansiosos e a assumirem atitudes defensivas ou julgadoras ou ainda a se colocarem como um policial que regula o trânsito ou chegam até a serem dominados por aqueles que têm mais poder na família. Diante de motivações conflitantes, o risco é aceitar a tese de um em detrimento do outro, sem ser capaz de manter uma equidistância suficiente. O resultado, geralmente, é o mesmo e acaba fazendo o terapeuta se sentir inútil, impotente ou triangulado.

Além disso, a ansiedade do terapeuta, muitas vezes, tem a ver com o parâmetro de sucesso/fracasso ou com a ideia de que seu desempenho será avaliado pela família que está à sua frente, mas ainda mais pelo supervisor e, muitas vezes, julgado também pelo grupo de colegas em formação. Frequentemente, a maior preocupação é de "não perder a família", de acordo com o pensamento comum de que "se não voltar é minha culpa", ao invés de sentir o desejo de a conhecer e de criar uma conexão autêntica no nível pessoal, que poderíamos definir como um verdadeiro *joining terapêutico*. Muitos terapeutas em treinamento confirmaram essa ideia de se sentirem avaliados e nos disseram que sentem mais pressão da sala de observação do que da sala de terapia. Tudo isso nos leva de volta ao capítulo anterior, ou seja, aquele sobre a formação pessoal do terapeuta, quando se afirma que a sua consistência humana e a sua consistência profissional crescem com o tempo justamente para superar as dificuldades e os limites da sua intervenção. Por todas essas razões, a presença ativa do supervisor e as suas interrupções durante a sessão podem ajudar o terapeuta em treinamento a assumir uma *posição ideal* e observar o que acontece diante de seus olhos, sem se envolver ou sem ficar ansioso, ao invés disso, ativando a sua curiosidade e pensando que tudo isso é a matéria-prima do seu trabalho clínico: trata-se, portanto, de saber como moldar e dar forma a esse material. Por isso, alguns pioneiros da área, como Minuchin e Andolfi, falam da terapia como uma *forma de arte*, percebida como intuição, criatividade, imaginação, humor, ludicidade, qualidades essenciais, que devem fazer parte da formação profissional do terapeuta. Ao mesmo tempo, nem é preciso dizer que essa liberdade de expressão é adquirida ao longo do tempo, após anos de formação e experiência clínica em campo, por meio de tentativa e erro. Nós sabemos bem que não se passa do "fazer terapia para ser terapeuta", para usar uma expressão muito usada por Whitaker, "de um dia para o outro". A mudança como um processo individual de transformação do terapeuta é feita de pequenos pedaços de conhecimento e de crescimento humano, que são acumulados ao longo dos anos no trabalho clínico, desde quando ainda jovem se inicia essa fascinante viagem profissional.

A FUNÇÃO DO *PUNCH-BALL* E AS RESSONÂNCIAS TERAPÊUTICAS

No decorrer da minha formação psicanalítica Horniana, aprendi, primeiro como paciente e depois como candidato a uma escola psicanalítica, que a raiva, a violência verbal e, até mesmo, a sedução usada na sessão pelo paciente não têm nada a ver com o terapeuta, porque são projeções do paciente sobre o analista que dizem respeito essencialmente às suas próprias experiências de vida com relação a um estado de falta de estima pessoal e a relações familiares difíceis ou distorcidas. Acreditamos que o mesmo fenômeno também pode ser aplicado ao terapeuta familiar, com a diferença que, nesse caso, as projeções são múltiplas. Consequentemente, a função de um bom terapeuta também é se oferecer como um *punch-ball,* capaz de levar a energia, boa ou ruim, sem se machucar, evitando levar para o lado pessoal aspectos de negatividade ou de provocação vindos desse ou daquele membro da família. Na verdade, ninguém está zangado com o terapeuta, que é apenas uma tela de conflitos familiares.

No entanto, as ressonâncias pessoais do terapeuta com relação às questões levantadas pela família na sessão não devem ser subestimadas.

Isso pode paralisar o terapeuta que, em vez de se distanciar dos conflitos e das emoções que são ativadas durante a sessão, acaba se envolvendo. Ao fazer isso, corre o risco de confundir experiências, às vezes, até dolorosas, relacionadas aos seus assuntos pessoais e familiares, com os sentimentos de perda, de raiva ou de medo que emergem na sessão e que dizem respeito aos seus pacientes. Saber o que fazer com as próprias respostas emocionais nas interações com a família é fundamental e complexo ao mesmo tempo. É fundamental para promover um encontro em um nível da humanidade recíproca que pode ocorrer quando uma experiência profunda é compartilhada. Quando o terapeuta atinge plena consciência dos limites entre o que diz respeito a ele e o que diz respeito à família, só assim, poderá ser capaz de revelar algo de si mesmo ao invés de ter medo de contaminar o ambiente com as suas experiências pessoais. Entretanto, também, é difícil se o terapeuta não superou problemas de dependência ou de corte emocional de seu mundo familiar ou se tem feridas abertas em sua família atual (por exemplo, crises ou separações dolorosas de casal) e ainda não atingiu uma relativa serenidade em relação às próprias perdas e às adversidades da vida. Obviamente, ninguém é perfeito, mas a consciência de suas limitações e o gerenciamento de suas emoções durante a sessão são fatores importantes para não se confundir no complexo mundo emocional das famílias que procuram ajuda na terapia.

CONFIANÇA E ENTREGA: AS BASES DA RELAÇÃO DE SUPERVISÃO

A supervisão, portanto, é uma ferramenta técnica ou estratégica, além de ser uma relação de enriquecimento mútuo, baseada na confiança e na segurança que cresce e se torna tão produtiva quanto mais o supervisor for capaz de se conectar em um nível profundo com o aluno, sem protegê-lo e sem substituí-lo, e se esse aluno concordar em se envolver sem levantar barreiras defensivas. O supervisor, ao entrar em contato com as inseguranças do terapeuta, pode ajudá-lo a entrar em sintonia consigo mesmo e a fazer uso de seus recursos internos, ao apoiá-lo na sua capacidade de enfrentar as dificuldades e no desejo genuíno de ajudar aos seus pacientes. Isso tudo é um processo a longo prazo, que vai ganhando vida no momento presente em cada sessão, quando o supervisor observa e apoia as intervenções e movimentos do terapeuta na sessão em relação à família. Ele o chama pelo interfone, quando percebe que tem um impasse ou não ficou o suficiente em uma etapa importante da comunicação ou ainda não captou um movimento emocional significativo entre os membros da família. A sua fala é dirigida ao terapeuta com quem se identifica e conversa, convidando-o a mudar de lente e, muitas vezes, de posição para melhor observar o que está acontecendo sob seus olhos.

Uma questão importante está relacionada a como orientar o terapeuta em sua fase de aprendizagem para que ele possa criar as suas bases do processo terapêutico: aprender o que fazer em uma única sessão é diferente de quando se dá continuidade ao trabalho com a família durante um tempo, tendo um projeto em mente. Um método de formação eficaz se propõe a fornecer ao aluno um modelo de intervenção claro a ser seguido, que, na Academia, corresponde a uma abordagem multigeracional, ou seja, a um traçado no qual basear as suas intervenções. Ao mesmo tempo, o supervisor deve apoiar o aluno em suas habilidades interpessoais, seguindo os seus pensamentos e captando as suas respostas emocionais que tomam forma durante as suas intervenções, e o corrigir em seus momentos de dificuldade. Por um lado, é realista aceitar que, especialmente no início, aprende-se por meio de processos de imitação e de identificação com seu supervisor e que, posteriormente, pode se sentir mais livre para expressar as próprias ideias, usando ativamente as próprias ressonâncias emocionais, libertando-se, assim, dos esquemas mentais e das sugestões do supervisor. É importante que o aluno não se sinta doutrinado por um lado (*você deve fazer assim*) ou deixada por conta própria por outro lado (*faça o que quiser*). Isso também considera o fato de que a aprendizagem ocorre de modo direto e simultaneamente, ou seja, com uma família que pediu ajuda e que espera um apoio concreto e eficaz para superar as suas dificuldades de relacionamento.

Lembro-me de quando, como jovem terapeuta de trinta e poucos anos, tentava incorporar os modelos de intervenção de Salvador Minuchin e Jay Haley na *Child Guidance Clinic* na Filadélfia. Em minhas sessões, eu chegava a me esticar na cadeira com os braços entrelaçados para trás da minha cabeça ou me deitava no chão com as crianças, como

Minuchin costumava fazer. Cheguei a imitar a sua voz e suas entonações, porque me deixavam mais confiante. Haley, como supervisor, foi muito mais estratégico em suas intervenções por trás do espelho e era mais fácil seguir as suas instruções, mas, ao mesmo tempo, sentia que me dava liberdade para seguir as minhas intuições. No caso de Alex, um garoto negro de 11 anos que sofria de encoprese e de quem falei em outros trabalhos (1977, 2015), foi minha a ideia de ligar o seu sintoma regressivo ao desejo de encontrar novamente o pai, após anos de separação. Haley me encorajou a seguir com o meu projeto que levei adiante sozinho, encontrando-me com o garoto na cafeteria da Clínica e incentivando-o a procurar o pai em estacionamentos de caminhões na zona sul da Filadélfia, porque Alex lembrava que seu pai era caminhoneiro. Essa busca pelo seu pai teve sucesso e ainda me lembro com emoção da sessão com Alex e o pai encontrado. Haley, observando a sessão por trás do espelho, compartilhava comigo o fato que existem tantas maneiras de fazer a encoprese desaparecer!

A AQUISIÇÃO DO PENSAMENTO CRÍTICO

Às vezes, pergunto-me se, nos anos 70 e 80, não havia mais liberdade de experimentação e maior criatividade, por que tivemos que inventar intervenções e estratégias? Naquela época, ainda não existiam escolas de formação com seus programas bem definidos, e a universidade ainda não havia se apropriado do conhecimento psicoterapêutico com o consequente risco de arregimentar professores e alunos. A intuição, o bom senso, a criatividade e a paixão, muitas vezes, perdem-se quando é necessário seguir práticas e modelos rígidos construídos sob medida nas salas de aula das universidades, que podem engessar professores e alunos. Basta pensar no conformismo e na classificação dos saberes que tomou forma nas últimas décadas e, em seguida, as categorizações diagnósticas impostas pelo manual DSM e as intervenções cada vez mais medicalizantes, baseadas *em evidências*. Mas quem decide seus critérios de evidência?

Por outro lado, sabemos bem que, há quase trinta anos na Itália, os psicólogos clínicos iniciaram uma escola de especialização em psicoterapia com muito pouca ou nenhuma experiência clínica, e isso, pelo menos parcialmente, justifica a atitude protetora dos professores em relação a eles e o fraco pensamento crítico dos alunos. A esse respeito, na primeira conferência histórica da EFTA *(European Family Therapy Association)* de 1992 sobre *Sentimentos e Sistemas*, Mara Selvini Palazzoli afirmou com veemência que "a formação muitas vezes termina por ter uma função protetora em relação ao terapeuta. Este, por outro lado, deve ser corajoso, não um coelho, e deve correr o risco de entrar em contato com o sofrimento de famílias". Quem sabe se trinta anos depois ainda podemos lançar esse desafio aos nossos jovens terapeutas e seus supervisores. Todavia, a própria Mara Selvini Palazzoli estava ciente da dificuldade do aluno em aprender como conduzir a sessão e como adquirir os fundamentos do processo terapêutico. Por esse motivo, a sua escola realizou um trabalho em equipe com a possibilidade de que os alunos pudessem inicialmente observar os terapeutas seniores por trás do espelho na condução de um processo terapêutico, de forma a aprender com os olhos e com a escuta como os colegas mais velhos tratavam de problemas familiares nas sessões.

Pessoalmente, em meus longos anos de supervisão dirigida de alunos da especialização na Academia, usei uma fórmula mista, ou seja, eu pessoalmente acompanhava um processo terapêutico desde o início até o fim, compartilhando a terapia com um aluno, que, embora ciente de não ter muita experiência, era visto por mim e mais ainda pela família como um verdadeiro coterapeuta. Além disso, permitia ao grupo observar as etapas da terapia e traçar um esquema mental do processo terapêutico. Ao longo dos anos, o modelo de formação da Academia mudou significativamente, transformando a supervisão dirigida de um relacionamento entre supervisor e aluno para um relacionamento a três: supervisor e casal de coterapeutas. Das vantagens e limitações da coterapia na aprendizagem, falaremos mais detalhadamente nos próximos parágrafos.

OS RECURSOS DO GRUPO DE OBSERVADORES-PARTICIPANTES

Quero me concentrar agora sobre o valor do grupo por trás do espelho unidirecional, tanto em relação aos terapeutas que estão trabalhando com a família quanto em relação à própria família. No passado, a presença do grupo atrás do espelho não era suficientemente valorizada: o grupo se limitava a observar passivamente o que estava acontecendo na sessão e as interações entre supervisor e terapeuta ao invés de assumir uma função propositiva. Além disso, dada a pouca idade dos alunos, a presença do grupo acabava sendo percebida como algum tipo de intrusão constrangedora a ser mantida escondida da família, que não devia saber com clareza quem estava presente na sala de observação. Nos anos seguintes, ao contrário, a nossa consciência sobre uso pleno dos recursos na área aumentou, decidimos, então, dar um sentido mais profissional ao grupo de observação, comunicando às famílias que necessitassem de terapia que seriam acompanhadas por toda uma equipe de alunos da especialização, coordenada por um supervisor sênior da Academia, e que dois terapeutas da especialização seriam responsáveis por todo o percurso terapêutico. Essa explicação, por um lado, tranquilizava as famílias que se sentiam acompanhadas por toda uma equipe, por outro lado, levava o supervisor a considerar as reflexões e as propostas que eram oferecidas por trás do espelho como recursos importantes para os terapeutas e para as famílias. Assim, acabamos dando forma a um grupo pensante, a uma espécie de mente coletiva a serviço da terapia. Ao mesmo tempo, o grupo acabava participando também emocionalmente dos eventos terapêuticos, funcionando como um reservatório emocional para os colegas que se envolviam pessoalmente na sala de terapia. Essas novas experiências de formação cresceram paralelamente à construção de uma sede clínica de excelência da Academia formada por terapeutas especializados, em que se trabalha em pequenos grupos com dois terapeutas presentes na sala de terapia e um pequeno grupo de colegas, refletindo juntos atrás do espelho e enviando diversos tipos de *input* pelo interfone, aproveitando ao máximo os recursos de cada um. Dessa forma, conseguimos criar uma sinergia e uma continuidade entre o *training* para os alunos e a consequente oferta de serviços clínicos de excelência.

Como já dissemos, o espelho é uma divisória flexível que permite transmitir mensagens de um lado para o outro, por meio de um interfone, ou convidar os terapeutas a saírem da sala de terapia por um momento para refletirem com o supervisor e o grupo de observação antes de voltarem para a sessão. Porém, o espelho também pode se tornar um meio para dividir temporariamente a família em subsistemas: então, por exemplo, crianças ou adolescentes podem ser colocados atrás do espelho unidirecional para observarem os adultos enquanto conversam entre eles ou vice-versa, podem colocar os pais atrás do espelho para observar os filhos falando sobre algo que diz respeito a eles enquanto irmãos. Em qualquer caso, esse "ver e ouvir por trás, sem ser visto" alimenta a curiosidade e o movimento e promove maior flexibilidade e criatividade dentro do sistema terapêutico. Ao mesmo tempo, dividir temporariamente os dois subsistemas, o parental e o dos filhos, é uma forma concreta e muito eficaz para reiterar a importância de fronteiras bem definidas entre as gerações, e sabemos bem o quanto as famílias podem sofrer devido à invasão dessas fronteiras, seja por crianças arrastadas para o território de casal ou por adultos imaturos que agem como crianças, renunciando permanecer no nível parental.

COMO MUDAR O CONTEXTO DA SESSÃO

Muito tem sido escrito sobre o contexto e o significado dos axiomas da comunicação humana dentro de teorias sistêmicas (Watzlawick et al., 1967). Um elemento fundamental para a construção de uma aliança terapêutica é a qualidade do contexto que pode ser criado desde o primeiro encontro. Às vezes, o terapeuta é induzido a seguir os conteúdos verbais trazidos à sessão por um ou outro membro da família, acabando por subestimar o contexto em que as trocas verbais tomam forma e talvez ignorando o risco de ficar preso em situações paralisantes.

Precisamente para evitar esse risco, durante a formação, propomos aos alunos a prática de transformar contextos negativos por meio de simulações/esculturas curtas, baseadas, sobretudo, na linguagem não verbal e no movimento, tudo isso com a ajuda do supervisor e do grupo de treinamento. Por exemplo, um "contexto de julgamento ou culpa" pode ser esculpido em que um dos cônjuges traz o outro para a sessão devido à sua traição e exige que ele admita as suas culpas como se estivesse em um tribunal e que o terapeuta abrace sua tese a priori. Essa situação é, então, esculpida por alguns membros do grupo que usarão o espaço para a representar. O terapeuta deve primeiro ser capaz de visualizar e sentir as limitações dessa condição para depois transformar o contexto, modificando as posturas, os movimentos, os olhares de quem está engajado na escultura de forma a favorecer uma maior abertura e disponibilidade para o encontro. Também, pode-se esculpir uma família na qual dois pais trazem à força, em uma sessão, o filho adolescente devido ao vício em drogas ou ao comportamento violento na escola e querem que o terapeuta o mude. Em outros casos, um contexto médico/psiquiátrico pode ser simulado no qual uma criança é trazida para a sessão pelos pais preocupados com seus sintomas, mostrando ao terapeuta uma série de testes psicológicos ou diagnósticos psiquiátricos aos quais ele terá que se atentar.

Trata-se, portanto, de estimular a atividade mental do aluno e o uso do espaço e do movimento que lhe permita transformar situações rígidas e disfuncionais em explorações familiares na busca de recursos que favoreçam a mudança. No entanto, uma coisa é simular a realidade em um ambiente protegido, outra coisa é colocar essas ideias em prática quando a família chega à sessão e os níveis de tensão ou de preocupação de todos crescem com o passar do tempo.

Carlo e os rabiscos

Vamos tentar explicar com um exemplo concreto em que o supervisor chama o terapeuta pelo interfone para o ajudar a superar uma situação de impasse que poderia afetar o andamento da sessão: os pais vêm para a terapia porque Carlo, filho único de 5 anos, manifesta Transtorno do Espectro do Autismo. A mãe, uma mulher simples, mas obstinada, está apavorada com esse diagnóstico: ela faria qualquer coisa pela criança, e a vida dela gira em torno de centros especializados e de psiquiatras especialistas em autismo. O marido é um agricultor que, ao contrário de sua esposa, tende a minimizar os problemas de Carlo também por causa de suas fracas habilidades interpessoais e de sua filosofia muito simplória que o leva a pensar que tudo passa com o crescimento. Na verdade, exatamente por causa desses dois modelos de pensamentos tão diferentes e a fim de verificar como Carlo interage na família, o psiquiatra infantil sugeriu terapia familiar.

Imediatamente, assim que ele entra, Carlo se isola, aconchegando-se em um canto da sala de terapia, e sua mãe começa a descrever para o terapeuta, em detalhe, todas as dificuldades de Carlo nesses cinco anos de vida e todas as consultas com especialistas realizadas com a criança. O marido escuta desatento, incapaz de intervir ou interromper a esposa. Enquanto isso, todos os comportamentos negativos de Carlo são descritos, e sua mãe afirma, quase com uma sensação de alívio, que a criança faz rabiscos muito bonitos. O terapeuta se atenta a essa passagem e parece quase hipnotizado pelo desabafo verbal de sua mãe.

A ligação do supervisor visa a interromper o monólogo da mãe de uma forma gentil e ativar a atenção do pai e da criança. O supervisor sugere que o terapeuta incentive os pais a desenharem juntos na mesinha ao centro da sala como é a casa de campo em que vivem com vários animais de estimação. A ideia subjacente a sugestão desse supervisor é que Carlo, que adora rabiscar, fique curioso sobre o desenho de seus pais e, assim, saia de seu isolamento no canto da sala. Ainda mais, o desenho dos pais pode descentralizar a criança e a descrição de seus problemas, e, bem sabemos, que quanto mais se insistir em ampliar os problemas de uma criança, mais ela ficará rígida em sua posição de retirada.

O terapeuta fica aliviado ao ouvir a ligação do supervisor que tem o efeito de interromper o monólogo da mãe e libertá-lo de uma situação paralisante e, após pegar folhas e lápis de cor, propõe aos pais o que o supervisor sugere. O desenho da casa também ativa o pai que tem o prazer de mostrar onde mora, muito mais do que falar sobre os problemas de Carlo; a mãe parece mais relaxada e participa de boa vontade do desenho, enumerando todos os animais que vivem com eles, dos quais Carlo gosta muito. O mais surpreendente foi ver, em pouco tempo, o movimento de Carlo que, uma vez que o foco da sessão não estava mais centrado nele e em seus problemas, aproximou-se da mesinha em que seus pais estavam desenhando, pegou um lápis colorido e começou a fazer seus rabiscos, como se fossem algum tipo de assinatura do autor do desenho, informando a mãe que ela havia esquecido de incluir as galinhas na lista dos animais!

Johnny e a adoção errada

Johnny é um garoto negro de 17 anos, originário da Costa do Marfim, adotado por um casal francês, quando tinha 7 anos de idade.

Os pais não sabem mais o que fazer com ele e, embora o amem, pretendem devolvê-lo. Johnny não os respeita mais, ataca-lhes verbalmente e, às vezes, até fisicamente, não estuda, nem trabalha. O terapeuta que os atende é um psiquiatra francês no final de sua formação em terapia familiar. Estamos na primeira sessão e, também, nesse caso, interessa-nos focar no contexto da sessão. Johnny está sentado com as pernas levantadas e apoiadas uma na outra cadeira, longe do terapeuta e dos pais que começam a conversar entre eles. Já se passou meia hora e nada mudou em termos de posições no campo. Johnny mantém uma atitude desdenhosa e provocadora, sentado com as pernas para cima como se dissesse: "Para mim, vocês não existem, vão para o inferno!". O terapeuta tenta conter os pais, ambos ansiosos para desabafar com ele, mas sem sucesso, e sente um forte desconforto em relação a esse garoto que ignora a sua presença e "tira onda" de todos.

Nesse caso, o supervisor prefere convidar o terapeuta para sair da sala de terapia e ficar atrás do espelho unidirecional. Em parte, a saída da sala serve para criar uma descontinuidade com o que aconteceu na sessão até então: com os pais descrevendo o seu desespero com relação ao filho, e Johnny, que está lá como se não estivesse realmente lá, com uma atitude desafiadora, que torna o contexto muito tóxico. Após uma breve reflexão, com o objetivo de compreender o estado de ânimo do terapeuta durante a sessão e seu sentimento de impotência, procurando, assim, uma saída. Sabemos muito bem que sem a formação de uma aliança terapêutica com o garoto é difícil mudar o contexto e enfrentar os problemas dessa família. Na verdade, o terapeuta insiste nesse aspecto de aliança na discussão com o supervisor e com o grupo e afirma: "Eu queria envolver o Johnny, mas não sabia como fazê-lo, já que os pais não param nem por um momento na descrição dos problemas deles com esse filho impossível".

A essa altura o supervisor sugere ao terapeuta "ir até a Costa do Marfim com o garoto". Se o terapeuta puder mostrar concretamente o seu interesse pela história de desenraizamento de Johnny do seu mundo de origem, e o menino o aceitar, talvez ele possa começar a construir uma aliança terapêutica. Posteriormente, será necessário ajudar os pais a entrar no mundo de origem do filho em um contexto mais harmonioso e menos polarizado, sem medo de reabrir as feridas do passado.

Em muitos textos (Andolfi & Haber, 1994; Andolfi, 2004; Andolfi et al., 2010, 2011; Andolfi, 2015) e, também, no decorrer dos capítulos anteriores, reiteramos a importância de reconectar as dificuldades do presente de tantas famílias à sua história de desenraizamento e migração. Em caso de adoção, sabemos muito bem que se encontram ou se chocam duas histórias de perda (Andolfi et al., 2017). Geralmente, é mais útil explorar primeiro a história do filho que é mais evidente e concreta e, muitas vezes, manifesta-se na adolescência com uma rejeição total aos pais adotivos.

O supervisor aconselha o terapeuta a iniciar essa exploração à Costa do Marfim por aspectos menos dolorosos do que aqueles explicitamente ligados ao abandono. Ele pode, então, voltar para a sessão, levando com ele um mapa da África e, aproximando-se do menino, pode pedir que ele indique o seu país de origem e a localização exata de onde nasceu e cresceu nos primeiros anos de sua vida. A resposta de Johnny a esse convite será importante como um sinal para avançar no diálogo. Poderá, então, perguntar a ele o que ele se lembra desses lugares, da comida, da música e das vestimentas das pessoas, certamente, muito diferentes das francesas. Além disso, o terapeuta, se desejar, poderia associar alguns aspectos de sua própria história de migração da África, seu país de origem é a Argélia, e o que ele trouxe de seu país quando veio para a França. Revelando algo autêntico sobre si mesmo, especular sobre o que está sendo explorado na sessão tem o poder de fazer cair nas pessoas as defesas e permitir uma abertura inicial ao nível da confiança. Somente se o terapeuta for capaz de ganhar a confiança de Johnny, o contexto da sessão poderá mudar, e os pais poderão substituir o desespero pela esperança de "reencontrar o filho" em vez de o devolver.

O terapeuta, tranquilizado com o que aconteceu atrás do espelho e recarregado de uma nova energia, pega o mapa, retorna à sessão e começa a sua viagem à Costa do Marfim com o garoto que, surpreendido com uma mudança inesperada no clima, coloca os pés no chão e começa a indicar no mapa onde ele nasceu e cresceu na Costa do Marfim, enquanto seus pais também se aproximam da mesa sobre a qual está aberto o mapa da África. Assim, começamos a vislumbrar a base para a construção de um projeto terapêutico que envolve dois grupos, o da sala de terapia e aquele do espaço de observação.

A SUPERVISÃO DA COTERAPIA

A coterapia pode ser definida como uma forma específica de psicoterapia na qual dois terapeutas trabalham com uma família ou casal de forma conjunta e paritária, ao mesmo tempo e no mesmo lugar. Nesse cenário, os terapeutas não se relacionam apenas com os membros da família, mas também uns com os outros, e essas múltiplas formas de relacionamentos tornam-se elementos fundamentais de todo o processo terapêutico (Selvini et al., 1970; Roller & Nelson, 1991; Napier & Whitaker, 1977). Ao trabalhar sozinho com uma família e, ainda mais, com um único paciente, corre-se o risco de desenvolver um pensamento autorreferencial no qual a autocrítica se torna difícil. Justamente para evitar esse risco, falaremos mais tarde sobre a construção de um *supervisor interior*, que permite que você desenvolva um diálogo constante consigo mesmo.

Porém, não há dúvida de que trabalhar a dois permite um maior controle recíproco sobre o próprio trabalho terapêutico, além de representar uma experiência de crescimento e de comparação profissional. Em uma determinada conjuntura, um dos dois pode ser mais ativo e envolvido com a família, enquanto o outro pode ser momentaneamente mais distante e observar as interações entre o colega e a família, ambos prontos para mudar de posição durante a sessão. Dois terapeutas que compartilham a mesma terapia devem se envolver mais pessoalmente, uma vez que eles devem estar disponíveis para aceitar pensamentos, sensações e intuições do outro, trocando-os e comparando-os com as suas, para, assim, formar um *nós terapêutico* (Andolfi, 2015). Às vezes, pode ser útil durante a sessão ativar um "diálogo entre os terapeutas" para trocar opiniões ou sensações diferentes diante da família, que pode apreciar essa sinceridade e a forma franca e respeitosa de propor as diferenças. Se, então, quando possível, realizamos uma coterapia homem-mulher (infelizmente, sabemos a desproporção numérica de terapeutas femininas em comparação aos terapeutas masculinos), a variável de gênero pode ser muito significativa, principalmente nas terapias de casal (Abbonda et al., 2018).

Se em um relacionamento duplo supervisor-terapeuta, a atenção do primeiro está inteiramente voltada ao aluno e ao seu crescimento profissional, no caso da coterapia, um triângulo será formado e a tarefa do supervisor é favorecer a melhor integração e sinergia possível entre os terapeutas. Para que isso aconteça, é necessário que o primeiro consiga descobrir os recursos e limites pessoais de cada um dos dois. Ainda assim, deve ser capaz de manter uma equidistância suficiente entre os dois terapeutas, sem privilegiar o pensamento ou as atitudes de um sobre o outro, um pouco como os pais com dois filhos devem fazer, porque, nos dois casos, trata-se de estabelecer uma relação de confiança que permita crer verdadeiramente. Em vez de chamar um terapeuta pelo interfone (o que exige que você escolha quem chamar ou quem excluir da intervenção) em uma situação de impasse ou de necessidade, será melhor fazer com que ambos venham atrás do espelho e estimular um diálogo a três, que permita aos terapeutas retornarem à sessão com um projeto/intervenção compartilhado por eles. A maior habilidade do supervisor está em ser capaz de valorizar os recursos que emergem de cada um dos dois alunos, incluindo as suas diferentes modalidades de pensar e de sentir a relação terapêutica. Ao mesmo tempo, terá que ser capaz de entrar em contato profundo com o relacionamento ainda mais delicado entre eles mesmos como casal terapêutico, favorecendo a mediação e a escuta recíprocas e, sobretudo, transformando eventuais desentendimentos em oportunidades.

Ao longo do tempo e com a experiência, fomos capazes de apreciar a mudança nas relações inicialmente competitivas ou conflitantes entre os dois coterapeutas para relações mais harmoniosas e construtivas, nas quais cada um se mostrou curioso e aberto para acolher o outro seja de forma cognitiva, seja de forma afetiva. O crescimento humano e profissional da dupla ao longo da terapia permite superar aspectos de submissão e de dependência excessiva com relação à competência ou ao carisma do supervisor, ou seja, ser capaz de valorizar sugestões ou indicações de forma crítica, sem o idealizar. Crescer e compartilhar uma experiência profunda e humana a dois, como a que se estabelece no contato com famílias em dificuldade, que se expõem exageradamente diante de estranhos, é uma dádiva e, ao mesmo tempo, é um recurso terapêutico excepcional. Além disso, estar em dupla permite falar juntos sobre o processo terapêutico, para além dos espaços de treinamento, para revisar os vídeos das sessões gravadas e preparar juntos a tese final de seu curso de formação.

Além do mais, a coterapia é o modelo de intervenção clínica que tem privilégios dentro de instituições públicas de saúde mental em quase todo o mundo e, por isso mesmo, aprender a trabalhar em dupla durante o *training* serve como uma base extraordinária sobre a qual construir o próprio eu profissional. Ao mesmo tempo, estar em dupla, mesmo com todas as suas complexidades, é a situação relacional mais próxima da experiência da vida, que se constitui por meio de constantes mediações, confrontos e enriquecimentos tanto em nível horizontal - nas relações de casal ou de irmãos - quanto em nível vertical - com a geração dos pais e dos filhos. Nesse caso, também, o grupo de formação representa uma forma de agregação importante, e as observações e sensações relatadas pelos colegas são muito úteis, porque têm o objetivo de construir um casal terapêutico capaz de crescer em um nível individual e dual. Também, será mais fácil se identificar com os dois coterapeutas que representam um fragmento de todo o grupo, e o supervisor torna-se um *treinador* que tem que fazer subir os níveis de estima e respeito mútuo de toda a equipe em campo.

A ESPECIALIZAÇÃO CLÍNICA E O POLO CLÍNICO

O espelho unidirecional é uma ferramenta extraordinária não somente no que diz respeito à supervisão dos alunos em treinamento, conforme descrito; mas também é usado por nós na supervisão de colegas especialistas que estão participando de uma especialização clínica da pós-graduação, como também para as atividades do Polo Clínico da Academia, que funciona como um serviço especializado de intervenção em situações de grave angústia familiar. Neste livro, queremos descrever brevemente essas duas atividades e levar o leitor que quiser obter mais informações a conhecer outras obras sobre esse assunto, reunidos em uma edição especial da revista *Terapia familiar* (n. 116, 2018) e no site da Academia.

A especialização clínica está estruturada em dois ciclos de supervisão com duração geral de três anos, conduzidos por dois professores seniores da Academia e indicada a terapeutas especialistas, a tutores e a professores juniores de várias sedes da Escola de

Especialização em Psicoterapia Familiar da Academia (em Roma). A especialização prevê a presença de dois terapeutas e um supervisor que acompanhe diretamente os dois candidatos atrás do espelho. Podem ser realizadas terapias familiares tanto individualmente quanto em coterapia, de acordo com os critérios dos quais já falamos. Sem dúvida, a tarefa do supervisor, nesse caso, é muito diferente, porque ele não tem que orientar passo a passo o aluno para que aprenda um modelo de intervenção, apenas apoiando em suas dificuldades, como no treinamento. Ao mesmo tempo, as famílias que encontramos apresentam problemas sérios e frequentemente conflitos irredutíveis e representam um desafio, até mesmo, para terapeutas altamente treinados: daqui, surge a utilidade de uma supervisão de segundo nível, muito individualizada. Quem escolhe passar por essa experiência de formação, possui pelo menos quatro anos de treinamento, além de sua atividade clínica em esfera pública ou privada. Além disso, o treinamento com duração de quatro anos prevê uma formação pessoal muito exigente e a aquisição do modelo de terapia familiar multigeracional da Escola, incluindo o conhecimento aprofundado da história do desenvolvimento da terapia familiar com suas diferentes correntes, conforme descrito no capítulo 1. Tudo isso ocorre ao longo de quatro anos, por meio de aulas, seminários e congressos específicos, além do estudo aprofundado dos textos mais importantes da área. A formação teórica aliada ao trabalho pessoal em um grupo são requisitos fundamentais a partir dos quais poder evoluir no plano clínico até se tornar terapeutas de excelência.

O Polo Clínico é composto por pequenas equipes de 5/6 terapeutas especialistas, que trabalham como um centro especializado, que oferece tratamentos específicos para problemas da infância ou da adolescência, bem como relacionados aos casais no que tange às crises antes ou depois do divórcio. Também, opera em questões complexas relacionadas à procriação medicamente assistida, como também sobre os problemas inerentes ao luto. Geralmente, dois terapeutas conduzem a terapia, enquanto o resto do grupo assume um papel ativo e propositivo atrás do espelho, fornecendo uma espécie de supervisão em grupo: também, nesse caso, é possível usar o interfone durante a sessão ou pedir aos terapeutas para saírem da sala de terapia para fazerem uma reflexão em grupo.

QUANDO UM INTEGRANTE DA FAMÍLIA PARTICIPA DO PROCESSO DE SUPERVISÃO

A ideia de que um supervisor, durante a sessão, possa interfonar de atrás do espelho unidirecional para um integrante da família em vez do terapeuta nasceu por acaso há cerca de trinta anos.

Mudando as regras da supervisão: o caso da Faisa

Eu estava em Toronto e fui convidado por um famoso centro de terapia familiar para conduzir uma consultoria para Faisa, uma garota de 18 anos de Bangladesh, que sofria por causa de Síndrome Anoréxica muito séria. Ela havia recebido todos os tipos de tratamentos - farmacológico, individual, em grupo, nutricional - além de ter passado por um longo período de internação. A família, composta por pai, mãe e irmã mais nova, havia participado regularmente das sessões familiares com Daniel, um terapeuta local. Visto os escassos resultados da psicoterapia e, em geral, de todas as intervenções colocadas em prática, é solicitado por Daniel uma consultoria com a expectativa mágica de que Andolfi pudesse realizar um milagre! Na verdade, eu também havia sido convidado para ir a Toronto nos anos anteriores para conduzir sessões de aconselhamento familiar, que sempre tiveram êxito, e foi talvez essa razão que levou Daniel a tentar com Faisa também. A consulta à família de Faisa é descrita em detalhes em um trabalho anterior (Andolfi & Haber, 1994), o qual remetemos ao leitor.

Aqui eu gostaria de me concentrar, acima de tudo, na forma desse encontro, de muitas maneiras extraordinário, que produziu transformações significativas dentro da família e em todo o sistema terapêutico. Depois da experiência de Toronto, pensei muito sobre a supervisão e entendi que o jogo a três, supervisor/terapeuta e família, poderia mudar e que um membro da família, possivelmente o paciente, poderia ser ativado diretamente pelo interfone no lugar do terapeuta. Basicamente, o pensamento sistêmico descreve um axioma básico, ou seja, que a relação entre os três vértices A, B e C pode ser observada de forma circular: pode-se começar, portanto, de qualquer ponto e, em seguida, conectar os outros dois. Então, pode-se perguntar por que o supervisor (A) deve sempre se dirigir ao terapeuta (B) para chegar à família (C), sem nunca alterar a direção da circularidade?

Contudo, esses pensamentos vieram muito mais tarde, então se tratava de um experimento que se concretizou a partir de uma simples intuição, sem nenhum pressuposto teórico. Tudo foi possível pela existência de um espelho unidirecional que permitiu ao *staff* da instituição canadense observar e ouvir a minha consulta com a família. Na verdade, o que acontece é um pouco diferente: fico na sala de observação e mando uma mensagem provocativa para a família por meio do terapeuta, sem ela ter me conhecido ainda. O encontro começa com a seguinte pergunta: "Se Toronto tem falhado e se Bangladesh falhou, por que um terapeuta de Roma deveria ter sucesso?". Enquanto o terapeuta, um pouco incrédulo e surpreso pelo meu comportamento, apresenta a pergunta na sessão, eu fico atrás do espelho junto ao grupo de observação, esperando para ver e ouvir as respostas, verbais e analógicas, que vêm da sala de terapia. Após um breve silêncio, a mãe apreensiva pergunta: "Por que o professor Andolfi pensa que tudo falhou e que não há esperança?". O terapeuta responde interpretando a minha mensagem: reafirma as evidências do fracasso, trazendo dados da realidade para a qual é preciso admitir que a terapia com Faisa não deu resultado algum. Então, o pai intervém, acrescentando detalhes intermináveis de que as terapias falharam, porque Faisa não havia sido internada no hospital apropriado ou especializado em transtornos alimentares; a irmã fica em silêncio com uma expressão de raiva no rosto, como de quem tem que estar ali a contragosto por causa de uma irmã que toma todo o espaço para si. Quantas experiências semelhantes vimos ao longo dos anos de irmãos/irmãs adolescentes que se sentem negligenciados na família, porque são normais ou, pelo menos, não estão no centro das atenções/preocupações dos pais! A expressão de Faisa é muito diferente dos outros, ela não fala, mas está atenta, dá para perceber que ela está refletindo, parece ter entendido o desafio feito com essa provocação e move levemente a cabeça em direção ao espelho unidirecional, e eu, do outro lado do espelho, posso intuir o início de uma possível aliança terapêutica.

Passaram-se menos de dez minutos. Toco o interfone e peço gentilmente a Daniel que passe Faisa para mim. Assim, começa a minha supervisão-aliança com a garota. Ainda não sei se e quando vou entrar na sessão, fato é que as chamadas pelo interfone se sucedem durante a sessão. Faisa atende o interfone com satisfação, seguindo minhas sugestões e orientações como se ela fosse uma terapeuta sistêmica. Ela está feliz por ter um papel de poder tão especial, ela que sempre tem esse poder em casa por causa da anorexia. A diferença, de alguma forma, é que, agora na sessão, esse papel tem um valor construtivo e propositivo e não destrutivo de tiranizar os membros da família, como vem acontecendo há muito tempo em casa. As ligações são destinadas a ativar os pais e a explorar temas dolorosos para a família: desde a "morte metafórica" do pai que abdicou de seu papel de pai, delegando tudo ao hospital, a possível "morte do casal" (Daniel havia relatado anteriormente um relacionamento quase inexistente entre os pais) até a morte real da avó materna. Essa informação comunicada repentinamente por Faisa, que não havia sido discutida nas sessões anteriores com Daniel, que fica surpreso e triste ao saber dessa perda, que aconteceu apenas dois meses antes. A mãe de Faisa fica comovida e diz que foi impossível para ela voltar ao funeral de sua mãe em Bangladesh devido ao estado de saúde da filha. A supervisão com Faisa parece ter aberto vislumbres de esperança, parece tão eficaz que pretendo adiar meu encontro com toda a família para a tarde. A sessão termina com o meu pedido, apresentado por Faisa aos pais, de convidar seus melhores amigos, que emigraram com eles de Bangladesh para virem à sessão. Na verdade, os amigos virão à sessão, e todos parecem muito animados; dessa vez, estarei visível, participando de forma ativa em uma sessão em que Bangladesh reviverá e estará presente para todos. O pai, no início do encontro, apertando minha mão, informa-me com intensidade "o quanto passei a fazer parte da vida deles!". Às vezes, estar presente sem estar fisicamente pode ter um efeito mágico, basta que alguém esteja presente em seu lugar; nesse caso, foi a vez de Faisa assumir o meu lugar e usar a sua parte saudável e sensível para essa ocasião.

Uma mãozinha delicada

Durante uma sessão em uma especialização clínica, penso em chamar uma criança de 7 anos pelo interfone para me ajudar em meu papel de supervisor. Na verdade, a sessão está acontecendo com a esposa que tomou conta de todo o espaço e se sobrepõe ao marido que tem dificuldade em interrompê-la e dar a sua opinião. Enquanto isso, o menino desenha duas figuras na lousa, uma muito grande com uma boca larga e uma muita pequena curvada. Quem sabe o que isso significa!

O terapeuta está em apuros e tem dificuldade em conter a mãe, mas ele mesmo, com seu olhar, com as suas intervenções verbais e suas perguntas, incita-a, sem querer, a continuar. Gostaria de chamar o terapeuta e explicar a ele que talvez fosse melhor não continuar falando com a mãe, dando espaço a uma pausa de silêncio, talvez, esperando que o pai tome coragem e intervenha.

Prefiro chamar o terapeuta, pedindo que ele me passe para o menino, criando, assim, uma pausa e uma situação de espera tanto pelos pais quanto pelo terapeuta. O menino sabe que tem alguém atrás do espelho e se ilumina diante de um pedido tão inesperado "de adulto". A mensagem para a criança é a seguinte:

> Oi Sandrino, por que você não coloca uma mãozinha na frente da boca do terapeuta, mas de uma forma delicada, ele é bom e vai entender a mensagem. Talvez, então, o papai tenha coragem de intervir e não será mais aquela figura curvada que você desenhou no quadro. Mas guarde isso para você. Basta colocar sua mãozinha na frente da boca do terapeuta e você pode se sentar novamente. Obrigada. (Andolfi, Intervenção Clínica)

Sandrino parece muito feliz com a tarefa atribuída, ele vai até o terapeuta e coloca a mão na frente da boca dele por alguns segundos e depois se senta novamente. Após um momento de silêncio e surpresa geral, a mãe diz: "Eu entendi, sempre falo demais, peço desculpas!", como se a mão tivesse passado magicamente da boca do terapeuta para a dela. Alguns segundos de silêncio total se passam, que, por fim, é quebrado pelo pai que parece ter encontrado a coragem de se expor em primeira pessoa. O contexto muda drasticamente, e todos parecem mais capazes para ouvir, inclusive, o terapeuta, que vai se lembrar daquela mãozinha e de sua mensagem poderosa durante todo o ciclo de supervisão. Aquele gesto permanecerá gravado em sua mente e será como um alarme capaz de se auto-observar durante a sessão, criando pausas no diálogo com seus pacientes, e ser capaz de ouvir a todos.

Os carinhos na mãmãe

Estamos no meio de uma sessão muito animada em que duas crianças de 7 anos e 9 anos parecem dois peões em movimento constante, e ninguém parece capaz de os parar. "Eles são assim desde que nasceram", diz, desconsolada, a mãe, dizendo ao terapeuta o quão difícil foram os dois períodos de gravidez por causa de uma patologia genética. A mãe parece particularmente perturbada com a lembrança daquele período, também funesto pela morte repentina de sua mãe, que faleceu justamente no ano dos nascimentos. "Ela me deixou sozinha no momento mais difícil da minha vida", diz a mãe em prantos. Seu marido está ao lado dela, mas ele parece mais o filho mais velho do que um verdadeiro suporte. O terapeuta gostaria de dar apoio à mãe nesse momento da sessão, mas ele aparece incomodado pelo barulho e movimento constante das duas crianças durante a sessão, que parece ter aumentado precisamente depois do abalo da mãe.

Decido, então, ligar para o terapeuta e peço para falar com Gino, o mais velho dos dois irmãos. Gino congela como em um passe de mágica e, surpreso com o pedido, pega o interfone e escuta. "Olá, Gino, meu nome é Maurizio e sou o supervisor do seu terapeuta, você quer me ajudar? ", o menino, satisfeito, diz que sim.

> Então, você deveria ir até sua mãe, sentar-se no colo dela e dar muito carinho a ela. Nesse momento, ela está triste, chorando e precisando de carinho, e se você começar, Simone também vai até sua mãe para enchê-la de beijinhos. Você consegue fazer isso para mim? Por favor, não diga nada, apenas faça carinho, a mãe irá entender. (Andolfi, Intervenção Clínica)

Em silêncio total, devido à interrupção, que teve o efeito de parar até o irmão mais novo, Gino se aproxima da mãe, seca as suas lágrimas com a sua mãozinha, senta-se no colo dela e começa acariciá-la carinhosamente. Com isso, Simone também "se joga" em sua mãe e começa a enchê-la de beijinhos. Eles parecem dois filhotinhos, cuidando carinhosamente de uma mãe ferida. O contexto muda magicamente, e a mãe, depois de ter dito que os filhos, enfim, são dois tesouros, aliviada pelas demonstrações deles, continua a história dos acontecimentos mais importantes de sua vida, e, também, o marido se dá ao direito de intervir de maneira adulta. O terapeuta se sente mais livre e, agora, conduz a sessão com competência. Ele foi capaz de experimentar, uma vez mais, na sua pele, que as crianças podem transformar seu comportamento na sessão, quando são consideradas importantes e capazes de transformar ruídos em carinhos mágicos.

Eu gostaria de concluir este capítulo enfatizando novamente que as intervenções do supervisor devem ser moduladas de acordo com cada terapeuta, com a sua personalidade e com a sua experiência clínica, bem como, claro, com o nível de confiança mútua entre o supervisor e o terapeuta. Por exemplo, o pedido, aparentemente simples, do supervisor ao terapeuta para que lhe passasse um adolescente ou uma criança no interfone tem várias implicações. Em primeiro lugar, que o terapeuta é suficientemente maduro, competente e autoconfiante e, também, não sinta que está perdendo o poder terapêutico, uma vez que o interfone é dado a uma criança. Então, é necessário que ambos compartilhem de um modelo terapêutico que visa a ativar os recursos familiares como principal elemento do tratamento. A partir daí, surge a necessidade de que o terapeuta seja flexível e criativo, capaz de reconhecer habilidades terapêuticas em adolescentes, em crianças problemáticas ou em casais disfuncionais sem se sentir privado de sua competência profissional. Pelo contrário, colocar-se a serviço da família e não "a colonizar" requer uma competência considerável. Finalmente, ele deve ser capaz de usar as teorias sistêmicas de uma forma verdadeiramente circular, invertendo a lógica de que poder e competência estão nas mãos dos terapeutas e das instituições de atendimento. Estava esquecendo outro aspecto não menos importante: que saiba ouvir e brincar com as crianças.

6. A SUPERVISÃO INDIRETA COMO UM PROCESSO DE TRANSFORMAÇÃO

A supervisão direta é uma modalidade de formação muito eficaz no treinamento do psicoterapeuta, mas nem sempre disponível pelos serviços públicos, nos quais acontece majoritariamente uma supervisão indireta, que consiste na apresentação e discussão em grupo do trabalho clínico realizado por um terapeuta ou por toda a equipe na presença de um supervisor experiente. A supervisão da psicoterapia é de fato considerada parte integrante do sistema de atendimento dentro dos departamentos de saúde mental, setores de hospitais para crianças e para adolescentes, centros de aconselhamento e outros centros para problemas de casais, de violência doméstica e de abuso infantil. Em suma, está presente em todas os setores públicos ou privados que intervêm nas mais variadas formas de mal-estar social, familiar e pessoal. Nem sempre, no contexto institucional, é possível ter a possibilidade real de usar um espelho unidirecional e um sistema de gravação de áudio e vídeo, embora a utilidade da supervisão direta, como descrevemos no capítulo anterior, seja bem conhecida e não apenas no período de formação do terapeuta, mas também em sua prática clínica subsequente.

Sobre a supervisão em terapia familiar e as suas implicações clínicas, há uma extensa literatura (Andersen et al., 1995; Vernon & Turner, 1978; Liddle et al., 1988; Nichols et al., 1990; Deveaux & Lubell, 1994; Haber, 1996; Wong et al., 2012). Não temos a intenção de fornecer aqui uma resenha da produção científica, ainda que abundante, na área da supervisão e de suas implicações clínicas e de pesquisa. Queremos nos limitar a descrever os muitos anos de experiência do autor no contexto de supervisão indireta do terapeuta, tanto em fase de aprendizagem, quanto em nível da supervisão institucional. Em ambos os casos, a presença de um grupo durante um treinamento e dentro de uma equipe de trabalho é crucial, pois representa um reservatório de emoções e uma espécie de mente coletiva. Nesse sentido, o nosso modelo se difere do anglo-saxão, no qual é considerado eficaz e é reconhecido apenas a supervisão individual dada a candidatos individuais. Na nossa ideia, os principais atores dessa experiência são o supervisor, o terapeuta (ou o casal de coterapeutas), o grupo e, indiretamente, o "paciente", ou seja, a pessoa, a família ou o casal que está sendo tratado em terapia e do qual se discute na supervisão.

Não há dúvida que se, por exemplo, a supervisão ocorre dentro de um hospital ou em um centro de saúde mental ou, ainda, em um ambiente escolar, será importante conhecer bem o contexto específico e as regras institucionais dentro das quais o terapeuta opera e no qual a supervisão ocorre. Ou seja, é preciso ter uma *visão sistêmica* de vários serviços e dos diferentes profissionais envolvidos na gestão de um determinado problema. Trata-se, portanto, de uma experiência muito mais complexa e muito diferente de uma supervisão privada, destinada a um grupo de terapeutas experientes que desejam progredir em sua trajetória profissional, embora o modelo de intervenção e as premissas teóricas sejam os mesmos.

Apesar das diferenças indiscutíveis de contexto e da maior ou da menor liberdade de intervenção, o elemento unificador que caracteriza a supervisão, segundo o nosso modelo teórico e a nossa experiência clínica, consiste na atenção prestada à *pessoa do terapeuta,* que deve ser capaz de integrar aspectos pessoais e familiares de seu desenvolvimento com as habilidades profissionais. A tarefa do supervisor, como vimos nos capítulos anteriores, será facilitar a aquisição desse equilíbrio entre o "*self* pessoal e o *self* profissional" do terapeuta no decorrer de seu trabalho clínico. Outro elemento fundamental e indispensável é a utilização de uma *lente multigeracional* para observar as relações e as disfunções familiares e estimular a busca de recursos individuais, familiares e sociais diante de um determinado problema.

Mesmo na supervisão indireta, é necessário estabelecer um clima de confiança e de credibilidade entre o terapeuta e o supervisor. O supervisor, não podendo observar a sessão atrás de um espelho unidirecional, intervindo na hora na situação, terá que imaginar a sessão, por meio da história relatada pelo terapeuta, e operar, exclusivamente, em uma parte do sistema terapêutico com o objetivo de torná-lo mais produtivo, uma vez que forem superadas as dificuldades e os impasses descritos pelo terapeuta.

OS ERROS MAIS COMUNS DO TERAPEUTA

O genograma da família é a ferramenta mais utilizada pelo terapeuta na descrição do caso clínico que pretende apresentar na supervisão. Não vamos entrar agora no mérito do genograma, a sua estrutura e a sua utilidade terapêutica, que falamos amplamente no capítulo 4. Em vez disso, vamos nos concentrar em alguns aspectos que são tão problemáticos quanto comuns e que levam o terapeuta a cometer erros. Nós escolhemos essa linguagem um tanto escolástica, a dos erros, para evitar que o registro emocional seja ativado e que o terapeuta fique ansioso ou que ele dê respostas sem pensar às observações do supervisor. Todos nós cometemos erros, e um erro pode ser corrigido ao se esforçar muito e entender o que precisa ser modificado. Falaremos amplamente sobre ressonâncias e respostas emocionais do terapeuta posteriormente, quando passaremos da descrição do caso para a ativação de uma experiência pessoal e de grupo no contexto da supervisão.

O funil invertido

Em trabalhos anteriores, descrevemos essa metáfora para enfatizar a capacidade do terapeuta em escolher quais e quantas informações, fornecidas pela família durante a sessão, deve passar pela parte mais estreita do funil, deixando que as demais escorram pelo funil. Tudo isso para evitar ficar sobrecarregado com a quantidade de conteúdo e, em vez disso, poder privilegiar os dados de conhecimento mais úteis para a construção do *quebra-cabeça terapêutico* (Andolfi, 2003, 2015).

Podemos usar a mesma metáfora do funil invertido para explorar a capacidade do terapeuta de escolher quais e quantas informações passar pela parte estreita do funil ao descrever o caso clínico em supervisão.

É provável que ele possa fazer como a família em terapia, trazendo, quase automaticamente, uma quantidade inesgotável de dados sobre o caso que está ilustrando, de acordo com a ideia comum de que quanto mais informações forem fornecidas, mais se compreenderá a dinâmica familiar e o problema apresentado. Além disso, a gravidade ou a persistência do problema/patologia individual que levou a família a solicitar uma terapia pode induzir o terapeuta a relatar extensamente sobre o problema, sobre a sua avaliação de diagnóstico, sobre as suas características e sobre as preocupações com a família, negligenciando a descrição de eventos e de acontecimentos importantes da história familiar, que ficarão "pendurados no genograma" em vez de serem devidamente destacados. A tarefa do supervisor nessa primeira fase descritiva será corrigir o objetivo e encorajar o terapeuta a escolher algumas poucas e importantes informações para começar o seu relato, favorecendo a descrição de alguns eventos significativos, que atravessaram gerações e que podem fornecer uma moldura para a apresentação do problema individual. Nessa dimensão mais ampla, que inclui implicações familiares e sociais, será possível avaliar sintomas e transtornos individuais de uma forma mais sistêmica, "relativizando a entidade" e identificando como e onde encontrar os recursos terapêuticos. Relativizar um problema não significa minimizá-lo ou negar a sua gravidade; ao contrário, é ter mais visão ampla e sistêmica do que gira em torno do problema individual para avaliar os componentes relacionais e, ainda mais, ir em busca dos recursos naturais da família. Costumo usar frequentemente a metáfora concreta das *mãos* (como sinônimo de ajuda) para expressar uma ideia forte, ou seja, para indicar o desequilíbrio que pode ocorrer entre as formas possíveis de ajuda em uma determinada situação. É uma experiência comum notar que quanto maior a gravidade de um problema, mais "mãos são ativadas pelo mundo institucional com relação àquelas que não são ativadas no contexto familiar e social". Ou seja, as famílias quase nunca são incluídas no processo de diagnóstico, muito menos no tratamento dentro das instituições. Eu me lembro de uma supervisão com um terapeuta que trabalhava no Sistema de Proteção à Criança na Austrália. Havia tantas mãos institucionais envolvidas em um único caso de abuso infantil que, para entender alguma coisa, pedi a ela para pegar objetos e colocá-los no chão. Cada objeto representava um serviço, uma unidade operacional ou operadores individuais com funções diferentes e, ao colocá-los no chão, pedi-lhe que descrevesse quem eram, qual o papel que eles desempenhavam e como eles se relacionavam uns com os outros. Foi um trabalho demorado e trabalhoso e, no final, havia 23 objetos no chão! Nesse sentido, sinto como Franco Basaglia e gostaria que acontecesse exatamente o contrário, em termos de mãos e instituições a serem acionadas, que fossem poucas e, claro, que estivessem realmente a serviço dos familiares e da comunidade ao invés de substituí-los. É uma espécie de *crença* que eu gostaria de deixar para as gerações mais novas, formada por valores éticos e convicções amadurecidas, por meio da coerência e da evidência terapêutica. Por intermédio de supervisão, pretendo não apenas aumentar a competência dos terapeutas, mas também os ajudar a refletir sobre a identidade profissional e a necessidade de uma transformação profunda que se concretize, em primeiro lugar, dentro deles mesmos. Se isso acontecer, a terapia se torna um encontro fértil e cheio de descobertas de novos territórios.

Terapia familiar ou terapia individual alargada?

A nossa ideia básica é que a história de desenvolvimento da família e de seus pontos críticos podem conter e dar sentido ao problema para o qual a intervenção foi solicitada e não o contrário. Acontece frequentemente que a gravidade da patologia individual e a urgência em lidar com ela acabam ofuscando a história de desenvolvimento da família, que ficará como um corolário de um genograma, reduzido a uma mera ficha clínica. Queremos esclarecer que isso não significa minimizar ou negligenciar a patologia/transtorno de um membro da família; seja de natureza relacional, biológica, genético ou psicossomático; pelo contrário, pretende-se observar e intervir efetivamente no problema apresentado, uma vez que ele está inserido em uma visão sistêmica e multigeracional dentro da família. Esse princípio contrasta com a ideia dominante, tanto a nível social, quanto a nível institucional, de que devemos observar, diagnosticar e tratar o indivíduo com um transtorno específico como se ele estivesse separado de seus relacionamentos mais significativos e considerar os membros da família apenas como fontes de informações privilegiadas sobre o problema.

O erro mais comum a ser corrigido, por meio da supervisão, é, nesse caso, o de confundir o projeto de uma terapia familiar, que tem um objetivo transformador dentro de todo o sistema, com uma "terapia individual alargada", em que os familiares, principalmente os pais, participam ativamente, a fim de fornecer informações detalhadas sobre o problema do indivíduo para ajudar o terapeuta a se orientar.

Isso explica o fato de que, diante de um transtorno de um filho, os pais acham que é totalmente inútil trazer os irmãos ou irmãs para a sessão com a justificativa de que não querem que "eles faltem à aula". Além do mais, basta somente a presença dos irmãos, que estão envolvidos, para descrever como as coisas estão. Nem o pedido para convidar os irmãos é trazido com convicção por parte do terapeuta que se contenta com "o que está disponível" para iniciar a terapia familiar. A presença de irmãos na terapia só faria sentido se pretendesse se deslocar a atenção do indivíduo problemático para a família como uma unidade de observação e de intervenção, e, nesse caso, as modalidades relacionais entre os irmãos poderiam nos fornecer informações muito úteis sobre a dinâmica de toda a família. Infelizmente, principalmente na esfera institucional, tende-se a observar as coisas de acordo com um modelo médico/psiquiátrico, no qual não há mandato nem competência necessária para transformar o tratamento centrado no paciente em uma intervenção centrada na família.

Recentemente, desempenhei a função de supervisor para o serviço de transtornos alimentares de um hospital infantil que tem, pelo menos no papel, uma unidade de terapia familiar. Estou constantemente diante desses problemas: por um lado, a supervisão é dirigida a terapeutas altamente motivados que, embora inseridos em uma equipe específica, têm uma formação pessoal bastante limitada e, em nível profissional, não adquiriram as bases do verdadeiro pensamento sistêmico. O que os leva a aceitar qualquer formato em que a família se apresenta para os encontros, como se coubesse a ela decidir o formato das sessões. Alternam-se, então, sessões individuais com a mãe ou com a paciente anoréxica, às vezes, encontrando-as em sessões conjuntas e, ocasionalmente, inserindo o pai nas sessões, sem nenhum tipo de projeto, tudo sob o rótulo de serviço de terapia familiar. Abordar a questão da motivação conjunta a ser construída com os membros da família juntamente à filha anoréxica, de modo a fazê-los se sentirem atores nos eventos terapêuticos; adquirir no campo a confiança básica por parte de todos os participantes para propor um projeto compartilhado;

construir uma aliança terapêutica com a paciente, fazendo com que ela se sinta competente; convidar os irmãos para os encontros familiares, dos quais todos participam; são alguns dos desafios enfrentados pela supervisão no contexto institucional. Por outro lado, é necessário lidar com um sistema complexo, no qual prevalece um modelo médico, no qual o psiquiatra, a nutricionista e a equipe de enfermagem interagem diariamente com a paciente e, geralmente, têm pouca consideração pela psicoterapia e, em especial, a familiar. Além disso, a terapia deve seguir as regras hospitalares que preveem a figura de um *case manager* (uma espécie de responsável pelo caso) para cada situação específica. A equipe psicoterapêutica deve discutir todas as etapas da terapia familiar, incluindo a permissão para chamar os irmãos da paciente ao hospital, com o *case manager*, que, muitas vezes, apresenta as mesmas perplexidades da família e pergunta: "Mas os irmãos o que têm a ver?". Sem falar da faculdade do psiquiatra que dirige a unidade de transtornos alimentares ao condicionar as escolhas do *case manager*. Assim, um projeto terapêutico já difícil, porque requer o consentimento e a participação ativa de toda a família, deve se confrontar com aspectos burocráticos e ideológicos do hospital, que tem o poder de definir prioridades, diretrizes e limites do tratamento.

Onde está o T do terapeuta?

Há cinquenta anos, eu fazia parte do corpo clínico da *Child Guidance Clinic da Filadélfia*: eu fazia parte das sessões de supervisão de Minuchin, e algumas imagens daqueles tempos longínquos permaneceram gravadas na minha mente. Lembro-me de colegas ansiosos que tinham que apresentar, em grupo, as famílias que acompanhavam em terapia, e, já naquela época, a descrição dos casos clínicos acontecia por meio do desenho do genograma da família no quadro. A narrativa do genograma era geralmente longa e articulada com Minuchin, que permanecia em silêncio, escutando. O seu silêncio induzia o terapeuta a continuar a descrição, acrescentando novos dados até que, exausto, exclamava: "Terminei!". A essa altura, Minuchin se aproximava do genograma, observava-o por um longo tempo e, então, dirigia ao terapeuta a fatídica pergunta, que ainda hoje está gravada na minha memória: "Parece-me que falta algo. Onde está o T do terapeuta?".

Essa curta pergunta tinha o poder de "mexer" com o terapeuta e de interromper a sua longa descrição da família. Ele não tinha esquecido alguns detalhes úteis para entender melhor as relações familiares, ele havia se esquecido de escrever "onde ele estava" naquele quadro. Primeira lição poderosa sobre a *intersubjetividade da observação* que precedeu vários anos, tanto os estudos sofisticados sobre o assunto de Von Foerster (1981), quanto os estudos subsequentes de McNemee e Gergen (1992) sobre o construtivismo e construcionismo social, até chegar à consciência intersubjetiva de Stern (2004). Minuchin tinha bem claro, desde a década de 1970, que um terapeuta deve saber observar e descrever o *sistema terapêutico* do qual é parte integrante, assim como a família. Omitir o *T* é como pensar ser capaz de descrever as relações familiares e seus problemas de forma objetiva, permanecendo fora da história terapêutica e não tendo nenhuma ideia sobre o processo terapêutico. Ainda mais complexa, é a ação de trazer o *T* para dentro do genograma. Após uma longa reflexão, o terapeuta decide em qual parte escrevê-lo: assim o *T* pode ficar mais perto da mãe ou do pai, no nível dos filhos ou ao lado da pessoa sintomática da família ou, ainda, no nível dos avós. De qualquer forma, ao fazê-lo, o terapeuta acaba revelando e, ao mesmo tempo, refletindo sobre a sua posição em campo. Ver o *T* no genograma permite avaliar a maior ou a menor proximidade ou distância deste ou daquele membro da família ou de um plano geracional ou de outro, enfim, permite observar a dinâmica relacional entre o terapeuta e os seus pacientes.

Posso afirmar que, ainda hoje, depois dos antigos e fundamentais ensinamentos de Minuchin, pego-me perguntando onde está o *T* de muitos terapeutas, até mesmo, experientes, que apresentam o genograma da família sob supervisão. Parece que o próprio ato de descrever uma situação clínica impede o terapeuta de comunicar o quanto de si mesmo está na descrição do caso. Pode-se dar uma aula acadêmica sobre autorreflexão ou sobre intersubjetividade, mas perguntar: "Onde está o *T* no genograma" tem o poder de concretude e de simplicidade e é um ensinamento difícil de se esquecer, que levará o terapeuta a vivenciar que ele/ela é o primeiro elemento do sistema que deve se envolver para facilitar, posteriormente, a mudança nas relações familiares. A supervisão indireta tem o objetivo principal de promover uma transformação no terapeuta, que o afeta tanto como profissional quanto como pessoa, e o primeiro passo é corrigir os erros.

Onde você está nessas páginas?

Experiência muito semelhante àquela em que se questiona sobre o *T* do terapeuta é aquela relacionada às minhas consultas familiares dentro de *workshops* profissionais. Normalmente, antes de conhecer a família, o terapeuta que traz o caso para aconselhamento preparou um relatório escrito muito extenso e detalhado, que lê para mim e para os participantes com uma certa *preocupação*, tomando cuidado para não esquecer nada (veja o funil não invertido). Em várias ocasiões, eu tive que interromper gentilmente a leitura e perguntar: "*Onde você está nessas páginas?*". Uma pergunta que, geralmente, causa incômodo e constrangimento no terapeuta, que não entende o que aquela pergunta tem a ver justamente no meio de sua apresentação. Quando falo da posição do terapeuta dentro da história, estou me referindo precisamente a esta pergunta: "*Onde você está?*" (semelhante à pergunta do *T* do terapeuta), que, se não preenchida, faz compreender somente o aspecto profissional do terapeuta, que prepara com competência e objetividade o seu relatório. O que ele não escreve e não informa é onde ele está como uma pessoa no relacionamento terapêutico; ele não sabe descrever as emoções que sente no encontro com a família e como elas se conectam com as emoções de seus pacientes. No entanto, todos nós sabemos bem, por meio da experiência, que a qualidade da relação terapêutica é o elemento de cura mais importante e que a confiança mútua entre quem trata e quem pede ajuda é essencial para se encontrar em um nível humano além do profissional.

COMO ACOLHER O SOFRIMENTO DO PACIENTE E DA FAMÍLIA

Abrir espaço para o sofrimento e a dor individual e familiar na terapia foi uma longa e difícil jornada no mundo sistêmico-relacional. Isso aconteceu quando se devolveu o valor da compreensão do indivíduo e de seu mundo emocional, superando as restrições das teorias e das práticas baseadas em modelos sistêmicos, sejam eles prescritivos, sejam eles estratégicos ou paradoxais, que visam a modificar comportamentos disfuncionais ao invés de acolher a dimensão humana da perda e da dor (Andolfi, 2015; Robert, 2017). A verdadeira dificuldade para o terapeuta, uma vez livre de uma abordagem puramente técnica e distanciada, é de ser capaz de entrar em sintonia com os mais diversos sentimentos trazidos pelo paciente e pelos familiares na sessão e se identificar com as suas experiências sem as sentir como suas e sem as confundir com as suas. A primeira situação, *sentir como seus*, faz com que a pessoa perca a fronteira e o sentido de limite de sua própria intervenção terapêutica. Carregar a dor em seus ombros ou o desespero expressado pelas famílias em terapia não vai ajudá-lo e vai imobilizar o terapeuta que carrega os pesos que não lhe pertencem. A segunda ocorrência, *confundir com os seus*, é muito frequente e nos faz refletir sobre a facilidade com que os temas da dor ou da violência, trazidos pelas famílias para a terapia, podem amplificar feridas e traumas semelhantes, ainda abertos e ativos, na história de desenvolvimento do terapeuta e produzir, assim, respostas emocionais confusas.

A supervisão indireta está localizada na área limítrofe entre o que diz respeito à família e o que diz respeito ao terapeuta, que terá que aprender a linguagem hipotética do *como se* (colocar-se no lugar de alguém), ou seja, de se identificar com o sofrimento alheio sem torná-lo seu, pois o paciente e a família não pedem que você sofra com eles ou por eles. Estar acompanhado nessa jornada pelo supervisor e por um grupo que compartilha a mesma experiência permite adquirir, ao longo do tempo, um equilíbrio interior, que permite desenvolver uma atenção especial (feito de palavras, escuta e silêncios) e, ao mesmo tempo, uma calma e uma serenidade terapêutica (Roustang, 2004). Enquanto a supervisão direta, conforme descrito no capítulo anterior, conversa principalmente com terapeutas em aprendizagem, a supervisão indireta requer maturidade e experiência clínica mais significativas, precisamente, porque opera mais em um nível imaginativo (o supervisor imagina a sessão, não participa diretamente) e hipotética (veja o uso da linguagem *como se* ao contrário do *aqui e agora* de uma sessão). Tudo isso pode levar a um processo transformador no terapeuta, que pode experimentar crescimento humano e profissional além da aquisição de novas competências. Queremos descrever agora algumas situações de supervisão clínica em que se vê como o uso do espaço e do movimento, por meio da construção de esculturas e de dramatizações de grupo, é o principal caminho para favorecer essa transformação do terapeuta.

A metáfora da figura-farol

Muitas vezes, ouvi frases como esta durante a supervisão: "Eu sou a única pessoa no mundo para este paciente"; psicoterapeutas, conselheiros, assistentes sociais e enfermeiros psiquiátricos, que atuam nas áreas socialmente marginalizadas com pacientes que sofrem com uma variedade de transtornos psiquiátricos e com um estado de solidão existencial, acabam, não por acaso, sentindo-se como o último recurso para a sobrevivência de seus pacientes. Na verdade, em muitos casos, é difícil identificar uma estrutura familiar, mesmo que mínima, como fonte de segurança e de suporte emocional e psicológico.

No entanto, a experiência de longos anos de trabalho clínico tem me convencido, cada vez mais, que é muito raro uma pessoa estar totalmente sozinha no mundo e, portanto, precisar ser apoiada e mantida viva graças ao nosso trabalho de apoio psicológico ou psicossocial, que pode durar anos. O trabalho com os sem-teto, realizado em Roma com a Fundação Silvano Andolfi, convenceu-me ainda mais do contrário. Ilustramos em outros estudos (Andolfi, 2004) a metáfora de *figuras-farol*, referindo-se à presença de pessoas provenientes do mundo familiar e social de muitos indivíduos solitários que tiveram força para dar a si mesmo uma razão para viver, mesmo que desesperados ou sofrendo das mais variadas doenças psiquiátricas (do alcoolismo ao vício em drogas e patologias mais abertamente mentais), precisamente pela memória ou pela presença simbólica dessas figuras-farol, que os guiaram nas adversidades da vida. Se isso é verdade, mesmo em situações extremas, então, a nossa tarefa como terapeutas não é adotar ou, inversamente, deixar ir ao seu destino pessoas tão desfavorecidas e frágeis, mas sim favorecer uma transição, identificando pessoas, em seu mundo familiar alargado ou no contexto institucional, capazes de fornecer suporte emocional e de estimular a sua reinserção social.

JENNY E AS SUAS MENINAS

Trabalhando como supervisor com um grupo de terapeutas/conselheiros de uma organização australiana dedicada à recuperação social de adultos fortemente perturbados, conheci Carol, uma assistente social há anos inserida nessa estrutura. Foi ela quem me apresentou indiretamente Jenny, uma mulher obesa de 40 anos, que, com muitas dificuldades, inclusive, burocrático-legais, ficou com a guarda das filhas Dorothy de 7 e Moira de 9 anos, nascidas de uma relação casual com um homem que abusou dela, que a espancou repetidamente, deixando-a grávida duas vezes, e depois desapareceu. Jenny teve comportamentos promíscuos e desregulados na adolescência, agravados por seu vício em álcool e drogas, a tal ponto que a família fechou a porta na cara dela, não querendo mais ter contato com ela. É o que relata Carol na supervisão sobre o problema de sua paciente, ainda que, sobre a família de origem de Jenny, a história de Carol é muito genérica e marcada por seu distanciamento total para com todos os membros da família da mulher, descritos como pessoas muito violentas e abusadoras e, portanto, não confiáveis. Carol, há mais de três anos, é a única pessoa positiva na vida de Jenny, que se apoia totalmente nela. Com a ajuda de Carol e da sua organização, as suas filhas foram deixadas com ela, porque, na verdade, Jenny ama suas filhas, afirmando que "elas são a única razão que me mantém viva", mesmo que não tenha condições de trabalhar e de as sustentar economicamente. Felizmente, ela recebe um auxílio financeiro e educacional fornecidos pelo Governo, o que lhe permite viver e criar de alguma forma as meninas com a frequente intervenção da *Child Protection*, entidade responsável pela proteção de menores em situação de risco na Austrália.

Carol apresenta a situação como desesperadora e afirma que Jenny "se agarra ao seu pescoço com todo o peso, até não conseguir respirar" e ela não acredita mais ser útil para ela. Porém, a atenção rapidamente muda para os sentimentos negativos que Carol tem em relação a si mesma: de fato, percebeu que a solidão de Jenny é uma imagem espelhada da sua e afirma ter escondido sua depressão existencial por um longo tempo, acabando por adotar Jenny na terapia como uma espécie de recompensa emocional para os seus vazios. Com o tempo, Carol, de fato, experimentou a solidão existencial de Jenny como sendo dela e, ao mesmo tempo, confundiu-a com a sua própria. Ela também é obesa e parece ter, há muito tempo, baixa autoestima, além de uma tristeza latente sobre sua vida, exceto quando sente que, profissionalmente, ela conseguiu apoiar e manter vivas pessoas como Jenny que, em várias ocasiões, ameaçam se suicidar. Basicamente, Carol seguiu em terapia única e exclusivamente Jenny, que diz viver graças à presença das filhas, que Carol, em três anos, nunca conheceu! "A *Child Protection* que cuida delas", diz Carol, como se tratasse de duas realidades totalmente isoladas. Com dificuldade, tento mover o enfoque para o vínculo mãe-filhas, decididamente mais forte e natural do que aquele estabelecido entre a terapeuta e a paciente. Principalmente agora que Carol parece querer se libertar desse peso que, há muito tempo, carregou nos ombros, o risco é que ocorra uma rejeição total de Jenny, semelhante ao que acontece na devolução de crianças após adoções fracassadas. Porém, para chegar às meninas, parece-me prioritário trabalhar primeiramente com Carol e a sua confusão. Proponho a ela, então, fazer uma escultura que mostre o desespero de Jenny e, em seguida, peço a ela que faça uma segunda em que ela dramatiza o seu. Com apreensão, constrói as duas esculturas em sucessão com a ajuda de duas colegas, que terão que se colocar uma no lugar de Jenny e a outra no lugar de Carol. Esta terá, então, de ocupar primeiro o seu lugar na escultura da paciente e depois naquela que representa ela mesma. Vai ter que ficar parada nessas duas posições o tempo necessário para incorporar suas experiências e estados de ânimo. É incrível a semelhança nas atitudes, nos olhares e na postura em ambas as esculturas representadas por Carol. Além da implicação emocional que leva Carol a se entristecer e a chorar durante o *feedback* verbal, foi importante para ela tocar e tomar consciência da confusão das fronteiras entre "quem eu sou" e "quem é Jenny" por meio de uma representação cênica e não verbal. É muito diferente dizer algo ou o observar esculpido no espaço. Nos últimos anos, tenho recorrido frequentemente à *escultura individual,* que permite focar a imagem do relacionamento de uma pessoa consigo mesma antes de prosseguir a escultura das relações familiares, de modo a observar a transição de descrição do indivíduo daquela das relações familiares.

A experiência que Carol acabou de viver destacou as semelhanças com Jenny e o problema dos limites entre as duas solidões. Representar a sua confusão, incorporando a tristeza de uma e depois da outra, permitiu que Carol se sentisse mais viva e aliviada, como depois uma dolorosa revelação de seu mundo interno, e isso em si tem um efeito transformador. Assim, é possível seguir para a próxima etapa, ou seja, pode-se finalmente explorar o mundo das duas garotas e o relacionamento delas com a mãe, um tema completamente negligenciado até então. Também, nesse caso, o recurso da linguagem não verbal é muito mais eficaz, porque Carol não tinha falado muito em palavras até então, escondendo-se atrás de respostas evasivas e genéricas. Então, eu peço a ela para esculpir como ela imagina a relação entre as meninas e a mãe. Para a minha grande surpresa, Carol parece reanimada com o pedido e, usando colegas do grupo de supervisão, faz uma escultura muito terna e comovente, na qual é possível observar as meninas segurando a mão da mãe, olhando para ela com um olhar cheio de carinho, que ilumina o rosto de Jenny. É a primeira vez que Carol imagina a relação entre Jenny e suas filhas, e a sua escultura é uma mensagem de esperança, o que me permite sugerir que ela convide as meninas para uma sessão especial com a mãe. Se Carol for capaz de motivar a mãe a trazer as meninas para a sessão e se elas, como é provável, vierem, será uma mudança significativa de contexto, em que as três se tornarão protagonistas e Carol poderá se descentralizar e observar o relacionamento delas. Durante essa sessão, Carol poderá se comprometer em transformar em um projeto concreto o que foi representado na escultura, ou seja, ela poderá incitar as meninas a cuidarem da mãe, explorando o mundo emocional junto. Talvez Jenny também tenha tido uma *pessoa-farol* em seu crescimento, além de suas filhas na vida presente.

O orientador sugere uma maneira divertida de Carol propor essa busca: a mãe, auxiliada pelas meninas, poderá indicar, em seu genograma, as pessoas que ela pensa que ainda gostam dela, e as meninas poderão desenhar estrelas coloridas perto do nome. Carol saberá, então, de onde vêm os recursos familiares a serem ativados. Em vez de abandonar o campo, ela pode se comprometer a convidar quem ainda gosta de Jenny. Talvez, sejam poucas pessoas com estrelinhas, talvez uma ou duas, o número não importa tanto quanto a possibilidade de reabrir um espaço de esperança. Poderá fazer isso com o auxílio das meninas, que ficarão felizes em ajudar a mãe a se reconectar emocionalmente com quem ainda confia nela. Carol termina a supervisão radiante e cheia de energia. Agora, ela tem o caminho e se sente mais confiante e motivada para seguir o percurso. Por meio da supervisão, Carol descobriu como se livrar de um fardo, devolvendo valor aos laços familiares de Jenny e acompanhando-a nessa transição. Ela descobriu que as meninas são um recurso valioso para reconhecer e ativar na terapia para restaurar a esperança de Jenny e para reconectá-la com a família. Por meio da escultura, ela descobriu que reconhecer a fronteira entre a sua solidão e a solidão de Jenny é o primeiro passo para recuperar a sua autoestima e sair de sua solidão, transformando, ao mesmo tempo, o seu papel profissional.

QUANDO A DOENÇA TOMA CONTA: O DIABETES DAS FILHAS

É muito difícil deslocar o olhar nas relações familiares para os eventos significativos da família e para a busca de recursos quando a doença/transtorno de alguém fala mais alto do que todo o resto e quando o terapeuta é tomado, exclusivamente, por habilidades médicas ou psiquiátricas que deem respostas tranquilizadoras diante da urgência do problema apresentado. Seja uma psicose, uma depressão, uma tentativa de suicídio ou uma doença psicossomática grave, a urgência é a mesma, e a busca por uma solução rápida e eficaz para o problema individual é a expectativa familiar mais comum.

A experiência nos ensinou que existem maneiras diferentes de resolver uma doença ou um transtorno psicológico, este livro, como tantos escritos antes, apenas ilustra como essa forma indireta e poderosa, que tende a redefinir e resolver os problemas que nos são apresentados na terapia, pode ter resultados impensáveis e duradouros.

Todos nós somos pacientes

Robin trabalha em um departamento de tratamento de diabetes de um hospital infantil; ela é psicóloga clínica e terapeuta familiar e está criando, com dificuldade, uma unidade de terapia familiar em seu serviço. Há anos, lida com essa doença psicossomática e viu inúmeras melhorias a partir do trabalho com as famílias, mas, muitas vezes, é impedida pelo departamento médico e pelos paramédicos, que lidam, exclusivamente, com o tratamento de insulina e não acreditam em psicoterapia. A supervisão com Robin e sua equipe diz respeito a uma família perturbada com a recente descoberta do diabetes tipo 1, diagnosticado em ambas as filhas, há poucas semanas de distância uma da outra. Na verdade, a mãe Lina descobriu a diabetes da segunda filha Kim, de 10 anos, tirando da ponta do dedo uma gota de sangue e usando o medidor de glicose de Lili, a filha mais velha de 12 anos, recentemente, sofrendo de diabetes. A equipe de endocrinologia enviou ao departamento Robin, que está acompanhando as meninas de um ponto de vista psicológico, e propôs à família uma terapia conjunta que, no momento, é bastante fragmentária. Na verdade, os pais gostariam de ser ajudados, exclusivamente, por causa de Kim, que tem acessos de raiva, grita e tem comportamento agressivo com a irmã, exceto quando muda repentina de humor e se entristece. Quando ela está com raiva, ela se recusa a controlar a glicemia, o que faz com que sua mãe fique ansiosa e a repreenda continuamente. Lili é apresentada como uma criança reflexiva e obediente, que faz tudo certo. Na verdade, Robin cedeu às preocupações dos pais e se encontrou várias vezes com a mãe e com Kim ou com ambos os pais para conhecer melhor sobre a história deles. Ela tentou convidar também Lili para as sessões, mas a resposta era que a menina controlava muito bem o açúcar, que não queria faltar à escola e que, eventualmente, viria em outro momento. Mais uma vez, repete-se o esquema mais descrito neste livro, ou seja, a ausência de irmãos/irmãs do paciente nas sessões, cuja contribuição seria fundamental para a compreensão melhor da dinâmica familiar e observação das diferentes posições que os filhos assumem dentro da família. Além disso, nesse caso, ambas as meninas sofrem da mesma doença, excluir uma, por controlar bem a glicemia, parece uma limitação terapêutica inaceitável. Deve-se acrescentar, também, para reiterar o mesmo conceito, que Kim, em todas as sessões, continua a atacar os pais que desde sempre trataram Lili como a *menina de ouro*. Também, por essa razão, Kim aceitou de bom grado as sessões de família, preferindo-as mais do que as sessões individuais, sinalizando o desejo de que não haja mais favoritismo no lar. O início do diabetes nas duas meninas também produziu transformações em relação às famílias de origem dos pais, em especial, a materna, que está radicada há várias gerações na Austrália e mora na mesma cidade que eles. Lina relata que, em sua família, existe uma importante história de ansiedade, transmitida pelo ramo feminino a partir da avó. Ela mudou radicalmente após o nascimento de suas duas filhas, pelas quais sempre teve uma preocupação constante, agora amplificada pelo diabetes de ambas. A sua vida é uma corrida contínua e se divide entre hospital e esportes para as meninas. Entre outras coisas, seus pais ficaram muito estressados por causa da doença das meninas e pararam de ajudar Lina, especialmente, nesse período tão difícil. No máximo, estão dispostos a ficar com Lili, que é muito mais obediente do que Kim. Em vez disso, eles cuidam do irmão de Lina e seus filhos, propondo novamente o esquema de favoritismo entre irmãos, transmitido de uma geração para outra.

O pai Shane parece muito aborrecido com as constantes brigas entre sua esposa e Kim e, de qualquer forma, está muito irritado com o aparecimento do diabetes em ambas as filhas e com a insensibilidade da família de Lina que, literalmente, desapareceu. Ele faz comparações constantes com a sua família que mora na Grécia e é muito mais calorosa e disponível aos eventos da vida do que a cultura australiana. Ele sente muita falta desse calor e se sente culpado por não poder estar na Grécia e ajudar a sua irmã que perdeu um filho, que se suicidou há dois anos. Além disso, as relações sociais do casal diminuíram devido ao diabetes das meninas e da rotina hospitalar a que são submetidos.

Robin, na supervisão, diz que está particularmente irritada com a mãe que, além de ser muito ansiosa por causa do diabetes das duas, trata muito mal Kim sem entender as suas necessidades e as suas dificuldades. Gostaria também de envolver mais o pai na terapia, mas sem sucesso. Na sessão, Shane faz como na vida familiar, ele evita o conflito entre mãe e filha e permanece passivo. Definitivamente o *T* de Robin está próximo das meninas, cujo desconforto profundo ela consegue sentir, e, também, é uma especialista em diabetes infantil, embora tenha mais dificuldade em se sintonizar com os motivos e sentimentos dos pais. O meu objetivo, então, é como conseguir ajudar Robin a se conectar emocionalmente e construir uma aliança com cada um dos pais. Nesse caso, não uso a escultura como uma ferramenta não verbal para explorar as experiências de cada membro da família; recorro a um experimento ainda mais essencial: peço a Robin para trocar de lugar e se sentar em uma cadeira vazia. "Agora você é Lina e você tem duas filhas diabéticas. Fique aí alguns minutos em silêncio".

Os minutos passam e parece uma eternidade. Dá para sentir o esforço e a dor de Robin ao se identificar com aquela mãe. Ela sai dessa experiência tão simples, mas poderosa, como que transformada. Desapareceu aquela aura de julgamento e irritação em relação a uma mãe sempre ansiosa e controladora; agora, que ela conseguiu ser simbolicamente aquela mãe por alguns minutos, sente-se aliviada e livre dos vínculos de sua identidade profissional. Por um curto e intenso período, ela cruzou a fronteira e entrou no outro campo, o das famílias em dificuldade, redescobriu a sua profunda humanidade de mãe e as razões e as experiências de Lina agora se tornaram mais familiares para ela. Assim, será mais fácil abordar essa mãe na sessão com outro humor, e Lina sentirá a mudança da terapeuta em um instante. É incrível a sensibilidade e a capacidade das famílias que encontramos na terapia de capturar os nossos humores e a nossa maior ou menor disposição humana em os acolher. Quanto ao pai, a ideia norteadora é a que experimentamos, ao longo dos anos, com tantos homens, que tendem a ser passivos e a ficarem na retaguarda como Shane. "Entre na história familiar dele e no distanciamento de sua cultura de origem, deixe as meninas te ajudarem nessa exploração e você verá a sua mudança": esse é o caminho que proponho a Robin para seguir com os próximos encontros com a família. A próxima sessão de supervisão ocorre depois que Robin encontrou a família duas vezes, conseguindo convocar e encontrar os pais e ambas as meninas. Robin parece outra pessoa, ela está visivelmente feliz com a forma como as coisas estão indo, e o seu relato se concentra especialmente em eventos familiares, em vez de se concentrar na rotina em torno dos diabetes. Robin começou a sessão dizendo à família o quanto é fácil ser sugado para o mundo do diabetes sem poder ouvir outras coisas, tão presos na rotina da doença. Deixa de lado o gráfico que mostra os níveis de açúcar no sangue das meninas, como se desejasse virar a página, coloca na mesa, ao centro da sala de terapia, o mapa da Grécia e da Austrália e se dirigindo aos pais diz: "Hoje eu gostaria de entrar na história de suas famílias, e as meninas podem explorar com a ajuda de vocês os lugares e os eventos de ambas as famílias de origem de vocês". O pai se ativa primeiro, apontando no mapa onde a sua família mora e, em seguida, contando alguns eventos de sua família - doenças, acidentes, suicídio - até mesmo, chegando às perdas durante a Segunda Guerra Mundial. Ele se comove ao descrever a capacidade de sua família em lidar com as adversidades e em se recuperar, afirmando que "os gregos são durões". A sua dor pela distância é sentida, agravada pelo fato de que eles não puderam ir à Grécia após o início do diabetes das meninas, enquanto antes eles iam regularmente durante as férias escolares. A mãe relata sobre a sua história de ter crescido na Austrália e sobre a ansiedade que sua mãe transmitia para a família, quando ela tinha a idade das meninas. "Ela nos amava, mas se preocupava sempre e controlava tudo o que fazíamos durante o dia." Parece que o simples fato de poder falar sobre as suas dificuldades quando era uma garotinha na frente de Shane e das filhas na sessão pudesse fazê-la se sentir mais aliviada. Na verdade, na próxima sessão, Lina vai relatar ter conseguido deixar as meninas para um fim de semana com a sua mãe, que apreciou o fato de que sua filha agora confiava mais nela e que "não esperava outra coisa". Tudo isso permitiu acabar com a falta de compreensão recíproca entre quem pede e quem recusa. Enquanto isso, relatam que Kim teria se comportado muito melhor em casa, ela verificou a glicemia regularmente e não teve os seus habituais ataques. Enquanto Robin acompanha a família até a saída, um enfermeiro, que está pegando o gráfico da glicemia, pergunta a Robin: "Quem é a sua paciente, Kim ou Lili?". Robin não tem tempo de responder, porque a família em coro diz: "*Todos nós somos pacientes!*".

QUANDO O ABUSO ATRAVESSA AS GERAÇÕES: O TREM QUE ESTÁ DESCARRILHANDO

Estamos bem cientes dos danos causados pelo abuso infantil em relação tanto ao crescimento saudável dos filhos quanto à harmonia e à integridade familiar. O fenômeno inverso é diferente, quando é a geração mais jovem que abusa dos pais e mais ainda dos avós, a ponto de, no mundo anglo-saxão, existir o termo *elder abuse* (abuso dos idosos). Conhecemos bem a violência física, sexual e econômica perpetrada contra idosos com necessidades especiais em residências para os idosos, hospitais, lares de idosos etc. Ainda mais dramático, porque acontece dentro de casa, é o abuso sofrido pela geração adulta, os pais, por parte dos filhos, e os idosos, nas mãos dos netos. Em especial, em famílias que têm uma empresa familiar, pode acontecer da geração mais jovem crescer sem dificuldades, sem qualquer sentido de responsabilidade e sem escrúpulos, acabando por dilapidar o patrimônio familiar ou "roubar a família" como se fosse uma demonstração de autonomia ou implicitamente uma forma de vingança emocional. Na verdade, é comum com avós e pais que tenham colocado a conquista do sucesso econômico na frente da atenção e da harmonia familiar e que "substituíram o afeto pelo dinheiro" com relação à geração mais jovem, que, nesse momento, pode se vingar, mostrando-se insensível a quaisquer sentimentos, como o luto pela perda de um dos pais, como veremos no caso a seguir.

Marília traz para a supervisão o caso de uma família que acompanha em terapia. Também, nesse caso, inicialmente, trata-se de uma terapia individual para Emma, uma senhora de 58 anos, que está preocupada com a vida de seu marido, que sofre de um tumor há cinco anos e que, segundo oncologistas, levar-lhe-ia à morte em seis meses. São os oncologistas que sugeriram uma psicoterapia para apoiar Emma, que está passando por uma crise de ansiedade irreprimível. Marilia estabelece uma boa aliança com Emma e pede repetidamente que convide seu marido Luigi, que virá para a terapia dois anos depois, sob a insistência constante de sua esposa e com pouca vontade de questionar sua vida, muito menos de enfrentar questões sobre a morte. Ainda menos presentes estão a filha Sara, que mora no exterior, e o filho que é o verdadeiro problema da família. Luigi é o responsável de uma empresa familiar de vinhos, criada do zero por seu pai, levada adiante por ele, a qual, com a ajuda de seu irmão, tornou-se muito importante em todo o país. A característica dos homens da família é trabalhar quinze horas por dia, inclusive, feriados. Emma se casou com ele por amor, mas logo teve que se adaptar às regras da empresa, ou seja, às regras do mercado. O trabalho vem antes de tudo e os afetos ficam em segundo plano. Essa carência afetiva é compensada com uma vida marcada pelo bem-estar econômico em que o dinheiro é o valor supremo. Os filhos de Luigi e Emma frequentam as escolas mais exclusivas e podem pedir tudo. Sara, a filha mais velha, de 24 anos, rebela-se e escolhe uma universidade no exterior, que lhe permite fugir da família, tornando-se autônoma e abandonando a regra do dinheiro. O filho homem, Carlo de 20 anos, ao contrário, é um desastre na escola e, aos 15, já estava perdido, andando com más companhias e se entregando ao álcool e às drogas. No período em que ele mais precisaria de afeto e de contenção, seu pai adoece, e Emma entra em profunda confusão, até mesmo, porque o marido nega a doença e continua trabalhando como antes. O rapaz indica seu profundo mal-estar com comportamentos agressivos e antissociais: usa os cartões de crédito do pai sem o seu conhecimento, fazendo gastos malucos e roubando tudo da casa do avô paterno sempre que a família vai visitá-lo. O pai morre duas semanas depois de seu 60° aniversário, e Emma nem pode sentir o luto pelo marido, porque o filho se enfurece com seu comportamento agressivo contra ela como se nada tivesse acontecido. Entre outras coisas, Emma confidenciou a Marília que também seu irmão, na idade do filho, estava fora de controle, e essa lembrança aumenta ainda mais o seu mal-estar. Os homens ou trabalham em forma desumana ou se perdem. Ela agora está sozinha, enfrentando a vida, e a filha Sara a abandonou.

Marília leva esse caso para a supervisão, porque se sente sobrecarregada pela situação e se descreve impotente, como se estivesse assistindo em câmera lenta "um trem que está descarrilhando". Quando eu peço a ela para colocar o *T* no genograma da família, ela oscila entre se sentir emocionalmente próxima de Emma ou de Sara. Os homens, ela os sente distantes. De Emma, ela se sente próxima, mas acredita que confia nela parcialmente, porque, durante a terapia, ela cancelou muitas sessões de última hora. A proximidade com Sara será mais compreensível durante a supervisão quando Marília falar sobre a história de sua família. Na verdade, as figuras masculinas sempre foram mais periféricas e pouco engajadas na terapia: o pai por sua atitude arrogante e *workaholic*, de forma que nem mesmo a longa enfermidade, que o levou à morte, conseguiu redimensionar o seu comportamento e o fazer parar. O filho participava esporadicamente das sessões, acabando sempre por ser o centro negativo da atenção de todos. Em suma, não foi criada motivação compartilhada para realizar uma terapia com um objetivo comum. Além do mais, parece que nem mesmo a morte recente de Luigi permitiu aos sobreviventes vivenciarem o luto juntos, cada um preso no seu papel. Durante a supervisão, Marília é convidada a representar a sua relação com Emma, a pessoa mais presente nos encontros terapêuticos. Depois de fixar a escultura no espaço com a ajuda de dois colegas, Marília ocupa primeiro o lugar de Emma e depois dela mesma. O resultado é uma imagem espelhada em que ambas as mulheres, pela postura e pelo olhar, parecem incapazes de se abrirem para uma relação de confiança mútua. Nesse ponto, durante a discussão que se segue, Marília se emociona e conta para mim e para o grupo sobre as suas fortes ressonâncias emocionais com essa família, que a paralisaram durante a terapia. Ela também vem de uma família com uma estrutura semelhante. O avô paterno fundou uma empresa de produtos agrícolas, administrada pelo pai e pelo irmão, na qual se uniram, também, ao longo dos anos, a mãe e as irmãs de Marília. Ela, como aconteceu com Sara, foi estudar psicologia no exterior e se desligou completamente das rígidas regras da empresa familiar, em que o afeto e o bem-estar econômico estavam entrelaçados e confusos. Infelizmente, Marilia ainda parece estar fugindo de suas amarras originais e tem dificuldade em confiar em "uma família que lembra muito a sua". Isso também explica a sua dificuldade em propor uma sessão em que todos os membros da família estejam presentes e em que o luto pela morte de Luigi possa ser compartilhado, mesmo não sendo emocionalmente disponível, ele havia trabalhado por toda a vida pelo bem-estar de todos.

Repetimos, em várias ocasiões, a necessidade de o terapeuta ser o primeiro a experimentar, na própria pele, um processo transformador que lhe permita se libertar de papéis estereotipados e de fantasmas do passado para propor a mesma transformação para as famílias ou para os pacientes que segue na terapia. A sua história, os acontecimentos de perda ou fuga e as suas feridas do passado poderiam se tornar recursos extras e não serem um bloqueio se apenas conseguisse aceitá-los e fazer as pazes com o passado. Essa é a mudança que se propõe à Marília, por meio da supervisão, e as ferramentas para que isso aconteça estão ali dentro dela, dentro das suas dificuldades, que se ela for capaz de ver a realidade com outros olhos e transformar a imagem de um trem que está prestes a descarrilhar em uma imagem de "um maquinista que consegue devolvê-lo aos trilhos".

Neste capítulo, descrevemos um modelo de supervisão que favorece um processo transformador no terapeuta que o propõe, por sua vez, aos seus pacientes. Isso é possível na medida em que esse processo ocorra durante um período longo o suficiente, de modo a permitir a construção de um forte vínculo de confiança e credibilidade entre supervisor e terapeuta em um contexto de grupo. Esse contexto representa um verdadeiro laboratório experiencial, capaz de guardar e de garantir uma base segura para a exposição pessoal e profissional de cada um. Dito isso, acreditamos que mesmo uma única sessão de supervisão, conduzida conforme descrito acima, possa representar uma oportunidade de profunda reflexão sobre o papel profissional e o envolvimento pessoal na terapia da pessoa que apresentou o caso.

TERAPIA INDIVIDUAL OU TERAPIA FAMILIAR: UM DILEMA PARA O TERAPEUTA

Desde que a terapia familiar nasceu na longínqua década de 60, descobriu-se que os problemas do indivíduo podiam ser observados, avaliados e tratados no âmbito familiar. Para ser mais preciso, a ideia básica era ainda mais revolucionária, porque visava transformar o que parecia pertencer ao indivíduo em algo profundamente relacional, de modo a envolver toda a família em um projeto de mudança comum. Um erro da época, porém, foi fazer uso indevido do termo "paciente designado" para indicar o portador de algum transtorno psicológico ou psiquiátrico, que justamente teria sofrido uma espécie de designação por parte da família. Essa linguagem, certamente infeliz, acabou induzindo os terapeutas da época à "busca de culpas" ao invés de buscarem recursos familiares e ampliou a preocupação dos pais em serem a causa do colapso de um filho. Apesar dos extremismos presentes em todas as revoluções de pensamento, ver a família como um quadro de referência para os problemas individuais tem um valor ético e ecológico extraordinário, e, sobre esses valores de fundo, a terapia familiar foi desenvolvida. Esse salto de perspectiva foi, sem dúvida, facilitado pela descoberta de teorias sistêmicas e pela adoção do triângulo como unidade de medida das relações humanas. Dessa mudança de paradigma já falamos extensivamente ao longo deste livro e em nossos trabalhos anteriores, e muitas das ideias originais dos fundadores da terapia familiar ainda são universalmente aceitas no mundo relacional-sistêmico para além dos frequentes e voláteis modismos do momento.

Mas se é verdade que podemos passar do indivíduo para a família, o que acontece quando muitos terapeutas se veem realizando terapias individuais? Eles devem necessariamente transformá-las em terapias de casal ou familiar ou podem continuar a tratar um único indivíduo? A resposta é nos fatos, porque as terapias individuais são muito mais numerosas e solicitadas, seja na esfera privada, seja na esfera institucional. São mais fáceis de levar a um desfecho, porque se baseiam no princípio da dependência (ou melhor, da codependência) e em uma aliança terapêutica, não ameaçada por terceiros. Além disso, são mais reconhecidas no mundo da psicoterapia e, também, em âmbito social e na área da saúde. Basta pensar no fato, certamente não secundário, de que, na maioria dos países ocidentais, as terapias familiares não são reembolsadas pelos planos de saúde nem pelo sistema de saúde. Então, tudo isso nos faz entender que é difícil ir contra o senso comum, ao passo que mesmo terapeutas com treinamento relacional-sistêmico certamente não gostariam de as eliminar, já que as terapias individuais contribuem significativamente mais do que as familiares ao sustento financeiro. Por outro lado, a psicanálise, a Mãe das psicoterapias, transformou-se profundamente no seu interior com relação aos modelos e às práticas, mas nunca renunciou ao *setting* dual que permanece predominante, com exceção das mais recentes aplicações do modelo psicanalítico na dimensão do casal e da família.

QUAL MODELO USAR NA TERAPIA INDIVIDUAL

Mas, então, temos que nos perguntar: qual modelo usar na terapia individual? E que tipo de supervisão é mais apropriada para a formação de um aluno ou para ajudar um terapeuta experiente a superar situações de impasse no relacionamento dual?

A resposta para ambas as perguntas é bastante simples e depende do modelo de referência a que nos referimos. Existem vários princípios inspiradores se for uma terapia psicanalítica ou cognitivo-comportamental e, mesmo no contexto das teorias sistêmicas, existem diferenças substanciais, como já descrevemos no que diz respeito à terapia familiar. Por exemplo, a terapia individual sistêmica promovida pelo grupo de Milão, baseada em pressupostos construtivistas e narrativos (Boscolo & Bertrando, 1996), é bastante diferente da terapia individual praticada muitos anos antes por Bowen (1979), que mandou seus pacientes para casa a fim de conhecer pais e irmãos e favorecer dentro de seu ambiente o processo de diferenciação do *Self*, pedra angular de sua teoria, ou se reconciliar com os pais como também foi proposto por Framo (1992).

O modelo desenvolvido e amplamente adotado na Academia de Psicoterapia da Família em Roma é um modelo evolutivo que observa o indivíduo dentro de sua estrutura familiar e social e os acontecimentos mais significativos que marcaram as suas etapas de desenvolvimento. É precisamente esse quadro multigeracional que nos permite afirmar, pelo menos no que tange aos princípios, que *o paciente é sempre a família*, tanto se o pedido vem de um indivíduo, quanto de um casal ou de uma família. Obviamente, o "número de cadeiras" na sessão muda, mas mesmo quando se encontra apenas uma pessoa na sala de terapia, pode-se criar a presença simbólica de toda a família e, por meio de ferramentas como o genograma e a escultura, é possível explorar a fundo as relações familiares e os bloqueios de desenvolvimento de um indivíduo, que são o que ameaçam ou fragilizam a construção da sua identidade. Além disso, em uma terapia individual não ortodoxa, mas flexível, pode-se decidir convidar membros importantes da família do paciente para sessões especiais, de forma a permitir uma vivência relacional em benefício do processo terapêutico individual. Às vezes, um único encontro com a presença física de um pai, de um irmão ou de uma filha na sessão pode ter um extraordinário poder transformador.

Um dos problemas mais frequentes que enfrentei na minha função de supervisor está relacionado à frequente falta de clareza na redefinição da natureza do projeto terapêutico.

Não é raro, por exemplo, que um terapeuta que inicia uma terapia individual com um dos dois membros de um casal perceba, na continuação dos encontros, que seria útil ambos estarem presentes na sessão. Tendo em mente que o tema principal das sessões individuais poderia ser o contraste do casal e, nessa situação, existe um risco real de falar de um terceiro na sua ausência. Então, é comum, para um terapeuta que segue um jovem em risco durante a terapia individual, perceber que a presença dos pais e talvez também dos irmãos seriam essenciais para ajudá-lo, mas a questão é como o fazer sem perder a sua confiança. Todas essas reflexões do terapeuta são pertinentes, talvez a forma como essa mudança de contexto é proposta e implementada na prática seja menos importante. Na relação com o indivíduo que pede terapia, seja ele adulto, seja ele adolescente, um elemento fundamental é a confiança que se estabelece entre os dois desde o início e que não pode ser traída. Para tanto, convidar um parceiro ou os pais para a sessão, para um encontro ocasional ou permanente, requer clareza e lealdade na proposta, porque em ambos os casos envolvem a mudança da natureza da relação dual de modo temporário ou definitivo. Especialmente no segundo caso, o contrato terapêutico deve ser redefinido, e isso não pode ser feito unilateralmente ou com autoridade. Somos nós dois juntos, paciente e terapeuta, que decidimos mudar a modalidade e o ambiente da terapia, caso contrário, o terapeuta corre o risco de ser desleal em relação ao seu paciente. "O que você acha de convidarmos o seu parceiro e de estabelecermos juntos a mudança do projeto terapêutico, desde que vocês dois desejem iniciar uma terapia de casal", poderia ser uma forma de propor essa transição. O mesmo pode acontecer com o adolescente que deve concordar e aceitar mudar a sua posição em campo se os pais vierem à terapia. No caso dessa proposta ocorrer após um longo período de terapia individual (um ou dois anos, por exemplo), é mais apropriado para o terapeuta encaminhar e propor a terapia de casal ou familiar a outro colega. É muito difícil ser capaz de ser leal a dois relacionamentos temporariamente diferentes, sem correr o risco de quebrar a confiança no relacionamento individual ou de não ter liberdade para construir um novo e incondicional relacionamento com o casal ou com a família.

Vocação ou obrigação?

No decorrer de uma terapia individual que conduzi, há muitos anos, com um padre irlandês, ele me confidenciou que se sentia vítima de sentimentos muito destrutivos "como se estivesse à mercê do demônio"; justo ele que foi mandado pelos pais para seguir o caminho da santidade desde que entrou no seminário. Deve-se informar que o padre tinha um irmão gêmeo que teve um caminho de vida muito diferente, tornando-se um jogador em Las Vegas; talvez seus pais pudessem esperar um comportamento de perdição por parte deste filho, certamente, não por parte do filho padre. Por ocasião de uma visita papal à Roma, em que os pais, muito religiosos, tinham intenção de participar, foi bom propor uma consulta dos pais para o filho padre, os quais aceitaram com muito prazer. Desde muito jovem, ele se sentiu compelido por seus pais a seguir a vocação religiosa e, por isso, sentia muita raiva em relação aos pais, que ele mantinha escondida dentro de si, agindo com comportamentos autodestrutivos. Esses foram os principais temas dos nossos encontros e, sem dúvida, causavam-lhe grande sofrimento. O encontro com os pais teve um efeito extraordinário: assim que lhes contei que o filho deles sofria muito por se sentir obrigado a seguir esse "caminho de santidade" por trás da vontade deles, o pai desatou a chorar de maneira tão inesperada quanto irrefreável. Então, outra verdade foi descoberta: o pai tinha sido contrário ao plano do seminário para o filho e, durante anos, sentia-se culpado por não ter feito sua voz ser ouvida e por ter aceitado, para ter uma vida tranquila, a vontade de sua esposa que sempre repetia: "Pelo menos um filho deve ser padre!". Porém, sobre essa sua oposição, ele nunca deixou escapar nada para seu filho. A revelação paterna foi uma grande surpresa e teve um efeito muito positivo para o filho, que foi tomado pela dor de seu pai, sentindo-se mais livre e aliviado de um grande peso. Ao longo da terapia, ele conseguiu afastar o demônio, encontrando mais paz em si mesmo.

Sinto-me como um capacho sem vida

Nina está em terapia individual há alguns meses e parece dividida entre duas dimensões relacionais: ela é casada com Tom há dez anos e descreve seu relacionamento conjugal como satisfatório, uma vez que ele está sempre de acordo com ela e nunca a faz se sentir desconfortável. O oposto de seus relacionamentos conturbados com a sua família de origem, na qual, por trinta anos, antes de conhecer Tom, sentia-se como um capacho sem vida, uma metáfora forte, que sinaliza o seu sentir pisoteada e sem esperança de mudança.

A única relação estável e altamente conturbada é a que manteve com a mãe, a quem acompanhou em todas as suas aventuras existenciais, desde quando ela e seu pai se separaram quando Nina tinha 3 anos. A partir de então, a relação com o pai se tornou esporádica e foi totalmente interrompida quando Nina fez 18 anos. Além disso, a mãe, ao passar dos anos, continuava a falar sobre seu pai como um imprestável, sempre bêbado. Embora Nina fosse a filha mais nova, acabou sendo dela o papel de filha mais velha ao ter que cuidar das irmãs mais velhas, porque a mãe confiava apenas nela, dando-lhe pesadas tarefas ao ter que cuidar de suas irmãs mais velhas. O destino de Nina, na próxima família reconstituída, não foi diferente, ou seja, quando a mãe se uniu a um segundo homem que tinha duas filhas de um casamento anterior. Na nova casa, Nina era tratada como uma Cinderela pelo seu padrasto, abusivo emocionalmente e verbalmente, ele adorava as suas filhas, mimando-as de todas as maneiras, tratando Nina como uma intrusa, humilhando-a na frente das meias-irmãs e, até mesmo, fora de casa. As histórias dos abusos sofridos por Nina, por mais de trinta anos, têm sido o tema central das sessões e parece que Nina apenas quer que Betty, sua terapeuta, sinta pena dela, e Betty não sabe mais como ajudá-la. Ela tem dificuldade em compreender essa aparente dicotomia entre a vida de Nina na família de origem e a relação conjugal descrita como boa, relação que, no entanto, ela não tem muito interesse em falar. O que paralisa Betty também é o fato de Nina ainda parecer subjugada por sua mãe, por quem ela não parece sentir nenhum rancor. A mãe, ainda hoje, liga para ela duas vezes por semana "para falar dela" de todas as suas dificuldades, mas não para "falar com ela". Essas são as dificuldades que Betty traz para a supervisão e que parecem bloqueá-la. Sugiro à terapeuta que se aprofunde mais na imagem do tapete e que o represente concretamente no decorrer da supervisão, de modo a se identificar com esse estado de espírito de sua paciente. Porém, peço que faça a escultura de um tapete sem vida que, de alguma maneira, deve ser diferente de um com vida! A escultura de Betty é dramática: seu corpo está caído, esticado no chão, e seu rosto está pressionado contra o chão de olhos arregalados e sem vida. No *feedback* que se segue, Betty relata que experimentou uma sensação terrível como a de um cadáver sem energia vital, desligado de qualquer relacionamento emocional. Ao mesmo tempo, ele relata que é a primeira vez, desde que conhecera Nina, que conseguiu entrar em sintonia com o seu sofrimento profundo e sem fim. Ela percebe agora que Nina, assim como sua mãe faz com ela, sempre fala das outras pessoas, dos abusos sofridos, mas não de si mesma com a terapeuta, apenas se apresentando à terapia sempre como a Cinderela digna de pena. Betty na continuação da terapia pode entrar em contato com a *imagem desprezada do self* de Nina, tão bem descrita por Horney (1950), que leva tantas pessoas a sofrerem defensivamente para não sofrerem a descoberta da dor mais profunda. Para permitir essa mudança, a terapeuta precisa evitar se colocar no relacionamento com Nina, como Tom parece fazer, isto é, sem nunca a contradizer e a protegendo da dor que ela poderia sentir, uma vez que seus vazios existenciais fossem tocados. A imagem do capacho sem vida oferecida por Nina pode ser uma oportunidade para entrar em sua sensação de se sentir morta por dentro por tantos anos. Possivelmente Betty, usando a forte experiência vivida na pele durante a supervisão, poderia pedir a sua paciente que construísse, ela mesma, uma escultura do tapete sem vida durante a sessão. Se Nina concordar em representar a sua metáfora em uma escultura, usando seu corpo, sua postura e seu olhar, terapeuta e paciente poderão participar de uma experiência compartilhada, que dará forma à sensação de não valer nada para Nina. E é precisamente o ato criativo de representar e visualizar o capacho que permitirá "dar vida a ele" ao mesmo tempo que conseguirá entrar na dor que existe por dentro. Se a relação terapêutica for cimentada em bases mais autênticas, então, será possível ir juntas em busca de outros capachos, antes de mais nada, o da mãe de Nina, para humanizar a relação entre mãe e filha, que parece ser o único vínculo que, embora altamente disfuncional, tem resistido às adversidades vividas durante a vida por essas duas mulheres.

A SUPERVISÃO ON-LINE

A Austrália é um continente com distâncias imensas e, portanto, o ensino com as terapias on-line vêm se desenvolvendo há muito tempo. Existem situações frequentes de *home-schooling* em áreas remotas do país ou ensino escolar para as crianças a partir do ambiente de casa em conexão on-line com a escola. A experiência das terapias on-line com pacientes individuais ou famílias inteiras que vivem em áreas remotas do país é bastante frequente. Esse fenômeno assumiu maior relevância durante o período de *lockdown* devido à Covid-19, o qual forçou que o trabalho psicoterapêutico fosse realizado principalmente via *Zoom*. Pessoalmente, tenho conduzido ciclos de supervisão, há vários anos, no formato on-line com terapeutas de várias partes da Austrália e com colegas que vivem na Malásia. Recentemente, devido à epidemia de Covid-19, também passei para a modalidade on-line as minhas supervisões ao vivo, as quais eu conduzia no meu estúdio em Perth, além, é claro, das minhas terapias pessoais. Enquanto escrevo este capítulo, tive a oportunidade de me conectar via *Zoom* também com alguns grupos de treinamento da Academia de Psicoterapia da Família na Itália, dada a situação de confinamento. Novamente, está sendo testado com sucesso e entusiasmo essa nova forma de supervisão e discussão em grupo de trabalho clínico.

Escultura individual e o *role-playing* on-line

Se é verdade que em uma conexão on-line o movimento é limitado e não há contato físico, é também verdade que outras formas de aprendizado podem ser ativadas. Em primeiro lugar, favorece a observação simultânea e frontal, dos olhares e das expressões visuais de todos os participantes, inclusive, do supervisor, o que é impossível em uma sessão ao vivo. Assim, também, aumenta a atenção e escuta de todos, e as interrupções enquanto uma pessoa está falando são tecnicamente impossíveis. Se é verdade que existe menos trocas emocionais diretas, é possível, todavia, despertar fortes emoções no terapeuta por meio da construção de *esculturas individuais*. Representar a si mesmo em situação de impasse ou se identificar com a tristeza ou a raiva de um paciente individual ou de um membro da família têm o mesmo impacto emocional que as esculturas teriam em uma situação ao vivo. Além disso, pode-se pedir a quem apresenta que represente o relacionamento ou a aliança terapêutica, fazendo uso de objetos da casa como cadeira, travesseiro, abajur, ursinhos, livros ou outros objetos de decoração, que podem assumir um valor altamente simbólico. A presença do grupo nesse caso também é um grande recurso como expressão de participação, contenção de emoções e reflexão.

Uma terapeuta, por exemplo, representa da seguinte forma, no seu escritório em casa, uma situação de impasse: assume uma posição ereta com o tronco desequilibrado para trás; com um pé erguido, ela tem um travesseiro nas mãos e um olhar perdido à frente. Por meio dessa representação, pretende mostrar o forte desconforto que ela está vivenciando no relacionamento com uma família que segue na terapia. Ela sente que perdeu o seu centro de gravidade e carrega um peso (o travesseiro grande) que a desequilibra para trás e não tem certeza de como proceder. Encenar esses sentimentos traz uma consciência tangível da sua dificuldade no momento presente. Sem dúvida, a distância criada por uma conexão on-line impede o contato físico e a proximidade emocional que fazem parte da experiência de supervisão ao vivo. Apesar dessa limitação, a distância favorece a autorreflexão, ou seja, o diálogo interno tão importante para o crescimento como terapeuta e para a formação de uma espécie de mente coletiva do grupo.

Além de experiências não verbais, como aquelas despertadas pela escultura, na supervisão on-line, o *role-playing* pode ser construído, isto é, diálogos podem ser ativados entre dois membros do grupo em que um é um terapeuta e o outro se faz passar por um membro da família. Assim, é possível pedir ao primeiro para fazer perguntas significativas ao outro, perguntas que sejam capazes de ir direto ao ponto, driblando possíveis defesas; quem se identifica com o membro da família pode relatar se a pergunta do terapeuta conseguiu tocá-lo, isto é, se aumentou o nível de confiança e abertura mútua ou se, ao contrário, a questão lhe foi indiferente. Assim, é possível ativar breves diálogos entre os dois para observar a sua eficácia e a sua transparência, e terceiros também podem ser envolvidos: por exemplo, uma pergunta do terapeuta hipotético pode ser dirigida a um dos cônjuges, enquanto o outro cônjuge (o terceiro, personificado por um outro membro do grupo) ouve; então, no final das trocas verbais, pode se perguntar a ambos como sentiram as perguntas do terapeuta e o que despertaram na relação entre eles. Dessa forma, será útil ouvir, com base no que acabou de ser dito, as respostas fornecidas pelos pacientes, que irão variar muito dependendo da profundidade das questões. Resumindo, pode-se criar um *role-playing* on-line muito interessante e criativo, de forma a "tirar os membros do grupo dos seus quadros", permitindo-lhes "que se encontrem de forma virtual".

A apresentação on-line

A metáfora do *funil invertido* ou a seleção de informações é particularmente apropriada na supervisão on-line; para quem apresenta um caso clínico, é necessário enviar um resumo da sua apresentação com antecedência a todos os membros do grupo e ao supervisor, de modo que todos já estejam cientes dos pontos importantes que serão mais tarde discutidos na supervisão on-line. Em seguida, apresenta-se um esquema de informações que são solicitadas àqueles que são convidados a apresentar um caso em supervisão.

Genograma da família com a descrição de 2-3 eventos familiares entre os mais significativos que atravessaram as gerações. Escolher é essencial, e nem sempre é fácil encontrar em histórias de vida complexas os eventos mais importantes que tiveram um impacto/turbulência no desenvolvimento emocional da família. É, então, uma questão de hipotetizar uma possível relação com o problema pelo qual a terapia é solicitada.

Descrição do problema pelo qual a família solicitou uma intervenção, incluindo os motivos do sistema de envio. Natureza do problema/transtorno, gravidade etc. Qualquer diagnóstico, prescrição de medicamentos, outras intervenções anteriores ou atuais, serviços envolvidos.

O processo terapêutico: pode-se apontar uma série de aspectos do decorrer da terapia, partindo do contexto (contexto privado ou institucional), da modalidade de intervenção (um terapeuta ou coterapia), do tipo de tratamento (individual, casal ou familiar) e do número de sessões. Serão descritas as etapas terapêuticas mais significativas e os eventuais impasses terapêuticos durante a terapia: interrompida, em andamento ou concluída.

Aliança terapêutica, ressonâncias pessoais, self-disclosure: destina-se a explorar o envolvimento pessoal do terapeuta dentro do relacionamento com o paciente e com familiares.

Expectativas em relação à supervisão: a partir da descrição de qualquer impasse ou da dificuldade do(s) terapeuta(s), pode ser mais bem compreendido o pedido de ajuda.

Nos dias seguintes à supervisão, o terapeuta e, também, os integrantes do grupo, se desejarem, após reflexão sobre os conteúdos e emoções vivenciadas durante a sessão, podem enviar um relatório escrito para todos os participantes. Essa forma de proceder com uma estrutura clara e bem definida permite estimular uma cultura de grupo, ou seja, um aprendizado compartilhado sobre a proposta do modelo de supervisão/terapia e o crescimento pessoal e profissional de cada um.

A visita domiciliar on-line

Não há dúvidas que a terapia on-line produz mudanças radicais no contexto da sessão. Normalmente, pacientes individuais ou famílias inteiras vêm aos nossos consultórios particulares ou aos centros clínicos de psicoterapia. A conexão on-line, por sua própria natureza, leva-nos, os terapeutas, a entrarmos na casa de nossos pacientes e, mesmo que nem sempre estejamos cientes disso, temos a oportunidade de conduzir verdadeiras visitas domiciliares. Infelizmente, nas últimas décadas, tornou-se cada vez mais raro que terapeutas, tanto na esfera privada, quanto na esfera institucional, estejam disponíveis para fazerem visitas domiciliares, utilizando uma série de justificativas, como clima, trânsito, normas institucionais etc. Além de tudo isso, em minha opinião, a natureza da relação terapêutica mudou, está cada vez mais com base em práticas codificadas, técnicas e protocolos padronizados para proteger os profissionais do risco de se exporem excessivamente no plano pessoal ou de eventuais alegações de *malpractice*.

Desde o início da minha formação e ao longo da minha carreira profissional, sustentei a necessidade de se construir relações terapêuticas marcadas por *trocas de humanidade* em vez de modelos cristalizados de intervenção. Ir a casas das famílias é a expressão máxima da nossa curiosidade em explorar o mundo dos nossos pacientes, constituído por espaços domésticos, fotos e objetos de família, que são aspectos significativos de seus modos de vida e de sua dinâmica relacional. Ir à casa da família também permite que você se sinta acolhido, e essa é uma experiência igualmente importante quanto os receber em nossos consultórios profissionais. Vamos tentar explicar melhor, tomando a família Scotch, como exemplo, sobre a qual Don, que a segue há alguns meses, contou-me durante a supervisão.

A EMPOLGANTE VISITA À CASA DO TIO

Na família Scotch, há alguns meses, Gerry faleceu após uma curta internação hospitalar devido a um câncer muito invasivo. Gerry era o chefe da família no sentido literal da palavra. Sua esposa Laura contava com ele para tudo, não só para os aspectos econômicos; ele também foi encarregado das funções educacionais e, em parte, aquelas afetivas com as duas filhas, Maja de 15 anos e Violette de 8 anos. A perda repentina de Gerry, portanto, deixa um grande vazio em todos, e a mãe, em meio a um total abatimento, pede ajuda a Don, que foi indicado por um colega de trabalho. Don encontra várias vezes, no seu consultório, mãe e filhas e encontra muita dificuldade em as envolver. A menor se esconde atrás de uma grande almofada macia e, só às vezes, mostra seu olhar triste que pode ser vislumbrado por meio de dois olhos azuis. Maja é a mais ativa e parece fazer de tudo para apoiar sua mãe, que parece estar sem energia. Cada tema proposto por Don termina com a frase: "Isso era o Gerry que fazia, que dizia, que propunha". Violette gostaria de brincar com a mãe, mas ela não consegue, era o Gerry que sempre fazia. Era o pai que sempre acompanhava a menina com seu dever de casa e assim por diante. Cozinhar também era uma paixão de Gerry. Don, apesar da frustração que regularmente sente nas comparações de Laura por seu sentimento de total desamparo, consegue ficar em longos silêncios e recriar a presença simbólica do pai na sala de terapia e, se falamos em Gerry, a mãe e Maja se abrem um pouco. Violette fica constantemente em silêncio atrás da grande almofada. Infelizmente, por causa de conflitos familiares de longo prazo em ambas as famílias de origem, as três mulheres estão completamente isoladas: nem mesmo a morte de Gerry trouxe um mínimo de reconciliação e, para o funeral, relatado pela mãe, "se sentiam estranhos". O problema de Don na supervisão é como e onde procurar recursos, tendo em mente que a mãe afirma que nem mesmo tem amigos, mas apenas conhecidos que ela acha que não vão a entender ou a ajudar nessa situação desesperadora. Devido ao *lockdown*, por causa do coronavírus, as sessões no consultório são interrompidas, e Don propõe continuar a terapia on-line, mas ele me confidencia que está muito preocupado, porque "falam tão pouco no consultório, será ainda mais difícil ativá-las de casa". Ele também me confidencia que nunca fez uma visita domiciliar no passado e que, realmente, não sabe o que fazer, visto que também nossa supervisão é on-line, procuro ajudá-lo, "entrando na sua casa". Ao fundo da sala em que ele se conecta, há uma estante de livros, consigo ver uma foto emoldurada em um porta-retratos de prata e pergunto se ele pode me mostrar. Don está positivamente surpreso com esse estranho pedido e, com prazer, mostra-me a foto de seu casamento. A partir daqui, espontaneamente, nasce a sua descrição do casamento e da lua de mel, sem que eu nem precise encorajá-lo muito. Então, eu pergunto se ele tem um objeto que guarda com cuidado especial, que lhe faz lembrar de sua infância ou talvez de um avô especial. Com esse pedido, seu rosto se ilumina, e ele vai para outro cômodo da casa. Volta rapidamente, mostrando-me um grande e velho bastão de montanhismo pela tela. "Esse é o bastão do meu avô", diz Don comovido, "que me faz lembrar o período da infância, quando vovô e eu caminhávamos pelas íngremes colinas ao longo da costa irlandesa." Após a sua morte, seu avô quis deixar para ele, que há muito emigrou para Austrália, aquele bastão que o acompanhará em seus novos caminhos pela vida. "Aqui está Don, agora você sabe como pode conduzir a visita domiciliar com a família quando você a encontrar por meio da plataforma *Zoom*", digo a ele no final do encontro.

A próxima sessão de supervisão cai perto da sessão de Don com a família. Don parece outra pessoa e está morrendo de vontade de contar o que aconteceu. Ele afirma que o nosso último encontro foi fundamental, porque ele sentiu na pele o que significa "entrar em casa". Demoraria muito para relatar em detalhes a empolgante história de Don, que parece ter descoberto outra dimensão da relação terapêutica.

A história de Don sobre entrar em casa me lembra o estado de ânimo de tantos terapeutas que tive sob supervisão, aos quais eu falei, ao longo dos anos e das circunstâncias, para irem à Eritreia, à Índia, ao Marrocos e à Malásia. Ou seja, era um convite a fazerem visitas domiciliares durante as suas terapias familiares, deixando os seus consultórios e as suas afiliações tranquilizadoras para explorarem outras culturas, por meio daquele mágico evento que é "ir à casa deles". Nesses casos, certamente, não nos referíamos a uma viagem de avião para que os terapeutas chegassem a países tão distantes. Era mais um convite para ir ao encontro das famílias em suas casas ou nos bairros de seus países de acolhimento, nos quais haviam formado pequenas comunidades de famílias que emigraram da Eritreia, Índia, Marrocos ou Malásia.

Vamos voltar à história de Don, que se conectou pelo *FaceTime* com a mãe e com as filhas, que apareciam na tela muito próximas umas das outras na sala de casa. Também para as três, o encontro on-line era uma nova dimensão que elas nunca tinham experimentado antes. Essa novidade permitiu-lhes que se apresentassem logo com um sorriso, o que nunca havia acontecido na sessão em que os olhos estavam sempre baixos e tristes. Pela primeira vez, entrava na casa delas uma pessoa que não era da família. O poder do encontro on-line!

Don tem uma filha adolescente e, primeiro, dirige-se a Maja, a quem ele pede para mostrar o objeto que recebeu como presente que ela mais gosta. A garota vai até seu quarto e retorna com um pingente com uma ametista que ela mostra, triunfantemente, para Don, contando tê-la recebido de sua melhor amiga em seu 14º aniversário. É, então, a vez de Violette, que corre para seu quarto e retorna com um Dumbo, um pequeno elefante que faz parte de sua coleção especial de animais do zoológico, e, também, mostra o livro cheio de figuras. O clima é muito familiar, Don descobre também que Maja está tendo aulas de dança clássica. Ele pede a ela para lhe mostrar os sapatos de dança, os quais a garota busca no seu quarto, muito feliz com o pedido. Enquanto mostra os sapatos rosa, ela diz com satisfação: "A minha mãe costurou e bordou meu vestido de dança!". Don está chocado. Então, a mãe é boa em alguma coisa, e isso nunca tinha surgido nas sessões em seu consultório. Fica ainda mais espantado quando Laura se levanta e vai buscar o vestido de dança de Maja e, orgulhosamente, mostra ao terapeuta. Don, a essa altura, pede também para mãe mostrar-lhe o objeto que é mais importante para ela. Laura se levanta, vai para o quarto e volta com o retrato do seu casamento com Gerry, acrescentando emocionada: "O meu vestido de noiva foi desenhado e costurado por mim, com estas mãos".

Na conclusão da sessão, ao pedido de Don para que elas lhes fornecessem as suas impressões sobre esse primeiro encontro on-line, todas as três iluminam o rosto, e Maja diz: "Foi como a visita de um tio que vem nos visitar em casa", a mãe acrescenta: "Foi legal, porque nenhum dos nossos parentes nunca vem nos visitar", e Violette ainda acena para a tela seu elefantinho que também participou de toda a sessão. Ao se despedir, a mãe pede a Don: "Quando você vem nos visitar aqui em casa de novo?".

A FOTO DA FILHA, OU MELHOR, COMO SAIR DA DEPRESSÃO: UMA CONSULTORIA ESPECIAL

Julie, uma terapeuta que está fazendo meu curso de supervisão on-line com um grupo internacional de colegas, pede-me conselhos para um paciente individual, René, que apresenta sintomas graves de depressão e de ansiedade. Na verdade, ela se sente completamente bloqueada e incapaz de ajudar René, que chora muito em todas as sessões, declarando que quer morrer e que está se sentindo sem esperança; além disso, também, considera-se inadequado como pai e como marido e culpado por ter trazido a sua família para a Austrália. Julie me propõe um aconselhamento on-line dentro do seu grupo de supervisão composto por oito pessoas, que estarão presentes via *Zoom* durante o encontro. René confia em Julie e aceita a proposta.

René é um médico de 40 anos que emigrou da Argentina para a Austrália com sua esposa e sua filha Mercedes de 9 anos. O principal objetivo da imigração parece ser a sua carreira e, ao mesmo tempo, o desejo de oferecer um futuro melhor para sua filha. Ao contrário, a esposa se sentiu obrigada a deixar a sua família e o seu mundo de amizades para acompanhá-lo em um país que não lhe interessa, para viver em uma pequena cidade da costa oriental, sem qualquer vida social.

A história da depressão de René começa há muito tempo, quando foi sozinho para os Estados Unidos aos 17 para fazer um semestre do ensino médio. A depressão e uma quantidade significativa de remédios marcarão a sua vida, onde quer que ele more. O único elemento de continuidade é o seu compromisso como médico e como especialista em Radiologia, o que mantém com obstinação apesar de seu estado depressivo.

Na realidade, a depressão e a inquietação existencial são modos de vida que começam do alto. Ele se lembra quando criança de como sua mãe ficava ressentida com a avó, que sempre se vestia de preto como se estivesse em luto perpétuo, e como se sentia sozinha no casamento devido às infidelidades do marido e aos seus problemas econômicos, nos quais foram envolvidos os dois irmãos mais novos de René. René cresce sozinho em um ambiente familiar que não lhe dá segurança, com uma mãe que lhe pede um apoio emocional, sendo ele o primogênito, e com um pai praticamente inexistente: apega-se à medicina como único elemento estável, porém mudando frequentemente de cidade, porque aonde quer que ele vá nunca se sente bem. Ele conhece a sua parceira há cerca de dez anos e, como foi o caso de sua mãe com ele, Angélica engravida de Mercedes, que acaba por "manter os dois juntos" como um casal. René tem muito medo de ser pai, ama a filha, mas temia e ainda teme que ela possa ficar tão deprimida quanto ele.

Por cinco anos, ele teve em mente a ideia de aprofundar seus estudos em radiologia na Austrália, e Angélica realmente não queria emigrar. Ela é uma advogada, queria se tornar uma juíza, mas, nos países anglo-saxões, o sistema da lei é totalmente diferente, por isso, é impossível para ela encontrar um emprego na Austrália. Portanto, a escolha da Austrália penaliza Angélica também em termos de realização profissional: a mulher entra em depressão e gostaria de voltar com a garota à Argentina. Começa, assim, uma confusão que se torna ainda mais difícil devido ao aparecimento de um tumor na mãe de Angélica, que voltou à Argentina com a sua filha em novembro passado para ficar lá pelo menos enquanto a mãe estiver doente. René sente muito a falta de Angélica e Mercedes, ele também queria voltar à Argentina por um período, mas o *lockdown*, devido à Covid-19, trancou-o na Austrália, onde ainda hoje é forçado a ficar sozinho e cada vez mais triste.

Nessa situação, certamente, não fácil, começa a terapia individual. Julie se sente paralisada e confusa sobre como levar adiante a terapia; além disso, tem que lidar com formulários de avaliação sobre o risco de suicídio sobre planos de segurança frequentemente (obrigatórios na Austrália), que acabam criando um clima burocrático e frio. Apesar disso, uma relação de confiança básica é criada entre os dois, até porque Julie compartilha com René a sua história de imigração de um país do Leste Europeu para a Austrália, e René apreciou a sua disposição de se envolver até em um nível pessoal.

As fotos da filha e a metáfora do cemitério

Tenho o prazer de relatar o que Julie descreveu a propósito do aconselhamento e, posteriormente, o que René escreveu sobre a sessão com a presença do grupo:

> Meu cliente estava muito interessado nessa consulta on-line com o Professor Andolfi, enquanto eu estava muito ansiosa antes da consulta, mesmo com o apoio dos meus colegas ao dizerem que tive muita coragem de apresentar um caso vivo. Maurizio começou a sessão tão descontraído, respeitoso e simples, como se fosse um encontro de amigos. Sabendo, no início da sessão, que René nasceu na Patagônia, Maurizio começou a se lembrar de sua viagem à Argentina e das belezas de Gracier Moreno, e

René, surpreso com esse início, animou-se ao contrário da sua habitual atitude passiva nas sessões e o seu choro em automático. Ninguém nunca havia perguntado a ele sobre a Patagônia ou, menos ainda, tinha conhecimento desse maravilhoso país. Em seguida, ele pediu a René para lhe mostrar uma foto de sua filha, a qual ele segura quando está triste para poder se sentir um pouco aliviado. René se ilumina e volta para a sala com uma foto de Mercedes. Ele pergunta de quem ela puxou aquele sorriso lindo, aquele cabelo loiro, aquele porte. René sorri e se sente orgulhoso por ter uma filha tão linda e se anima quando lhe pedem para ver as fotos em que ele sorri junto com a sua família. Então, a primeira parte da sessão continua como se fosse um encontro entre membros da família que não se veem há alguns anos. Enquanto observo a interação entre eles, pergunto-me por que psiquiatras, terapeutas como eu, que o tratam, nunca fizeram essas perguntas e nem pediram para ver as fotos em que René sorri e é feliz. Como se a atenção tivesse que estar sempre na depressão e no risco de vida e como se a vida de uma pessoa fosse muito menos interessante e inútil para fins terapêuticos. Demoraria muito resumir toda a consulta. Eu gostaria de mencionar apenas alguns temas-chave que abalaram tanto René, quanto a mim, mesmo no papel de terapeuta.

O tema da culpa. Em várias ocasiões, René continua a falar sobre seu senso de culpa, especialmente com Mercedes e em parte também com a sua esposa, e Maurizio o confronta com afirmações fortes que têm o poder de ficarem gravadas na mente de René e sobre as quais ele voltará a refletir comigo em encontros subsequentes. *A culpa é como uma bala que mata. Deixa ir embora e você verá uma grande mudança*, ou com outra metáfora: *A culpa é o veneno que condicionou a sua vida*. Não consegui conter as lágrimas a essas declarações de Maurizio e me perguntei se ditas por um homem idoso com grande experiência humana e profissional, essas palavras não tiveram muito mais impacto em René. Ao mesmo tempo, pensei quanto a culpa prejudica as famílias e as instituições de cuidado.

O *tema do cemitério*. A metáfora do cemitério é outro tema forte que Maurizio introduz no encontro com René. A suposição implícita é que o choro irrefreável de René, os seus pensamentos sobre a morte, o seu senso de não vida sejam uma forma de estar morto, e o convite de Maurizio é para abrir o caixão, sair de lá e trancá-lo a chave para não sentir a tentação de voltar e, em seguida, sair do cemitério.

A questão da resiliência. Enquanto Maurizio parece não acreditar na inevitabilidade da depressão de René (quem sabe o que isso significa para ele), por outro, ele expõe os fatos da vida de René, como ele os entendeu, conversando com ele. A sua profissão conquistada com tenacidade, apesar de todas as suas fragilidades, sua filha que o quer vivo, sua esposa que não ama a Austrália, mas que ama ele, sua mãe que o desejava fortemente, apesar de um casamento infeliz, sua *missão* de cuidar dos doentes, suas aventuras em diferentes partes do mundo, até mesmo, o desejo por esse aconselhamento - são todas provas de sua resiliência e seu desejo de viver a vida e não ficar morto em um cemitério. Porém, essa mudança exige que ele mude de opinião sobre si mesmo e se respeite mais, e sua filha pode ajudá-lo nessa mudança. As crianças têm recursos extraordinários e curadores muito mais eficazes do que os antidepressivos.

O feedback do grupo. Fiquei muito impressionada com o *feedback* do grupo, que foi um apoio incrível para eu sair da minha paralisia com René. Para ele, foi um apoio emocional incrível, ele nunca havia visto um tratamento semelhante para com ele por parte de tantos profissionais, que falaram de forma tão positiva e otimista sobre ele e sobre a sua vida.

Após o aconselhamento. Como primeiro efeito do aconselhamento, encontrei forças para convencer a esposa de René a marcar uma consulta on-line comigo, a qual durou duas horas e meia (até a minha meia-noite, dada a diferença de fuso horário) e que foi muito útil para toda a família.

René, para provar a si mesmo que saiu do cemitério, inscreveu-se em um clube de esportes aquáticos, faz longas caminhadas e assinou um importante contrato de trabalho em seu setor. Acredito que "sair do cemitério e se libertar de culpa" tenha sido prescrições excelentes para ele.

Carta ao grupo. René escreveu uma carta muito tocante ao grupo para agradecer por uma experiência que nunca vai esquecer. Ele agradece a Julie, que tem muito conhecimento e se preocupa tanto com ele como paciente. Agradece aos terapeutas que participaram da sessão e que, no final da consulta, disseram que ele era corajoso e autêntico ao falar sobre a sua história e sobre as suas dificuldades. Essas reflexões o apoiarão em sua tentativa de mudar a sua vida. Nunca, em suas experiências anteriores de psicoterapia, ele tinha recebido tanta atenção. Infelizmente, acrescenta René ainda existe um grande estigma em relação à saúde mental, e isso ele foi capaz de sentir na própria pele.

Quanto a Maurizio, algumas de suas frases ficaram gravadas nele como "ficar no cemitério, sentir prazer e sentir-se culpado por tudo". Ele lembra que, na sessão, Maurizio mandou que ele colocasse uma placa na sala com os dizeres: *Sentir-se culpado é proibido.* "Isto é mais difícil do que parece, mas farei isso, porque minha filha precisa de um pai vivo", finaliza René. (Carta pessoal)

7. O EQUILÍBRIO INTERNO DO TERAPEUTA E A CONSTRUÇÃO DE UM SUPERVISOR INTERIOR

AS BASES FILOSÓFICAS DO *AIKIDO* E SUAS CONTRIBUIÇÕES PARA O CRESCIMENTO DO PSICOTERAPEUTA

Muitos anos atrás, veio para frequentar o Instituto de Terapia Familiar em Roma um psicoterapeuta ítalo-venezuelano que era, ao mesmo tempo, presidente da Associação Venezuelana de *Aikido*. Sem conhecê-lo, depois de um programa anual de *externship* no instituto, minha compreensão das artes marciais teria se limitado as bases do Judô que eu havia praticado, como muitos outros meninos, no período escolar. Ele observava as minhas sessões de terapia atrás do espelho unidirecional e, frequentemente, fazia comparações com o *Aikido*. Ele dizia que eu tinha a capacidade de não antagonizar os pacientes, de fazer uso criativo da redefinição e de usar o humor e a leveza para encontrar famílias em dificuldade. "Esses são os fundamentos do *Aikido*", afirmava com convicção, falando-me sobre as dimensões filosóficas e espirituais dessa arte marcial, cuja palavra é composta por três caracteres japoneses: *Ai* significa harmonia, amor; *Ki* representa o espírito, a energia do universo; e *Do* a estrada. Ele, então, mostrava-me alguns vídeos de mestres do *Aikido*, fazendo-me observar a posição central do *aikidoísta*, que não antagoniza e não se opõe nunca ao oponente; pelo contrário, ele se move ao se juntar ao fluxo da energia daqueles que o estão desafiando. Dessa forma, toda resistência acaba de existir, porque o *aikidoísta* não se contrapõe ao outro, ele não introduz nenhuma força externa, mas sim usa a energia de quem o ataca (Saposnek, 1980).

O conceito de resistência foi defendido por muito tempo dentro da psicoterapia, especialmente nas primeiras teorias da abordagem sistêmica. Assim, afirmava-se que a família vem à terapia "para não mudar" e que os terapeutas devem a todo custo encontrar estratégias para "forçar essa resistência à mudança". Uma das estratégias mais eficazes da época era representada pelas injunções paradoxais, que foram amplamente utilizadas nos anos setenta. Basta pensar no livro *Paradosso e contra-paradoxo* do grupo Selvini Palazzoli (1975) ou o livro *A família rígida* de Andolfi et al. (1982), em que há um capítulo muito detalhado sobre prescrições paradoxais. Um exemplo para todos foi a nossa técnica, aprendida com o trabalho clínico nos tempos de Minuchin, de organizar *lunch sessions* (sessões de almoço) com as famílias das pacientes anoréxicas. Diante da mesa posta, às pacientes anoréxicas, era ordenado que não comessem para induzi-las a comer, forçadas a fazê-lo por causa da necessidade exasperada de controle. Abandonada a fase estratégica da intervenção, estávamos convencidos de que o conceito de resistência estava presente em nossas cabeças mais do que nas famílias que nos pediam ajuda, porque confundíamos as suas dificuldades concretas com uma resistência contra nosso desejo de as ajudar. Virar o *contro* em *in-contro* foi uma transformação total que nos permitiu entrar no mundo dos sentimentos dos pacientes e de seus familiares, de modo a captar tanto seu sofrimento quanto a sua esperança e redescobrir uma ética humanística da terapia semelhante à proposta pelo *Aikido*, no qual é eliminado o conceito de inimigos ou pessoas más (Ueshiba, 2005).

A ideia de neutralizar qualquer forma de agressão ou violência, redirecionando a energia de uma forma construtiva, guiará por um longo tempo a minha jornada profissional. No livro *Histórias da adolescência* (Andolfi & Mascellani, 2010), essas ideias foram mais bem sistematizadas, e a ação violenta de muitos de nossos pacientes foi enquadrada em uma dimensão evolutiva e canalizada para formas positivas de interações familiares. Basta pensar nos comportamentos agressivos de muitos adolescentes, que podem ser redefinidos em uma dimensão relacional com a metáfora de "Ala armada de conflitos familiares ou de casal"; assim passamos da ponta do *iceberg* – comportamento agressivo –

para a compreensão do que está por baixo, ou seja, identidades frágeis e conflitos não resolvidos ou negados em nível familiar. O próprio conceito de violência pode ser redefinido, e a violência pode ser observada como uma expressão manifestada de um estado de impotência submersa e trazido à superfície. Passar da violência para a impotência é equivalente a desviar a atenção do comportamento errado para um estado interno de desconfiança e falta de consideração de si mesmo. Além disso, a ação violenta de um pode ser a mola para fazer toda a unidade familiar vir à terapia e, assim, tornar-se uma oportunidade de crescimento coletivo. Ao entrar em eventos familiares, pode-se neutralizar e dissolver, da mesma forma que no *Aikido*, no qual o ataque é visto como *dom de energia*.

ANTECIPAR O ATAQUE NO *AIKIDO* E AS INTENÇÕES AGRESSIVAS NA PSICOTERAPIA

Uma técnica básica do *Aikido* é se mover antes de acontecer um ataque, assim que o oponente estiver mentalmente pronto para o ataque. Ele está tão compenetrado em preparar uma ação que seu pensamento está totalmente focado no movimento que está ocorrendo, com o risco de perder seu equilíbrio e sua harmonia psicológica e física. Ao antecipar seu movimento, o *aikidoísta* acaba desequilibrando-o, desarmando-o e deixando-o mais vulnerável sem perder a harmonia.

Quando o risco é a integridade do terapeuta

Ainda tenho bem presente em minha mente um episódio que poderia ter mudado o curso da minha vida. No início da minha experiência como psicoterapeuta, acompanhei em coterapia uma família com um filho de 18 anos, que assustava seus pais com comportamentos agressivos e com palavrões, especialmente o pai, a quem chamava de "homem sem colhões". Era ele quem mandava na casa, na qual, depois da interrupção da frequência escolar, passava o dia sendo servido pela sua mãe como se estivesse em um hotel. A pobre mulher o agradava em tudo, enquanto o pai trabalhava duro em uma estofaria. Durante uma sessão, confrontei o garoto por um longo tempo, fazendo-lhe perguntas nas quais eu usava constantemente a palavra *senhor* como uma forma de respeito por ele, mas também para tentar traçar um limite entre mim e ele. Mimmo, em resposta, atacava-me verbalmente, dizendo em linguagem dialetal: "Ma che è 'sto lei, parla come magni!" "Mas que senhor, o quê! Fala sem firula!" (Tradução - Mas o que significa essa Lei – Lei é a forma de cortesia na língua italiana, equivalente a senhor ou senhora – Parla come mangi: é uma expressão italiana que se usa quando alguém começa a falar de maneira muito complicada desnecessariamente, referindo-se à simplicidade da culinária italiana: Parla come mangi – fale da mesma forma como come. NT). Ao que continuei calmamente a fazer perguntas, utilizando gentilmente a forma de cortesia, também para reiterar que era eu quem estava dirigindo a sessão. Mimmo, naturalmente, sentia dificuldade em aceitar que alguém que não fosse ele pudesse "comandar os outros". O resultado dessas trocas verbais, que aumentaram sua sensação de frustração, foi que o garoto, de repente, pegou um cinzeiro (muito pesado) do chão, levantou-se e o brandiu no alto, a uma curta distância da minha cabeça. Talvez, haja um senso inato de autodefesa, que não necessariamente se traduza em uma fuga do perigo, em se confrontar quem quer que esteja fazendo uma ameaça à sua segurança pessoal. Lembro que, com muita calma, vasculhei os bolsos do meu casaco para encontrar um papel quadriculado completamente em branco. Dirigindo-me a Carmine, meu coterapeuta, disse-lhe: "Veja Carmine, eu tinha previsto que Mimmo, nesta sessão, não teria resistido à minha provocação e, consequentemente, teria me atacado fisicamente. Está tudo escrito nesta folha". A reação de Mimmo foi inesperada e, felizmente, positiva para mim. Com o canto do olho, percebi os movimentos sequenciais de Mimmo que, do gesto com o cinzeiro para alto, largou-o no chão em um instante, então indo se sentar em seu lugar como um cordeirinho. Eu tinha passado no teste, e esse ato falho marcou o começo de nossa aliança terapêutica. O meu amigo, um especialista em *Aikido*, que assistia a sessão por trás do espelho unidirecional, ao final da consulta, abraçou-me, exclamando: "Isso é *Aikido*!". Eu ainda não entendia o significado dessa declaração, mas eu aprendi na pele o valor de antecipar os pensamentos e os movimentos dos membros da família e, especialmente, do chamado paciente designado, mantendo a calma. Só muitos anos depois é que percebi que não se tratava tanto de sangue frio, mas de uma sensação de harmonia interna que se irradia para a sala de terapia. Eu também entendi que a intenção negativa, nesse caso, colocar em movimento uma ação violenta contra uma segunda pessoa, pode encontrar uma saída se estiver envolvida uma terceira pessoa, nesse caso, o meu coterapeuta Carmine, a quem me dirigi para confirmar as nossas previsões, que funcionaram assim como uma "trava de segurança".

A máscara acústica e a raiva de duas criancinhas

Eu poderia relatar muitas situações terapêuticas em que a antecipação, isto é, fazer algo inesperado ou surpreendente antes de acontecer um comportamento agressivo por parte do paciente, foi a condição relacional mais favorável para a construção de uma aliança terapêutica ou para desbloquear situações de impasse. O que me interessa destacar não é tanto a ação do terapeuta, como acabamos de ver, mas sim o estado interior que a precede e que lhe dá profundidade. No *Aikido*, a *visualização* é altamente valorizada, que é um ato mental que produz efeitos físicos. Pessoalmente, sempre achei essencial fazer contato visual com os membros da família, mesmo antes de os encontrar, quando possível, observá-los por um momento, ficando atrás do espelho unidirecional. A linguagem dos olhos é o que penetra mais profundamente, se for verdade o ditado: os olhos são o espelho da alma. No *Aikido*, o fluxo de energia que precede a ação é imaginado e, no final, o objetivo do *aikidoísta* é elevar os sentimentos de harmonia e paz (Ueshiba, 2005). Da mesma forma, na terapia, a curiosidade, que é libertada por meio do movimento dos olhos e do olhar, e o desejo empático de explorar o mundo das famílias representam o verdadeiro aspecto transformador, que se baseia no encontro entre as *formas vitais em movimento* (Stern, 2010).

The acoustic mask (a máscara acústica) é o título de um artigo de Di Nicola (1985), descrevendo um aconselhamento que conduzi há muitos anos em Montreal com uma família de origem italiana, na qual uma menina de 13 anos havia decidido não falar mais em casa, desenvolvendo, assim, um *mudismo eletivo*. Durante a sessão, em vez de forçar a garota a falar, correndo o risco de um fracasso total, antecipei a possível dificuldade ao apresentar um jogo inesperado que a surpreendeu e a animou, baseado na proposta de se comunicar por meio de movimentos com a cabeça e bilhetinhos que podíamos enviar. Primeiro, perguntei se ela gostava dessa forma de diálogo, e ela respondeu com um aceno positivo. Então, passei-lhe um bilhete no qual perguntei se seu silêncio falava da dor de sua mãe que "nunca havia saído de sua cidadezinha no Abruzzo". Ela com os olhos tristes respondeu ao meu bilhete, escrevendo que mamãe sempre chorava em casa. Assim, por intermédio de seu silêncio tão carregado de significados, captei a história de emigração dessa família, na qual a mãe estava desesperada por ter deixado a Itália e todos os seus entes queridos da família para emigrar para um país cuja língua não havia aprendido e no qual ela não queria ficar. O silêncio da filha era, portanto, a representação simbólica do silêncio muito mais doloroso da mãe.

O encontro com duas criancinhas negras muito zangadas nasceu com a ideia de me identificar imediatamente com os seus sentimentos negativos, procurando me colocar no papel delas, antecipando qualquer troca de palavras na sessão com uma ação de imitação. Os dois irmãozinhos foram trazidos para a sessão pela mãe, que os criou sozinha com grande sacrifício pessoal, sendo a única pessoa a prover financeiramente a todos. Ela se sentia exausta, porque as crianças nunca a obedeciam e a tratavam mal. Por isso, a mãe procurou ajuda, e os filhos compareceram, contra a vontade deles, à sessão. Novamente, é um aconselhamento, realizado há muitos anos, sobre o qual já falei anteriormente (Andolfi, 2015). Observando-as com atenção, as duas crianças pareciam dois soldadinhos de brinquedo, vestidos com esmero, casaco e gravata, como se veste aos domingos para a missa, mas com um olhar muito zangado. Então, pensei no meu disfarce, ou seja, eu coloquei uma gravata e um paletó e me sentei em uma cadeira ao lado das crianças com o olhar zangado, tentando "entrar na raiva deles". Depois de alguns momentos de silêncio, fiz um som de raiva e esperei alguns segundos até que os dois se viraram em minha direção, explodindo em uma gargalhada, como se tivessem se libertado de um peso. Nesse momento, olhei para eles com ternura e disse-lhes: "Vamos ajudar a mamãe?". E a sessão começou em uma atmosfera de grande entendimento, como se agora se pudesse entrar nos sentimentos dessa mãe e dessas crianças sem a barreira da raiva.

ANTECIPAR A AMEAÇA DE MORTE PARA PREVENI-LA

Em vários trabalhos (Andolfi et al., 2001; Andolfi & Mascellani, 2010; Andolfi, 2015), descrevi as tentativas de suicídio na adolescência ou na fase de jovem adulto, apresentando inúmeras situações clínicas de famílias aterrorizadas com as ideias suicidas de um filho ou com as tentativas concretas de tirar a própria vida. Ao mesmo tempo, sempre fiquei impressionado com o significado relacional desses gestos, como se fosse necessário "aumentar a aposta jogando com a própria vida" para se tornar visível ou compreendido em suas próprias necessidades de cuidado e de apreço por pais que estão muito ausentes ou ocupados, por famílias desfeitas e altamente disfuncionais ou por ambientes escolares hostis. Na base de uma ação suicida, especialmente na ausência de uma psicose ou transtornos graves de personalidade, muitas vezes, existe a sensação de não valer nada aos olhos do mundo e, em especial, aos olhos dos pais, que acabam, às vezes, sem saber, acentuando o escasso ou inexistente nível de estima pessoal desse filho, devido à consideração e ao apreço reservado a irmãos ou a irmãs mais capazes e realizados.

Como veremos nos casos que serão descritos a seguir, as trajetórias existenciais dos filhos são muito diversas e as diferenças entre aqueles que tiveram saúde e bem-estar e aqueles que sofreram de dificuldades/deficiências físicas ou mentais, desde tenra idade, podem ser muito acentuadas. Tudo isso pode fazê-los se sentir como o filho-problema, mais frágil e mais exposto ao longo do tempo a exclusões e a preconceitos tanto na família quanto no contexto escolar e social. A longo prazo, não é fácil discernir quem contribuiu para a baixa autoestima e para a ferida identitária de um jovem em idade de desenvolvimento. Na verdade, um círculo vicioso pode ser criado entre a percepção negativa de si mesmo, que vem de dentro de uma pessoa (*eu não sirvo para nada*), e a conotação negativa, que é reforçada pelo ambiente externo como a família, a escola ou o grupo de amigos (*não servem para nada*).

Se, diante de um risco de vida, afastamo-nos das dinâmicas familiares e entramos na lógica das instituições de tratamentos e do pensamento, no que diz respeito aos psicoterapeutas, o panorama torna-se mais complexo, senão definitivamente perturbador. Diante das ideias suicidas de um adolescente ou de um jovem adulto, não se está diante de apenas um alarme familiar compreensível, mas de um alarme e de um curto-circuito frequentemente institucionais. O sistema de tratamento, seja ambulatorial, seja hospitalar, sentindo-se ameaçado pela ocorrência de um ato suicida, tende a ativar estratégias de autodefesa para evitar ser, eventualmente, responsabilizado por uma possível morte por suicídio. Em qualquer caso, pode-se colocar em prática uma série de comportamentos de proteção para evitar que se passe da ideia e se chegue à tentativa de suicídio. Caso tenha ocorrido uma tentativa de suicídio, será possível implementar estratégias de proteção e contenção ainda mais poderosas, evitando situações de ansiedade ou de estresse. Isso também explica o motivo que, muitas vezes, pressiona os funcionários de hospitais a evitar o contato direto entre pacientes hospitalizados e familiares, que poderia aumentar o nível de ansiedade ou de estresse. Também, no contexto da psicoterapia privada, a ideia que prevalece é proteger quem é frágil e está mais em risco, de o fazer apreciar o valor da vida e o apoio positivo da família, dos amigos etc. Tudo isso para destacar que os sistemas de atendimento são implantados já "à beira da vida", o que é perfeitamente compreensível, mas geralmente são menos preparados para "se mover, simbolicamente, para a outra margem", acolhendo fantasias da morte de quem as está vivenciando.

Desde que moro na Austrália, ouço a palavra *safety* (segurança) repetida como um imperativo categórico das profissões de ajuda, que devem garantir um contexto de segurança para aqueles que manifestam pensamentos suicidas ou já cometeram tentativas de suicídio. Além disso, na primeira sessão com o paciente, é usado um sistema de avaliação com um *checklist* (ou seja, uma lista de pontos a serem assinalados com um x), que inclui muitos elementos como ideias, sentimentos, planos suicidas; história de tentativas de suicídio ou suicídio relacionado a familiares; uso de álcool ou drogas; nível de depressão de 1 a 5; outras doenças mentais ou físicas; perdas de familiares importantes; abuso físico ou sexual na família, entre outros. Assim que a lista for respondida, o nível de risco de suicídio do paciente deve ser indicado, variando entre alto, médio e baixo.

Certamente, avaliar os fatores de risco de suicídio e construir um contexto terapêutico seguro são procedimentos necessários, mas eu me pergunto se não é igualmente útil que o sistema de tratamento e os terapeutas envolvidos sejam capazes de "conhecer" com calma os aspectos relacionais ligados à possibilidade de morte ao invés de permanecerem firmemente ancorados à beira da vida. O pensamento que norteia essas reflexões surge de uma espécie de paradoxo, isto é, do fato de que quanto mais um terapeuta permanece comprometido com a preservação da vida, menos acolhe ou entra em sintonia com os pensamentos e fantasias sobre a morte daqueles que pensaram ou tentaram o suicídio e com a preocupação dos pais de poderem perder um filho.

Uma experiência terapêutica de muitos anos atrás me convenceu da ideia *antecipar a morte para evitá-la*. Naquela época, o que me guiava era, antes de tudo, a situação de risco iminente de morte de uma jovem adulta junto a uma dose significativa de bom senso, isto é, da sabedoria que vem do pensamento comum.

Bianca estava no fim de suas forças, em um estado de caquexia avançado, resultado de uma anorexia crônica agravada por sua recusa obstinada de se alimentar. Ela tinha tantas dificuldades respiratórias que pedia à mãe para ir ao quarto dela todas as noites para verificar se ela estava respirando ainda ou se estava morta. Dado ao drama objetivo da situação, a sua recusa a uma hospitalização de emergência e às imagens eloquentes daquela linha, cada vez mais tênue, entre a vida e a morte, eu havia proposto a ela uma sessão extraordinária, para a qual Bianca podia convidar familiares, amigos e colegas de trabalho: em resumo, todas as pessoas que ela pensava que queriam bem a ela e à sua família e que estariam presentes em seu funeral no caso, muito provável, de ela estar morta em breve. Somando-se a esse pedido, certamente, incomum, a frase: "Então, talvez com a presença deles se consiga evitar o funeral!". Ficamos sabendo que serão convidadas 23 pessoas para esse encontro especial, sabemos também que Bianca aceitará ser hospitalizada após essa consulta e que a terapia familiar continuará por um longo tempo e vai acabar com a cura de Bianca e a transformação de toda a família. Escrevi anteriormente sobre o caso de Bianca (Andolfi & Mascellani, 2010; Andolfi, 2015) e os ensinamentos de Bianca me apoiaram na busca de mais e mais recursos para a vida, antecipando a morte.

O lento suicídio de Michelle

Enquanto escrevia este livro, eu estava lidando com uma situação terapêutica semelhante à situação de Bianca. Michelle é uma garota belga de 18 anos que conheci com sua família durante uma consulta realizada um ano antes em Bruxelas, devido ao seu comportamento autolesivo e as repetidas tentativas de suicídio. O aconselhamento permitiu a construção de uma forte aliança com a menina e com seus pais, bem como com Pascal, o psiquiatra/psicoterapeuta que a acompanhava na terapia familiar. Os irmãos também estiveram presentes na consulta e foi possível trabalhar em feridas ainda abertas devido a um suposto abuso sexual sofrido por Michelle no passado por parte de um irmão, o que levou a uma ruptura total entre os dois. Depois de algumas melhoras significativas, a garota teve uma recaída nos últimos meses, entrando em um estado fortemente deprimido, com pensamentos constantes de morte e sintomas de anorexia muito graves. Diante dessa situação, juntamente a Pascal decidimos propor uma nova consulta, dessa vez on-line, para Michelle, que estava internada em uma unidade de psiquiatria de emergência, junto a seus pais. Michelle encontrava-se em estado de grave prostração, considerando-se uma nulidade e um peso para todos, afirmando que estava em um "suicídio lento" e inevitável. Eu contei a ela sobre Bianca, da sessão com os 23 convidados que, com o seu amor e a sua solidariedade, restauraram a sua confiança na vida. Michelle parecia se animar ao ouvir a história da Bianca, a ponto de eu propor uma sessão para ela via *Zoom* para a qual ela poderia convidar todas as pessoas que gostavam realmente dela, da família aos amigos, colegas de escola e até os meninos difíceis do instituto que a garota frequentou no passado e que foi dirigido por Pascal. Essa sessão teria como objetivo interromper o seu "suicídio lento" para a fazer deixar o hospital, voltando ao instituto para adolescentes, recomeçando um projeto de vida. Embora eu a tivesse visto muito animada com a ideia de uma sessão na rede, a sua resposta imediata foi: "Mas ninguém virá por mim!".

Depois de algumas semanas, recebo uma ligação de Pascal, que me diz que cerca de quarenta pessoas se colocaram à disposição para essa sessão, respondendo ao convite de Michelle. Desses, trinta foram escolhidos por Michelle no contexto de família e de amigos, os outros dez foram trabalhadores da saúde e garotos da instituição para adolescentes difíceis. De minha parte, convidei também Thomas, "o rei da Normandia" (metáfora que surgiu em uma consulta familiar e nome de um vídeo produzido pela Biblioteca Multimídia da Academia). Thomas é um jovem adulto, apenas alguns anos mais velho que Michelle, cuja história de recuperação, após anos de hospitalização, está descrita no livro *A terapia familiar multigeracional* (no livro, o nome verdadeiro foi mudado para Patrick). Thomas não conhece Michelle e, portanto, a presença dele é uma surpresa para ela e pode ajudar a provar que nada é impossível. Se ele conseguiu sair de 12 anos de internações psiquiátricas, redescobrindo o valor da vida, então, nada é impossível nem para Michelle. Devido à Covid-19, a consulta não pode acontecer pessoalmente e considerando o fato de eu morar na Austrália e os 40 convidados de Michelle residirem em diferentes partes da Bélgica, admitimos que ser forçados a fazê-la via *Zoom* foi uma grande vantagem. Seria impossível resumir o conteúdo dessa consulta, que durou cerca de três horas! Seria ainda mais difícil relatar sobre o ambiente emocional dessa sessão, em que todos, desde colegas do ensino fundamental ao ensino médio, amigos e garotos do instituto para adolescentes, queriam ser ouvidos. Junto ao depoimento dos pais, dos irmãos, da avó especial que tinha criado Michelle quando criança e de Thomas, foi atravessada uma grande emoção. Palavras, lembranças, lágrimas, histórias foram entrelaçadas em um testemunho vivo com valor de cura do amor.

Este é o relato de um telefonema recebido por Pascal após o encontro.

> Michelle me ligou no dia seguinte à sessão via *Zoom*. Pelo tom entusiasmado da voz, ficou claro que tinha ficado muito feliz e surpresa com a sessão e com a presença de tantas pessoas. Em especial, ela ficou impressionada com a bela e emocionante intervenção de Thomas e pelas palavras de sua avó, que, pela primeira vez, falara-lhe sobre a sua vida de menina. Ela ficou muito satisfeita em ver seus pais tão unidos e solidários, e o pai tinha proposto a Michelle que ele queria convidar todos os participantes daquela sessão especial para um churrasco em sua casa, assim que a situação com a Covid-19 melhorar. Contou que sente que algo está mudando em sua mente desde domingo passado: ela realmente quer se curar e acredita que vai conseguir. Vai sair do hospital no final desta semana e virá à minha instituição em breve. (Relato Pascal)

A seguir, está um resumo do que Michelle me comunicou por meio de um e-mail referente à sessão com os quarenta participantes.

Escreveu-me em italiano, como em outras ocasiões, porque é uma língua que ela gosta e que está estudando e isso a deixa ainda mais sintonizada comigo.

> Esta consulta em videoconferência produziu fortes emoções em mim e em todas as outras pessoas. Consegui falar abertamente sobre o meu sofrimento e sobre a minha ideia de suicídio lento. Vi que meus pais estavam tristes, mas muito unidos e solidários. A proposta mais bonita foi a de reunir todas as pessoas que me amam e que eu amo, e a segunda é voltar ao instituto para adolescentes tendo um projeto vida. Senti muita amizade e boa vontade para comigo e para com minha família. Fiquei tocada ao descobrir que ninguém *queria me deixar cair.* Este encontro foi como um presente para mim, que não acreditava em nada. (E-mail pessoal)

Você pode estar morto por alguns segundos?

Gostaria agora de descrever uma situação terapêutica complexa que acompanho na Austrália há alguns meses, na qual o risco de uma possível tentativa de suicídio de Darren se torna cada vez mais premente. A família tem uma empresa de muito sucesso na área de cosméticos naturais e orgânicos. Como sempre acontece, os relacionamentos emocionais e corporativos dentro da família são muito confusos e altamente conflituosos, em particular entre os três filhos, Marilyn, a mais velha, Darren e Dick, o mais novo. O pai Luke começou do zero, seguindo os passos de seu pai que tinha uma grande loja de embalagens, na qual ia ajudá-lo depois da escola, atividade que, então, fracassou para grande desespero do pai de Luke. Este último, portanto, sentiu o dever de redimir seu pai, construindo do zero a sua empresa de cosméticos de beleza, envolvendo sua esposa Dorothy e seus três filhos, assim que terminaram seus estudos universitários. O fato mais significativo que surge nas sessões de família é que Luke vive exclusivamente para o trabalho e que seus filhos competem um contra o outro para se sentirem mais valorizados pelo pai. O afeto entre pai e filhos passa exclusivamente pelo desempenho no trabalho e pela capacidade pessoal de cada um ser produtivo para a empresa. Embora tenham bem mais de 30 anos de idade, eles parecem ser três crianças que brigam para ter a atenção do pai, enquanto a mãe constantemente faz a mediação entre eles e, sem ser ouvida, tenta propor para a família o afeto e o amor recíproco como prioridade, sobrepondo-se às regras rígidas da empresa.

Darren sempre foi o filho frágil a proteger: um precoce Transtorno do Espectro do Autismo o levou a ter dificuldades relacionais marcantes durante todo o período escolar. Nos últimos dez anos, ele desenvolveu uma doença autoimune que o debilita, forçando-o a ficar na cama exausto e sem forças. Foi acompanhado por sua mãe em tratamentos pelos melhores especialistas da Austrália e da América do Norte com pouco sucesso. A essa altura, Darren perdeu a fé nos médicos e acredita ser capaz de se curar sozinho. Juntamente às suas doenças biológicas e psicossomáticas, o estado de saúde mental de Darren se tornou ainda mais precário pela crença, amadurecida ao longo do tempo, de ter sido deixado de lado, tanto pelo pai quanto por Marilyn, que exerce funções gerenciais na empresa do pai, e por Dick, que, segundo seu pai, tem um grande potencial para continuar o negócio da família. "Você nunca está na empresa", é o comentário feito continuamente pelos outros membros da família que praticamente moram na empresa. Ao mesmo tempo, é uma frase que ressoa como uma maneira de o fazer se sentir incompetente enquanto às expectativas de seu pai, com mais de setenta anos, e que diz respeito ao futuro da empresa familiar se concentrar nos outros dois filhos. Apesar disso, em palavras, o pai diz a Darren que ele é muito criativo, e isso juntamente às suas habilidades especulativas e ao seu conhecimento em tecnologia poderiam trazer uma contribuição significativa para a empresa. Na verdade, Darren é financeiramente dependente de seus pais, que compraram um apartamento para ele, um carro e o sustentam em todos os sentidos, dados os altos custos de suas doenças. Não há dúvida que, como a mãe, Darren é uma pessoa muito sensível e ciente dos graves conflitos da família; não é por acaso que tenha sido ele, depois de ter feito muitas pesquisas, a sugerir uma terapia familiar com o professor Andolfi. O fato é que Darren mudou todas as suas energias para o plano mental e especulativo; ele lê e escreve sobre tudo, desde psicologia até economia, teorias sobre o mercado econômico e filosofia oriental.

Desde o Natal, Darren está trancado em casa, não compareceu a nenhuma festa de Natal com a família, não quer ver ninguém e nem atende ao telefone, com uma preocupação crescente da mãe, que teme o pior, e do pai, que, pela primeira vez, parece distraído das necessidades da empresa e está chateado pelo comportamento do filho, que, além de tudo isso, manda um e-mail para a mãe e para mim (em cópia) com anexos contendo artigos científicos sobre a tentativa de suicídio e sobre o suicídio, que parece um sinal muito ameaçador. No mesmo e-mail, ele também inclui referências bibliográficas de um vídeo de um psiquiatra canadense intitulado *The support of a father* (O apoio de um pai): uma alusão ao pai que nunca o apoiou? Em um e-mail subsequente, ele me perguntou se os encontros individuais podem "prejudicar a terapia familiar". Eu interpreto essa mensagem como um pedido de ajuda e, depois de repetidas tentativas, consigo contatá-lo via *WhatsApp*. Ele está deitado na cama, fala com dificuldade, diz que não tem forças para se levantar e comer alguma coisa e acrescenta que não quer ver ninguém da família. Eu pergunto se ele gostaria que eu fosse encontrá-lo em casa ou se ele poderia tentar ir, nos próximos dias, ao meu consultório. Ele agradece-me pela disponibilidade, mas prefere vir ao meu consultório quando encontrar forças. Enquanto isso eu convoco os pais para uma sessão de emergência para ajudar Darren em um momento muito difícil e envio o e-mail para ele também para o fazer sentir o interesse tanto meu quanto de seus pais em um momento tão crítico. Na hora da consulta, marcada com os pais, ele me liga no celular para me dizer que ele não consegue vir, porque está muito fraco fisicamente. A sua ligação, que veio justamente na hora da consulta com os pais, convence-me a incluí-lo na sessão também, conectando-o com o celular no viva-voz, o que ele aceita com prazer. Entre as várias correspondências que Darren me enviou por e-mail, contém um esquema com duas colunas, criado por uma organização de apoio a adolescentes, chamado *Real Depression Project* (Projeto Para Uma Depressão Real). De um lado, são relatadas características breves relacionadas ao suicídio, de outro, muitas frases relativas a ideias suicidas. Começo a ler em voz alta para que Darren também possa ouvir. A primeira frase afirma que o suicídio é considerado uma tragédia, enquanto a ideia de suicídio é considerada um pedido de atenção. Eu continuo com a segunda linha: em caso de suicídio, todos ficam tristes, enquanto diante da ideia suicida, todos ficam irritados. E mais, continuo com a terceira linha, no caso de suicídio, todos estão presentes após a morte de um familiar, no segundo caso, todos tentam evitá-lo, porque as suas ideias suicidas são perturbadoras. No final, o esquema termina com uma advertência: "Se alguém está ameaçando suicídio, deve ser levado a sério, porque isso pode lhe salvar a vida". Durante a leitura, o clima é muito íntimo, os pais parecem muito emocionados, e o silêncio de Darren, durante a minha leitura, palavra por palavra em voz alta, dos vários pontos, deixa claro o sinal de alarme que ele pretendia mandar aos pais.

A essa altura estou bastante calmo em propor uma experiência "Como se Darren estivesse morto". Dirijo-me a Darren pelo celular, sempre no viva-voz, e pergunto:

> Gostaria que se sentisse morto por alguns segundos, você pode tentar? Eu gostaria que seus pais pudessem se identificar com a possibilidade de você estar realmente morto, algo que eles certamente temeram nos últimos tempos. Se você puder para fazê-los sentir que você está realmente morto, eu poderia, então, perguntar para o pai e para a mãe o que sentiram naquele momento. (Andolfi – Caso Clínico)

É incrível o poder evocativo de experiências simbólicas, como as que já vimos ao longo deste livro, que podem ser favorecidas por esculturas familiares ou por rituais de encontros no cemitério em frente ao túmulo de um ente querido. Novamente, criar um ambiente como se Darren estivesse realmente morto tem o poder de fazer as pessoas refletirem sobre a morte para transformar relações familiares ambivalentes e protetoras em busca de maior autenticidade por todos.

Luke desata a chorar copiosamente e afirma que a morte do filho seria seu fracasso completo, do qual ele nunca seria capaz de se recuperar. A mãe Dorothy permanece muda, como se estivesse congelada pela dor. Tenho certeza de que Darren foi capaz de captar a dor dos pais, embora não possa olhá-los no rosto. Depois de alguns momentos de silêncio profundo, cheios de emoções, eu me dirijo a Darren pelo meu celular, agradeço a ele por ter aceitado participar de uma experiência muito difícil, mas, ao mesmo tempo, libertadora. Eu digo a ele que hoje ele recebeu um *presente de amor* de seus pais e que o pai e a mãe, após a sessão, passarão na casa dele, eles vão tocar a porta para poder abraçá-lo e fazê-lo sentir o quanto eles o amam, se ele estiver disposto a abrir a porta para eles. Luke e Dorothy me enviaram um e-mail dois dias depois, agradecendo-me pela sessão tão tocante; eles me dizem que foram à casa do filho, que abriu a porta, e se abraçaram de uma forma que não vinha acontecendo há muito tempo. No dia seguinte, o pai e Darren foram dar uma longa caminhada com o cachorro, como para dar voz ao psiquiatra canadense que diz que *a good father helps you to become yourself* (um bom pai ajuda você a se tornar a sua melhor versão).

O EQUILÍBRIO INTERNO DO TERAPEUTA COMO *CENTRAL-POINT* PARA ENTRAR E SAIR DA RELAÇÃO

O terapeuta precisa desenvolver a consciência mental e física do local em que ele está localizado na experiência terapêutica. Reafirmamos, muitas vezes, o quão importante é considerar o movimento como uma matriz de *conhecimento relacional implícito* (Stern, 2004), na qual o compartilhamento emocional entre terapeuta e paciente é ativado por meio de linguagens implícitas mediadas pelo corpo, com gestos, com mímicas, com tom de voz e com ação. A mudança terapêutica, diz Stern, não pode ocorrer na ausência de uma ação específica, real ou imaginária que seja. É o ato de fazer algo que pode colocar em ato um aspecto do relacionamento de uma nova maneira. Desde 1983, Shon teorizou a natureza dual do processo cognitivo e, mais recentemente, Kahneman (2011) descreveu o conceito de "conhecimento em ação", seguido de "reflexão em ação". De acordo com essa ideia, o terapeuta pode se mover com flexibilidade por meio de respostas intuitivas às reflexões cognitivas e vice-versa, seguindo o ritmo da família com a qual ele conseguiu se sintonizar.

De acordo com nosso modelo de referência, o terapeuta deve ser capaz de se mover livremente em todas as direções, aproximando-se e se afastando de determinada pessoa, entrando em sintonia com seu estado de espírito, e tudo isso pode acontecer melhor ainda se pudermos imaginar e antecipar seus movimentos. O terapeuta pode abordar uma criança, sentado no chão com ela, seguindo o seu olhar ou os seus gestos de modo a imaginar a resposta de um pai; pode pedir a um adolescente para se sentar ao lado dele e explorar juntos um evento significativo, indicado no genograma de sua família, dando voz a seus contrastes com os pais, ou pode ficar de joelhos na frente de uma mãe e uma filha para estimular uma troca afetuosa por meio de uma postura reclinada, que elimina as suas distâncias; pode pedir aos pais e aos filhos que se coloquem no chão para fazerem um desenho da raiva deles (de crianças e de adultos) ou para desenhar a ilha mágica em que cada um deles gostaria de ir morar, indicando quem gostariam de levar junto. Poderia pedir aos avós para mostrarem as fotos mais preciosas de entes queridos, que carregam na bolsa ou na carteira, e contar histórias de vida, a partir da observação de uma foto. Ele pode mexer no boné da cabeça de um filho adolescente e colocar na cabeça do pai ou pode pedir que ambos troquem de sapatos, a fim de colocar cada um no lugar do outro. Pode convidar dois parceiros para construírem uma escultura que destaque a distância emocional deles, de modo a experimentá-la na própria pele em vez de descrevê-la em palavras, ou propor uma escultura do futuro que permite a cada um deles sentir o desejo comum de mudança. A sua movimentação tranquila no espaço terapêutico, dando voz ao sofrimento de todos, cria um ambiente íntimo e propositivo na sessão, o que diminui a ansiedade e a preocupação que a família traz consigo ao encontro. Uma vez, durante uma sessão, uma senhora, dirigindo-se a mim com um olhar sorridente, disse as seguintes palavras: "O senhor irradia paz". No entanto, estávamos falando sobre conflitos familiares e adversidade da vida.

De acordo com Stern (2010), o processo de representação do movimento "imaginado" pelo outro é a chave para entender o caminho em que nós, como terapeutas, entendemos as palavras, imaginamos as ações, desenvolvemos intenções, imitamos os outros ou nos identificamos ou simpatizamos com eles. Da mesma forma, o terapeuta pode parar o movimento, dar espaço ao silêncio e ouvir com serenidade a dor ou o luto que as famílias carregam consigo e permitem que cada um entre em contato com seu próprio mundo interior.

Adotamos o conceito de centro de gravidade da física para enfatizar a necessidade, tanto física quanto simbólica, do terapeuta aprender ao longo dos anos e da experiência clínica e de vida para sentir seu centro da gravidade, que é o ponto em que pode considerar que está concentrado todo o seu peso, de modo a manter a sua estabilidade. Na nossa opinião, trata-se de encontrar aquele ponto de equilíbrio dinâmico, a sua base de apoio ideal para ficar em contato profundo consigo mesmo e para entrar e sair do relacionamento com seus pacientes.

No *Aikido*, o ponto central é identificado como um ponto, cinco centímetros abaixo do umbigo, que representa o centro de gravidade e o lugar no qual se origina a energia vital. Heckler, mestre de *Aikido*, psicólogo clínico e escritor, em *Anatomy of Change* (1997), oferece um ensaio importante sobre "psicoterapia somática", desafiando a pedagogia moderna com sua ênfase na aprendizagem cognitiva e sua negação da "sabedoria do corpo" sobre em qual parte as nossas experiências estão gravadas. A capacidade inata do corpo de sentir, intuir e ter empatia pode nos permitir curar nossas feridas físicas e emocionais, diz Heckler, que encontrou no *Aikido* uma série de práticas que podem trazer uma nova consciência e novas escolhas para a nossa vida cotidiana, como também na terapia (Heckler, 1993).

Durante a formação dos terapeutas, convidamos os alunos a aprender como usar ativamente o espaço terapêutico a fim de encontrar o próprio centro de gravidade a partir do movimento. Com a ajuda do grupo, podem ser simuladas situações terapêuticas fazendo uso da linguagem verbal, como se fossem verdadeiras sessões. Nesses casos, prestamos atenção em como o aluno formula perguntas ou afirmações relacionais que "tocam" o interlocutor e que ativam conexões emocionais entre os integrantes da família, enfatizando a importância do olhar e das pausas na fala. Outras vezes, atiçamos o aluno para que se mova na sessão, usando apenas o canal não verbal: com a ajuda do grupo, pode-se imaginar uma sessão com os pais sentados um ao lado do outro, enquanto as crianças pequenas brincam no chão ou fazem desenhos no quadro; ou se pode representar um relacionamento de casal hostil com cada parceiro de cara fechada, talvez com um filho adolescente sentado entre os dois. O aluno é encorajado a se mover no espaço, mudar de posição e postura para se aproximar deste ou daquele membro da família, fazendo contato visual de modo empático com cada um ou, até mesmo, pedindo aos membros da família para mudarem de lugar. Sabemos bem que a tendência natural de um terapeuta em formação, especialmente se ele não tiver certeza sobre o que fazer, é ficar sentado, talvez por uma hora inteira, para não cometer erros. Por isso, treinamo-nos no uso ativo do corpo e do movimento, em pé ou ajoelhado, ou sentado no chão ao lado de uma criança, tendo o cuidado de manter seu centro de gravidade, tanto fisicamente quanto mentalmente. Para fazer isso, às vezes, convidamos o aluno a se apoiar em uma bengala, de modo a aumentar a base de apoio de seu corpo ao se mover de um ponto ao outro da sala. Esse exercício permite que você se treine para sentir o seu centro de gravidade de uma forma concreta e sentir a estabilidade do seu corpo em movimento, sem arriscar perder o equilíbrio.

Outras vezes, permitimos que os alunos experimentem exercícios não verbais de "redefinição de contexto". Para isso, com antecedência, são construídas pelos alunos algumas esculturas ou dramatizações que, por meio de posturas, gestos ou olhares específicos, devem destacar as relações julgadoras ou violentas dentro de uma família. Então, os alunos, um por vez, devem se comprometer a mudar concretamente essas posições que evocam fortes imagens de julgamento ou violência. Sem o uso de palavras, recorrendo apenas ao movimento do corpo e do olhar seu e, também, dos atores da escultura, mantendo a sua própria estabilidade, deverão modificar concretamente as posições julgadoras ou violentas representadas por seus colegas, transformando o contexto em novas oportunidades de relacionamento uns com os outros. Também, nesse caso, a energia usada para esculpir situações negativas é usada para mudar a sua direção e o seu significado.

O PROCESSO DE CONSTRUÇÃO DE UM SUPERVISOR INTERIOR

Nos capítulos anteriores, concentramo-nos em diferentes modos de treinamento clínico por meio do uso da supervisão, seja ela direta, com famílias presenciais, seja ela indiretamente, refletindo sobre os protocolos das sessões terapêuticas. Também falamos sobre a diferença considerável entre a supervisão na esfera privada e aquela realizada na esfera institucional, na qual uma visão sistêmica e multidisciplinar do problema é necessária ser introduzida. Também, vimos que a supervisão é uma modalidade que percorre toda a extensão profissional do terapeuta, desde seus primeiros anos de experiência clínica até um estágio mais maduro de seu desenvolvimento. Trata-se de um guia externo e competente que pode facilitar sua navegação, especialmente em momentos críticos ou em condições adversas do mar. Ainda mais significativo é o processo de supervisão se estiverem a bordo também outros colegas com quem compartilhar a experiência.

A questão que queremos refletir agora é a seguinte: "Existe a possibilidade de que um terapeuta possa construir um supervisor interior ao longo do tempo?". Ou seja, que ele possa adquirir a capacidade de se observar quando está agindo e, ao mesmo tempo, refletir sobre os movimentos das emoções da família que se desdobram diante de seus olhos e das quais ele mesmo é parte integrante.

Na verdade, é útil pensar que essa construção não se dá conjuntamente quando a pessoa se torna um profissional maduro e experiente, como se fosse a transição da graduação para um doutorado em psicoterapia. Pelo contrário, é um processo que evolui desde o momento em que você opta por se formar como psicoterapeuta e que toma forma por meio de acontecimentos da vida e da experiência clínica, que representam as principais formas de aumentar o conhecimento e a autoconsciência.

Uma contribuição significativa nessa direção vem de estudos sobre a intersubjetividade da relação levada adiante pelas teorias construtivistas, que destacam a importância da subjetividade do observador no sistema que se presta a observar, sublinhando como ilusória as buscas pela objetividade, da qual falamos nos capítulos anteriores. Portanto, o conhecimento de nós mesmos em relação ao mundo que nos circunda e a nossa capacidade de nos auto-observarmos no encontro com as pessoas e famílias que nos pedem ajuda na terapia são fundamentais na construção progressiva do nosso supervisor interior, que se dá passo a passo, "tijolo por tijolo".

Já descrevemos uma série de questões úteis para nos treinar nessa capacidade autorreflexiva: onde está o *T* do terapeuta na apresentação de um genograma familiar ou onde estão suas respostas emocionais na descrição de um caso clínico? Onde está o terapeuta nas perguntas que faz aos seus pacientes? Elas são acompanhadas por sua participação empática (está dentro) ou são perguntas neutras e distantes (está fora)?

Questões importantes para fazer e para dar corpo ao primeiro rascunho do supervisor interior. O canal não verbal oferece outra contribuição importante para um conhecimento relacional implícito que permite ao terapeuta compreender os sinais provenientes das ações dos pacientes e da linguagem corporal, bem como aqueles provenientes de seus movimentos, de sua postura em um encontro especial entre formas recíprocas de vida (Stern, 2010).

Diálogo interior e relações externas

Há alguns anos, fiquei impressionado com a resposta de um conhecido árbitro da Série A para a minha pergunta sobre como um árbitro consegue fazer respeitar as regras do jogo para 22 jogadores na frente de 80.000 espectadores, cegamente alinhados em favor de um ou de outro time. Ele me respondeu que nos testes obrigatórios, que visam a avaliar o nível de autoestima, a pontuação dos árbitros é superior a pontuação de pilotos de aeronaves transcontinentais. Portanto, um alto nível de autoestima também é necessário para manter uma posição equilibrada e segura mesmo em situações acaloradas, como em uma partida de futebol.

Embora eu não ache que existam testes psicológicos *ad hoc* destinados a avaliar a autoestima do psicoterapeuta, não há dúvida de que a autoestima é um requisito fundamental na sua bagagem profissional. Além do mais, para fazer cumprir as regras do contexto terapêutico por indivíduos ou famílias, há tempos, muito briguentos, um terapeuta relacional deve ser capaz de manter uma serenidade e uma leveza diante de tantos dramas humanos trazidos em terapia. Se ele não tivesse uma boa opinião de si mesmo, não seria capaz de tolerar tantas situações de sofrimento e de violência, que surgem diante dos seus olhos, sem ser engolido. E se ele não tivesse autoestima suficiente, seria difícil incutir em tantas pessoas que, pelo contrário, sentem-se valer "nada", trazendo para a vida e para a terapia uma percepção muito negativa, senão desprezada, de si mesmos. Nos meus cinquenta anos de experiência com trabalho clínico como psicoterapeuta, percebi que a autoestima é um requisito essencial, desde que seja equilibrada por um sentimento de humildade igualmente importante, de modo a evitar riscos de onipotência. Ao mesmo tempo, a autoestima sozinha não me parece uma qualidade suficiente para adquirir a harmonia interior e a serenidade necessárias para se sintonizar com as experiências dos pacientes e permitir que eles confiem totalmente, expondo fragilidades e medos em um ambiente seguro. Essa harmonia poderia, então, ser considerada como fruto de uma série de fatores: desde amar uns aos outros, estar em paz com seus acontecimentos pessoais de fracasso e perda, até a capacidade de manter um diálogo constante consigo mesmo. Esse sentimento de amar um ao outro como base para propor ao outro com igual benevolência foi muito bem descrito por Kristin Neff no conceito de *self-compassion* (2011), de acordo com o lema *Love all off yourself even on bad days* (Ame a si mesmo, até mesmo, em dias difíceis). Parece, então, que também pode ser repetido na terapia aquela ética da reciprocidade, que tem raízes profundas em muitas culturas, religiões e filosofias antigas, cuja regra de ouro é "trate os outros como você gostaria de ser tratado".

A descrição do diálogo consigo mesmo para um terapeuta é mais complexa, porque é simbólica, e deveria estar em sintonia com o que o envolve com seus pacientes e orientar as suas ações (Robert, 1999, 2005). Essa relação entre o diálogo interno e as relações externas poderia indicar a presença de um supervisor interior, que Minuchin descreve com maestria como "um homúnculo no ombro do terapeuta com o qual ele conversa em silêncio" (Minuchin, 2017). Vamos tentar ilustrar como o supervisor interior funciona fingindo um diálogo a dois. Podemos usar o caso de Darren e as suas fantasias suicidas. Vamos começar pelo seu e-mail endereçado a mim e à mãe, no qual ele anexa artigos científicos e relatórios sobre suicídio. Eu poderia ter lido e deixado cair de qualquer maneira..., mas uma voz interna me falou: "Maurizio, você vai ter que usá-los mais cedo ou mais tarde, são sinais para dar ressonância na sessão, use no momento apropriado". "Gravada a mensagem... ficamos à espera" foi a minha resposta. Darren me liga um pouco antes da sessão de emergência combinada com os pais para conversar sobre a situação de extremo perigo do filho, que, além do mais, estava tão fraco fisicamente que não podia participar da sessão. "O que significa quando Darren me liga justamente alguns minutos antes da sessão? Não é mera coincidência", penso, e a vozinha responde: "Exatamente". A intuição agora é transformada em uma proposta concreta ou um encontro a três com os pais na sessão e Darren em conexão pelo viva voz com seu telefone celular. Proposta aceita pelo filho e pelos pais. Eu sinto que o supervisor está comigo, eu o sinto por perto e, também, já tivemos experiências semelhantes no passado, mas, ainda assim, é "assumir um novo risco", o de reiterar na sessão problemas relativos ao suicídio com Darren ouvindo. A experiência pessoal e clínica me diz que esconder ou minimizar o perigo não ajuda. Sinto que o supervisor está comigo e me apoia na ação de pegar o prospecto com as diferenças entre tentativa de suicídio e suicídio, colocar sobre a mesa na frente dos pais e ler em voz alta, comentando sobre os vários elementos relatados. Nesse momento, não é mais um esquema composto de muitos pontos, transforma-se nos medos e nas inquietações de dois pais e de um filho que os mantém vivos e que também sofre como eles. A atmosfera de dois pais emocionalmente próximos, sentados um ao lado do outro em silêncio, com Darren ouvindo, como se ele também estivesse, tornou-se muito íntima, porque contempla a essência da nossa humanidade, o caminho da vida à morte. O diálogo com o supervisor interior está ainda mais presente agora e, após uma breve reflexão a dois, permite-me dar o salto em antecipar a morte e perguntar: "Darren você pode estar morto por alguns instantes?". Essa proposta hipotética é aceita e tem o poder de parecer como uma realidade, um acontecimento tanto temido quanto possível que me permite dizer: "Darren está morto" e perguntar aos pais logo em seguida: "O que acontece com a vida de vocês?". As lágrimas do pai e o silêncio petrificado da mãe são respostas emocionais autênticas que chegam ao filho como um presente de amor que não pode ser recusado. Agradeço ao "homúnculo no meu ombro direito", pois ele não me deixou por um único momento e, assim, eu relaxo. Agora cabe aos pais e ao filho pegar o fio da realidade, após uma experiência simbólica, que teve o poder mágico de fazer com que se sentissem mais próximos em vida.

AS FERRAMENTAS PROFISSIONAIS, OU SEJA, AS MODALIDADES CRIATIVAS PARA SE AUTO-OBSERVAR

Muitos anos atrás, olhando para o trabalho de Whitaker, fiquei surpreso com sua habilidade de se distrair nas sessões. Às vezes, ele parecia quase desinteressado no que estava acontecendo, muitas vezes, desviava o olhar de pessoas com quem falava, como se as suas palavras ou "ideias malucas", como chamava, tivessem que ser direcionadas em um espaço intermediário entre os presentes. Às vezes, ele era capaz de se ausentar dentro de si mesmo em um estado "quase adormecido", mas pronto a sair com uma das suas associações livres, caso alguém falasse da sua "ausência". Certamente, ele não estava preocupado em perder o fio discursivo, pelo contrário, ele realmente parecia querer perdê-lo, preferindo uma forma de atenção descontínua ao fluxo de interações, especialmente aquelas verbais. Este entrar e sair ao vivo das interações familiares não me parecia que era causado por uma falta de interesse ou por um problema cognitivo, ao contrário, estava em consonância com seu desejo de se desligar do exterior aos poucos para entrar em contato profundo consigo mesmo e com seu mundo interior. Também, fiquei surpreso ao ver que, muitas vezes, ele segurava algo nas mãos, como um pedaço de corda, semelhante a uma corda de barco, que ele segurava em diferentes posições, incluindo a de um nó, como uma imagem provocativa de um enforcamento, a ser exibido em situações de alta tensão. A presença de um pedaço de corda nas suas mãos poderia ser mais bem compreendida pelo fato de que Whitaker vivia perto de um lago e usava seu barco ao final de todos os seus dias de trabalho.

Certamente, com minha formação psicanalítica, aprendi a não olhar o paciente nos olhos, uma vez que essa configuração previa que eu tivesse que me sentar atrás do paciente, de acordo com a ideia de se conectar melhor com seu mundo interior, uma vez que estaria privado de contato visual. Por outro lado, na psicoterapia familiar, aprendi a seguir, com os olhos, as expressões visuais deste ou daquele membro da família e captar as suas nuances; além disso, conhecemos bem o valor relacional do sorriso, como forma de acolhimento e *joining*. Da experiência clínica, também, sabemos bem que o "face a face" prolongado com um cliente pode ser um problema; pode ter de fato um poder hipnótico ou, em qualquer caso, pode exercer um forte poder no terapeuta, incentivando-o a permanecer em contato visual, mesmo quando não desejar ou mesmo quando ele gostaria de o evitar, e isso pode acontecer tanto em uma terapia individual, quanto em uma terapia familiar. Muitas vezes, ouvi terapeutas dizerem coisas como: "Aquela mãe fala o tempo todo, e eu simplesmente não sei como pará-la!". Ao que a minha resposta era:

> Claro, se você continuar olhando nos olhos dela, ela nunca vai parar, porque você é o único que a induz a continuar falando. Tente desviar o olhar dela, talvez olhando para seus sapatos ou observando um objeto em suas mãos, fique quieto e você verá que ela vai parar. (Andolfi – Caso Clínico)

A experiência me fez perceber o poder de atração do olhar; olhar alguém no rosto pode ser muito útil em muitas situações terapêuticas, quando nós terapeutas orientamos o nosso olhar ou quando julgamos útil acolher e sustentar o olhar do outro, seja de uma criança, seja de um adolescente ou de um adulto. Em todo caso, trata-se de uma troca não verbal de entendimento e compreensão de um determinado estado de espírito. Bem diferente é a situação em que acabamos sofrendo com o olhar de um membro da família ou paciente em terapia individual, o que se transforma em uma espécie de controle que pode paralisar o terapeuta.

Seguindo o exemplo de Whitaker, que costumava segurar um pedaço de corda nas mãos, por não ter familiaridade com barcos e ter uma maior propensão lúdica na terapia, eu me acostumei a ter em mãos um objeto flexível que, ao mudar de forma, também pode representar em si uma sugestão de mudança ou assumir um valor metafórico. Pode ser um *slinky* de várias cores, uma mola ou uma figura modificável, peças de lego para montar, um dispositivo que emite sons ou ruídos para serem ativados em determinadas situações; até mesmo, uma base magnética na qual podem ser montados uns homenzinhos um em cima do outro, ou, em outras circunstâncias, pode ser um botão com um grande Não escrito nele para apertar e ouvir diferentes variações e tons do Não: tudo isso é muito útil para amplificar comportamentos de oposição; ou pode ser uma matriosca, para que, abrindo em bonecas cada vez menores, possamos ir em busca de aspectos de identidade ou verdades profundamente ocultas. Finalmente, a varinha mágica pode representar concretamente um sonho de mudança individual ou de toda uma família.

Esses objetos podem, portanto, ter funções diferentes; a primeira é permitir que o terapeuta ocasionalmente distraia o olhar e a atenção para o que está acontecendo na sessão e, assim, privilegiar a escuta, tanto no que diz respeito aos seus pacientes quanto no que diz respeito ao diálogo com seus supervisores interiores. O objeto que se tem em mãos favorece uma maior concentração, da mesma forma que ocorre com os atores de teatro; ao mesmo tempo, também cria curiosidade e, às vezes, pode ser útil emprestar a uma criança ou adolescente com quem se está construindo uma aliança terapêutica como forma implícita de cumplicidade; ou ainda, pode ser uma maneira educada de pedir a uma pessoa para parar de falar e permanecer em silêncio, concentrando-se mais no jogo, de modo a permitir que outros intervenham.

Finalmente, pode ter um valor metafórico, como quando você dá a varinha mágica para uma criança e ela é questionada sobre o que ela gostaria que mudasse em casa, afirmando, ao mesmo tempo, que a magia existe.

Mudar a cadeira e a posição na sala de terapia é outro modo ativo para auto-observação. É incrível ver também que uma mudança espacial mínima, como mover-se para a cadeira ao lado, pode desbloquear o terapeuta e permitir que ele modifique seu comportamento mental. Às vezes, pode se sentar na cadeira de uma pessoa que sofre ou que é problemática na família para "sentir esse sofrimento" ou para apreciar a sensação de ser descrito como um problema familiar. Também, é possível estimular uma escuta diferente por parte do terapeuta se, trocando de cadeira, ele puder tentar "mudar de gênero sexual"; ou seja, se ele consegue se sintonizar com o que está acontecendo na sessão, amplificando a sua parte feminina, se é um homem, ou masculina, se é uma mulher. Já para estimular a atenção flutuante, além do uso de objetos, como acabamos de dizer, pode-se recorrer a várias outras possibilidades. Pessoalmente, quando eu morava na Itália, costumava seguir minhas terapias privadas, usando os corredores da Academia, nos quais existe um espelho unidirecional, em que você pode ir da sala de terapia para a sala de observação. Às vezes, quando estava em apuros com um casal muito hostil, interrompia as trocas verbais e comunicava ao casal que queria observá-los por trás do espelho de modo a ter uma visão diferente do relacionamento deles; talvez, de uma distância maior e fora de seu campo de visão por um curto período, eu poderia desviar a minha atenção e descobrir os aspectos positivos da relação deles. Algumas vezes, também, experimentei a possibilidade de, ocasionalmente, transformar-me de terapeuta em supervisor, dizendo ao casal para continuar o diálogo na sala de terapia, enquanto eu, por trás do espelho, poderia chamar um ou outro parceiro para o orientar a descobrir outros aspectos de seu relacionamento.

Mover-se pela sala de terapia durante a sessão é útil para o terapeuta mudar a sua visão da situação e ouvir a si mesmo e aos outros e produz um efeito aura de mistério, aréola, que permite aos membros da família mudar a postura e a vontade de ouvir uns aos outros. Mover-se em uma sessão familiar, especialmente na presença de crianças, é bastante natural, embora possa ser difícil na terapia individual com um adulto, em que é maior o risco de ficar preso em uma cadeira por uma hora e manter a atenção constante. Mesmo nesse caso se pode ter um objeto em mãos para focar quando se deseja desviar a atenção do paciente e ouvir seu supervisor interior; assim, pode-se mudar também a sua posição, talvez, aproximar-se do paciente para observarem juntos o genograma da família ou as fotos particularmente significativas com as quais ambos se inspiram para aprender mais sobre eventos familiares. Além disso, pode-se pedir ao paciente para construir uma escultura sobre um determinado estado de espírito: de raiva, de medo, de desespero, mudando, assim, a dimensão relacional com ele e se sintonizando com as suas experiências mais autênticas por meio de uma representação não verbal.

8. DO *HANDICAP* PROFISSIONAL ÀS DESCOBERTAS DE RECURSOS PESSOAIS

O *PRACTICUM* EM ROMA

A partir do verão de 1981, começa uma das experiências mais significativas em minha jornada profissional que, ao longo de quarenta anos, levou-me a conhecer ao todo milhares de terapeutas de várias partes do mundo. Cursos intensivos foram organizados todos os anos, apresentados como *Practicum* em Roma com Maurizio Andolfi, com o objetivo de trabalhar as *limitações profissionais* dos participantes. Essa atividade, reservada a pequenos grupos de 12/15 pessoas, tem continuado regularmente todos os anos até hoje. Ao longo de quarenta anos, algumas coisas mudaram, a primeiro foi o instituto que patrocinou essas minhas atividades: nos primeiros dez anos, foi o Instituto de Terapia Familiar localizada na via Reno, enquanto, nos trinta anos seguintes, os participantes foram recebidos na Academia de Psicoterapia da Família. Em segundo lugar, os idiomas falados no curso; por muito tempo, eram grupos que falavam inglês como primeira ou segunda língua. Sucessivamente, o acesso aos cursos foi aberto a colegas de língua francesa, espanhola e, mais recentemente, portuguesa-brasileira. Essa expansão para países muito diferente geograficamente e culturalmente andou "de mãos dadas" com as minhas frequentes viagens a trabalho a diferentes partes do planeta. Portanto, era comum que a motivação de ir à Roma para um *Practicum* fosse despertada em muitos terapeutas por terem participado, em seu país, de um de meus *workshops*, geralmente, com foco em aconselhamento familiar ao vivo. A observação direta do meu trabalho clínico com as famílias, o impacto positivo desses encontros na família, bem como no terapeuta representaram o impulso motivacional, que levou muitos colegas a empreenderem viagens longas e caras para chegarem à Roma. É interessante observar que, dentro dessas jornadas clínicas, o foco estava na família e no sistema de terapeutas que levavam o caso para aconselhamento e não fazia menção sobre formação pessoal ou limitações profissionais.

Na verdade, muitos terapeutas que traziam suas famílias para aconselhamento, precisamente em virtude de uma experiência envolvente da qual haviam participado pessoalmente, estavam entre os primeiros a se motivarem a participar de meus cursos. Para todos eles, novas questões foram abertas a respeito de suas próprias identidades profissionais e como usar a si mesmo na relação terapêutica. Daí nasceu a vontade de aprender a utilizar melhor as próprias competências/impasses profissionais em sintonia com as próprias sensibilidades pessoais e acontecimentos existenciais.

O impulso para ir à Roma pelos outros, ou seja, aqueles que simplesmente presenciaram essas consultas, estava vinculado à sua identificação com os terapeutas que traziam o caso clínico para o aconselhamento. Observando com os olhos deles as profundas transformações da família nas sessões, como também dos terapeutas, eles sentiam a oportunidade de poder enriquecer a própria formação profissional ao frequentarem esses cursos.

O processo de formação é paralelo ao terapêutico: na terapia, eles ativam os recursos do grupo familiar a partir dos problemas de um. No *training,* vimos o valor contencioso, reflexivo e experiencial do grupo diante do trabalho apresentado por um único terapeuta. Nas práticas internacionais, mais um elemento é adicionado, aquele *multicultural*, o que permite a um grupo de terapeutas de diferentes países compartilhar os aspectos mais íntimos, profundos e críticos de suas experiências profissionais e de vida. Apresentar autenticamente as suas próprias dificuldades/impasses terapêuticos, descrever a sua própria história de desenvolvimento por meio de um genograma, fazer uma escultura da própria família ou dramatizar eventos de perda com a participação ativa de um grupo, como já vimos nos vários capítulos deste livro, são experiências transformadoras excepcionais para um terapeuta. Permanecem gravadas em sua memória por muitos anos quando é compartilhada por pessoas com diferenças étnicas, culturais, linguísticas e religiosas das mais variadas e que viajaram de países muito distantes para se encontrarem na Itália, um país que é estranho a todos, com uma língua e modos de vida diferente da deles. E é precisamente o *ser estranhos um para o outro* que representa um ingrediente extraordinário para reencontrarmos juntos o valor universal da humanidade e tratar, em um contexto de grandeza, intimidade e transparência.

Durante anos, ouvi muitos terapeutas repetirem o quanto haviam mudado após "a experiência com Andolfi", dizendo que, de longe, o elemento mais transformador foi a "presença mágica" de um grupo multicultural e que a minha tarefa tinha sido, acima de tudo, facilitar a magia. Esse fenômeno é ainda mais verdadeiro, porque é apoiado pelo fato de que muitos terapeutas estreitaram vínculos pessoais e profissionais duradouros com colegas que vivem do outro lado do mundo na lembrança da experiência comum vivida juntos em Roma.

Como veremos em breve, na descrição do trabalho sobre *handicaps* profissionais, o objetivo primordial de cada um é a busca de um equilíbrio dinâmico entre a dimensão pessoal e a profissional e de, como consequência, a aquisição de uma harmonia interna e uma serenidade terapêutica. O grupo é o reservatório afetivo e reflexivo de uma experiência profunda e transformadora. Por intermédio do trabalho com as limitações profissionais, pode-se entrar em áreas cruciais e íntimas da história do desenvolvimento de cada um. Ao repropor feridas familiares do passado, mas ainda dolorosas, a capacidade de regressar simbolicamente aos estágios infantis ou reviver nós da adolescência que eram perturbadores, a coragem de revelar aspectos muito íntimos e importantes do mundo interior e relacional de uma pessoa tornam-se os ingredientes de uma mudança pessoal e profissional.

Com o passar dos anos, o método de apresentação individual foi crescendo, o que historicamente começou com a descrição de impasses profissionais recorrentes. Foi, então, descoberto que se pode chegar a ilustrar suas dificuldades terapêuticas a partir do trabalho do genograma familiar ou da supervisão indireta de um caso clínico. Na prática, é possível partir da dimensão profissional e depois encontrar os pontos de conexão e o entrelaçamento com a dimensão pessoal ou vice-versa. Não há dúvida de que, seja qual for o ponto de partida, essa experiência tem grande valor terapêutico a nível individual e coletivo: no entanto, não é uma terapia no sentido estrito, de modo que, conforme descrito nas páginas deste livro, o objetivo final dessas experiências formativas é promover uma transformação significativa do próprio ser terapeuta para se livrar da máscara profissional e valorizar plenamente valores como humanidade, autenticidade e criatividade no encontro terapêutico. Se tudo isso permitir aos participantes uma transformação também a nível pessoal e familiar é, sem dúvida, fantástico e, muitas vezes, inevitável. Portanto, não podemos deixar de reconhecer o valor extraordinário dessa experiência de grupo. É necessário esclarecer que a participação nesses cursos é reservada a profissionais maduros (a média de idade é de 45/50 anos) com longa experiência clínica, que, muitas vezes, tenham papel de relevante responsabilidade em instituições e na academia, com notável dote de resiliência adquirida em campo e na vida. Isso torna possível ter uma exposição pessoal significativa dentro do curso e um controle emocional diante de experiências às vezes dolorosas de um "retorno ao lar" muito maior do que a de terapeutas em formação ou novatos. Além disso, representa uma oportunidade especial e muito rara ao permitir que terapeutas, com longa experiência, sejam curados, visto que normalmente se encontram no papel de "curadores" em seu país. Nos capítulos anteriores, já descrevemos as maneiras pelas quais se pode trabalhar o impasse terapêutico por meio da supervisão e com ferramentas expressivas como genograma e escultura familiar.

OS *HANDICAPS* PROFISSIONAIS: UM PERCURSO DE FASES

Neste capítulo, pretendemos apresentar o trabalho sobre o *handicap* de uma forma mais sistemática, descrevendo um modelo de intervenção em seis fases que têm uma sucessão temporal bastante distinta. A *apresentação* (com o termo A queremos dizer o Apresentador) é a primeira fase e pode começar com a descrição do impasse terapêutico ou diretamente com a exposição de alguns aspectos significativos do genograma; a segunda, a *busca de conexões*, intimamente ligada à primeira, tende incentivar uma primeira sensibilização e reflexão sobre as áreas de contato/confusão entre aspectos pessoais e profissionais; nessas duas fases iniciais, uma relação muito intensa e direta é criada entre eu e A, também favorecida pela proximidade física, capaz de me fazer entrar em sintonia profunda com seu mundo interno e relacional. A terceira fase corresponde à *ativação do grupo* que é orientado a amplificar e destacar os aspectos de fragilidade ou confusão de A por meio de modalidades ativas como a escultura, o *role-playing* e a dramatização, que permitem encenar memórias e vivências dolorosas. A quarta parte corresponde à *fase reflexiva* em que se dá espaço ao *feedback* verbal sobre a experiência compartilhada, o que frequentemente leva a uma queda da tensão, ou melhor, da carga emocional de A, muitas vezes, acompanhada de perturbações emocionais ou expressões de choro, tão dolorosas quanto libertadoras. Em seguida, segue-se a próxima fase chamada *healing* (termo intraduzível em italiano), uma espécie de restituição afetiva sem o uso de palavras por parte dos membros do grupo para A, que pode se manifestar por meio do contato físico e da linguagem corporal e que tem o objetivo de cicatrizar feridas e curar (daí o termo *healing*). A experiência termina com as *prescrições*, que podem ter um caráter bizarro ou criativo, outras vezes podem sugerir ritos de vários tipos ou propor reconexões afetivas dentro da família. Sem dúvida, a prescrição tem como objetivo manter-se ativa e sustentar ao longo do percurso o processo de transformação pessoal de A que veio à tona durante a experiência em grupo.

Cada participante tem aproximadamente uma hora e meia/duas horas disponíveis para seu trabalho pessoal e está prevista a apresentação de cada um durante o curso. Então, ao final de uma semana muito intensa (no passado, o *Practicum* tinha duração de duas semanas), cada membro do grupo foi envolvido diretamente por meio de sua apresentação, mas também foi ativado por todos os outros.

Apesar dos muitos anos de experimentação com essa modalidade de formação, não há muita coisa escrita realmente significativa, com exceção de meus curtos capítulos sobre o assunto (Andolfi, 2015) e dois interessantes artigos de Haber (1990, 1994). Não é por acaso que Haber participou do primeiro *Practicum* em 1981 e participou, ao longo dos anos, do desenvolvimento de um *network internacional* muito fértil e vivo, construído em torno dessas experiências formativas. Se é verdade que faltam trabalhos científicos a esse respeito, podemos afirmar que esse modelo de formação foi abraçado e, posteriormente, elaborado e adaptado por muitos terapeutas em contextos e escolas de especialização de países muito diferentes e representa uma pedra angular do treinamento pessoal do terapeuta na Academia de Psicoterapia da Família.

From Handicap to Handy Capable é o caminho indicado por Haber no processo formativo do terapeuta (1990). Com esse jogo sugestivo de palavras, o autor pretende indicar como o terapeuta pode passar de situações de impasse e explorar diferentes formas de se envolver e adquirir competência. Na verdade, a palavra *handicap*, com exceção do golfe, esporte no qual tem uma colocação correta, há muito foi substituída no campo psicológico e médico, primeiro pelo termo deficiência e, em seguida, mais corretamente, com a nomenclatura de pessoas com deficiência (PcD) para enfatizar ainda mais os aspectos evolutivos e positivos inerentes a cada condição de adversidade ou limite físico ou psicológico.

Diante dos repetidos e desanimadores impasses vividos por tantos terapeutas como uma espécie de fato incapacitante, nós também procuramos outras habilidades do terapeuta, que permitem transformar limites em recursos. Apesar disso, mantivemos o termo *Handicap* profissional ao longo dos anos, mais porque ele entrou imediatamente no léxico dos terapeutas, que o transmitiram dessa forma para os novos participantes, do que por nossa crença. Para todos, representou o passe, uma espécie de fórmula mágica para realmente explorar dimensões novas e emocionantes, de modo a transformar a pessoa do terapeuta, que, para concordar com Haber, encontra-se e se casa com o papel e o *Self*.

A APRESENTAÇÃO E A BUSCA POR CONEXÕES

Se tivéssemos tido a oportunidade de reunir em uma pesquisa os problemas apresentados ao longo de quarenta anos por terapeutas maduros como razão para seus impasses na terapia, poderíamos ter publicado um dicionário sobre as fragilidades de quem cuida dos outros.

Na verdade, temos que admitir que é muito raro que um terapeuta se apresente em um *Practicum* alegando ter tido uma família que cuidou realmente dele no seu período de desenvolvimento, de ter podido contar com uma orientação segura nos momentos difíceis da vida, em suma, ter tido um cuidado satisfatoriamente bom. Talvez, devamos partir dessas premissas para entender que a escolha vocacional do terapeuta, muitas vezes, começa de muito longe, como uma tentativa de remediar antigas ausências, que podem pacificar o sofrimento, a privação, a inversão de papéis familiares, as perdas e os abusos sofridos na família em uma idade evolutiva. E é precisamente ter vivido, em primeira mão, uma série de adversidades no crescimento e ter adquirido uma boa capacidade de resiliência que permite que o terapeuta se sintonize com o sofrimento e as dificuldades de muitas famílias em terapia para cuidar delas, pois sente refletir as suas próprias famílias. Talvez, se os psicoterapeutas tivessem um crescimento mais saudável e confortável com relacionamentos familiares exemplares e livres de hostilidade e ambivalência, poderíamos imaginar que a carreira deles tomaria outros rumos. Eles não teriam tolerado absorver porções significativas da psicopatologia pessoal e relacional de seus pacientes diariamente. Se estudássemos as histórias de vida dos fundadores do movimento de terapia familiar, como os de nossos alunos no curso da sua formação, além, claro, da nossa, poderíamos nos convencer de que todos nós, que atuamos na área de ajuda, temos sido "pacientes de nós mesmos" e "terapeutas fracassados de nossas famílias", com o resultado positivo de termos desenvolvido em nosso organismo os anticorpos necessários para responder a qualquer ameaça externa.

Antes de começar a enumerar os impasses, conforme formulado pelos terapeutas no início da apresentação de suas limitações, gostaria de enfatizar a grande coragem e disponibilidade humana de muitos profissionais que decidiram viajar de longe para se darem a possibilidade de expor seus limites e fragilidades sem defesas ou máscaras profissionais em um contexto seguro e sem julgamentos. Tudo isso por trás de uma forte motivação para a mudança, o que explica por que uma experiência muito intensa, mas decididamente curta, pode ter um incrível potencial transformador.

A lista de dificuldades recorrentes, relatada por muitos terapeutas, por outro lado, maduros e competentes, poderia ser muito longa, se eu informasse o que fora relatado como *handicap* profissional por centenas de profissionais dentro dos *Practicum*. Nós nos limitamos a listar alguns, relatando as frases com que essas dificuldades recorrentes foram enunciadas.

> Não sei trabalhar com gente violenta na família. Na sessão, eu costumo ser protetora com crianças que têm pais abusivos. Sou

> muito sensível, e a depressão das mães me paralisa. Eu não sei como envolver os pais na terapia, se eles se mostram distantes e desinteressados. Não sei como ter empatia por maridos violentos. Eu não sei como envolver crianças pequenas na terapia. Eu tenho dificuldade em tocar fundo na dor de quem sofreu mortes repentinas. Tenho a tendência de proteger os adolescentes de pais autoritários. Eu não sei como enfrentar o risco de suicídio de tantos jovens adultos. (*Handicap* profissional dos Terapeutas)

Não são apenas os conflitos familiares específicos, os comportamentos disfuncionais ou eticamente inaceitáveis para este ou para aquele membro da família, as adversidades da vida ou o risco de morte de quem procura ajuda na terapia podem criar uma situação de bloqueio ou grave desconforto no terapeuta. O impasse também pode ser descrito por A de outra forma, como consequência de suas limitações pessoais, de aspectos específicos de sua personalidade, de sua fragilidade ou de idiossincrasias particulares, como nas descrições que segue.

> Na terapia, eu tendo a ir muito rápido e não seguir o ritmo da família. Não consigo entrar nas fortes emoções que os pacientes experimentam nas sessões. Não sei o que fazer com famílias muito pobres que não têm uma linguagem adequada ou estrutura cognitiva para psicoterapia. Eu tenho medo de ser rejeitada pela família e, então, tenho que me esforçar o dobro. Tenho medo de que as famílias não voltem, se eu expressar abertamente as minhas ideias sobre o problema que elas trazem para a sessão. Tenho medo de não conseguir conter o desespero por mortes repentinas. Tenho a tendência de me fechar, quando me sinto atacado ou culpado. (*Handicap* profissional dos Terapeutas)

Ao longo dos anos e por meio da experiência, fui capaz de constatar que apresentar o próprio *handicap* profissional representa uma espécie de permissão para abordar questões que ainda estão abertas e dolorosas dentro de seu próprio mundo familiar, talvez com a esperança implícita de se reconciliar com o passado e mudar a sua vida pessoal. É quase automático, na verdade, encontrar uma relação direta e especular entre as dificuldades terapêuticas e os problemas da família ainda em aberto em A. Essa constatação, ao longo do tempo, levou-me a oferecer uma segunda possibilidade para os participantes desses cursos, ou seja, a chance de trabalharem diretamente sobre o *Self do terapeuta*, a partir da exploração dos genogramas de suas famílias. Refletindo sobre os próprios eventos mais significativos de seu ciclo de vida e, em seguida, trazendo-os à cena, é possível encontrar uma conexão com as áreas de fragilidade de A em terapia.

Em ambos os casos, seja a partir do *handicap* profissional ou do genograma familiar, é importante construir um diálogo aberto e autêntico com a pessoa que apresenta. Por meio de uma série de perguntas que tendem a explorar o mundo relacional de A e de respostas igualmente transparentes, chegamos rapidamente ao compartilhamento de aspectos muito íntimos e pessoais. Isso permite a construção de uma relação de confiança básica, essencial para as etapas subsequentes tão imprevisíveis quanto implicitamente esperadas. A presença, no momento, silenciosa e participativa do grupo é o cenário para essa fase de construção inicial de uma experiência que será altamente transformadora.

Como na terapia, também nessa modalidade formativa, a busca por conexões é a estratégia mais eficaz para ligar as dificuldades profissionais do terapeuta aos estágios evolutivos pessoais e aos eventos adversos da vida. A descrição da maioria das *limitações profissionais* leva facilmente a buscar eventos, relacionamentos disfuncionais, perdas, adversidades e fragilidades na construção da identidade do terapeuta.

Em alguns casos, já nessa fase preliminar, é possível explorar e descobrir relacionamentos emocionais que estão silenciados ou obscurecidos por vínculos mais fortes ou dominantes no roteiro familiar. Nesse sentido, o genograma é um mapa extraordinário para mudar o caminho e descobrir outras formas de acesso, até aquele momento considerado fechado ou interditado. Ao fazer isso, A acabará entrando em áreas menos conhecidas de seu crescimento, mudando a percepção de seu mundo interior e relacional.

Basta pensar no caso de John (descrito no capítulo 4) e a sua forte identificação com a família canadense (o ramo bom) e a rejeição de sentir o seu pertencimento na família de ascendência irlandesa (o ramo ruim). No seu caso, será útil explorar outros aspectos de seu mundo original para sair do mito familiar que descreve o avô materno apenas como violento e as mulheres da família (avó, mãe e irmã) apenas como deprimidas, dos quais ele deve fugir. Isso pode abrir para ele não só outras portas do conhecimento, mas também pode ajudá-lo a não sentir as suas identidades duais como dissociadas. Se ele conseguir integrá-las, ele poderá se sentir mais seguro para entrar na violência e na depressão daqueles que se encontram em terapia, sem a necessidade de se proteger e de se distanciar.

Em outros casos, as conexões são facilmente identificáveis ou o apresentador já as conhece. Infelizmente, o fato de estar ciente disso e tê-las claramente em mente nem sempre o ajuda a mudar. Estudos sobre o *autoengano* confirmaram que, por anos, uma pessoa pode saber, pode ver uma realidade negativa ou destrutiva com seus olhos, sem conseguir fazer nada para mudá-la. O *insight* é um passo essencial para a autoconsciência no pensamento psicanalítico; nossos modelos de referência, referem-se aos estudos de Stern (2004), que consideram a ação como o caminho principal para o conhecimento, ao passo que o *insight* por si só não é suficiente para permitir a mudança. Mesmo a reflexão, diz Shon (1983), pode se transformar a partir de um processo cognitivo para a ação. As transformações, então, ocorrem quando as conexões, uma vez identificadas mentalmente, são encenadas e vividas pelo corpo e pelos sentimentos que lhe dão forma e cor.

Giorgia (ver capítulo 4), por exemplo, descreve bem a sua limitação profissional, ou melhor, o problema em ter dificuldade de manter um ritmo calmo e de acabar *indo sempre rápido*, sem respeitar o tempo da família em sessão. Ela não tem dificuldade em vincular isso à sua história de desenvolvimento, afirmando que: "A minha vida inteira foi uma corrida, até o nascimento de minha filha Chiara foi um parto apressado". Assim, será possível refazer juntos o percurso da velocidade dentro de sua família, usando o genograma como bússola de orientação. "Quem sempre estava com pressa na família?", "A velocidade era uma problemática que aparecia mais do lado paterno ou materno da família?": estas são algumas das questões que se colocam a Giorgia, que indica a mãe e o ramo materno como a principal fonte de transmissão da velocidade. Lembra que, desde muito pequena, a mãe estava em um movimento perpétuo, sem nunca poder parar, e "meu irmão mais novo Dario e eu tínhamos nos tornado duas baratas tontas também". A conexão com a velocidade abre a porta aos problemas mais dolorosos da família de Giorgia e a traumas aparentemente ainda não elaborados, desde o suicídio de seu avô Domenico até a morte por asfixia da irmã mais velha Roberta com apenas poucos dias de vida. O luto pela perda dessa criança tão desejada não poderá nunca acontecer, porque sua mãe não quer que "a memória de Roberta um dia se perca", e é nessa perda ambígua que a personalidade de Giorgia está estruturada.

À pergunta inesperada "Quem foi seu pai para você?", Giorgia desatou a chorar. O mito que mantém Roberta viva até hoje tem impedido Giorgia de "desacelerar o tempo" e de viver outros relacionamentos importantes, como aquele com seu pai, que morrerá de infarto enquanto ela está dando à luz a sua filha, sem que ela possa conhecê-lo. O pai e sua perda, há muito ofuscada pelo domínio do mito materno, são como uma nova descoberta para Giorgia, que pode finalmente reconhecer essa lacuna emocional na história. Agora o ambiente está preparado e se poderá passar para a próxima fase, na qual a ação tomará o lugar das palavras. O grupo, que participou emocionalmente, mas permanecendo em silêncio, durante essa fase de construção da experiência, será convidado a entrar ativamente no mundo familiar de Giorgia, de modo a se identificar com os personagens de sua vida, permitindo que Giorgia revivesse de forma simbólica os nós problemáticos de sua vida e se reconciliasse com o passado.

Há vinte anos, Vera tem um nó na garganta do qual ela não consegue se livrar e se refere à condição de ser filha de um pai portador de hanseníase (capítulo 4). A apresentação de Vera começa com seu genograma da família e com a minha primeira pergunta sobre o acontecimento mais significativo dentro de sua família, somos imediatamente projetados para o problema da hanseníase de seu pai, que faleceu há vinte anos. "Eu sou filha de um portador de hanseníase " é uma declaração clara e firme de Vera, que, na minha opinião, reúne todo o seu orgulho de ter conseguido se realizar como mulher, como mãe e como terapeuta dentro de uma convivência familiar turbulenta e contra todos e, ao mesmo tempo, mostra toda a sua fragilidade diante de um estigma social, o qual Vera descreve como inevitável, que passa de geração em geração, a ponto de afirmar que "também suas filhas são netas de um portador de hanseníase ".

Na verdade, a hanseníase, uma das doenças mais antigas e conhecidas na história humana, já está quase erradicada na maior parte do planeta, com exceção do Brasil, Índia e Indonésia, em que ainda está ativa, mesmo que, na era moderna, ficou possível tratar de maneira muito melhor do que no passado. Assim como ocorreu com a peste

Manzoni, a hanseníase, vulgarmente conhecida como lepra, tem um forte estigma enraizado na opinião pública, como aquele flagelo social do qual quer se distanciar, excluindo de maneira indiscriminada quem ainda sofre ou já teve hanseníase, obviamente, incluindo o mundo dos membros da família que o compartilham.

Para Vera, começando com a história de abertura e depois com o trabalho ativo do grupo, vai emergir quanto o preconceito social ainda condiciona a sua vida familiar e, também, o seu trabalho terapêutico. O nó na garganta, que lhe dá a sensação de asfixia, é obra do preconceito social que, com os seus tentáculos, gostaria de a impedir de respirar. Porém, o nó na garganta não é apenas externo, foi internalizado por ela ao longo do tempo. Ao ativar o grupo (descrito no capítulo 4), combate simbolicamente o preconceito, por meio de uma ação semelhante a uma tragédia grega, que permitirá que Vera se livre dele completamente. Porém, a verdadeira passagem transformadora, uma vez que o preconceito tenha sido erradicado, estará na possibilidade concreta de reencontrar o pai morto, de o acariciar com carinho e de expressar todo o seu amor por ele para se reconciliar consigo mesmo em si e no mundo exterior.

A ATIVAÇÃO DO GRUPO

A encenação do drama familiar

Já descrevemos o valor do grupo na formação pessoal e profissional do terapeuta e, nos capítulos anteriores, ilustramos extensivamente como encenar o drama familiar de muitos terapeutas por meio do uso do espaço e do movimento. Então, não vamos nos concentrar novamente no uso da escultura ou na dramatização de eventos de perda. Em vez disso, estamos interessados em refletir sobre os efeitos altamente transformadores da encenação de memórias e de experiências traumáticas. As feridas ainda abertas em um nível pessoal, como na maioria dos relacionamentos emocionais significativos, podem ser identificadas, depois em grupo, podem ser "limpas" dos muitos resíduos que ainda fazem os terapeutas sentir essas dores e, finalmente, "curadas". Richard Mollica, em um livro sobre trauma, usa a metáfora das *feridas invisíveis* para expressar um conteúdo semelhante. São histórias, como a história do trauma, do valor dos sentimentos vivenciados - de perda, de vergonha, de humilhação –, e são a escuta coletiva que fornecem os recursos para restaurar o sentido da vida. "São histórias de esperança e cura em um mundo violento", diz Mollica (2006). Devemos, portanto, ter a coragem de ir mais longe do que a teoria do trauma com seus corolários psiquiátricos e constatar como nos lembra Victor Frankl (1946), por meio de sua experiência como sobrevivente do Holocausto, que dar sentido ao sofrimento pode ser transformador e fundamental para a nossa humanidade.

Encenar as dimensões do sofrimento adiciona um elemento fundamental à história individual, porque desloca o foco do canal verbal para aquele do corpo e da ação coletiva. Então, dramatizar a perda da irmã mais nova de Giorgia ou o preconceito social a respeito da hanseníase do pai de Vera ou esculpir as identidades dissociadas de John tiveram um efeito transformador, não apenas para aqueles que apresentam o problema, mas para todo o grupo que participa, personificando este ou aquele familiar. Isso vai além da história individual para entrar em uma dimensão de grupo mais íntima e profunda, em que a mente e o corpo de cada um se reúnem em um espaço comum. O grupo e seu incrível potencial de esperança, altruísmo e catarse são bem descritos por Yalom (1980). A importância do apoio social é destacada por um dos maiores pesquisadores mundiais em trauma psicológico, van der Kolk (2014), quando afirma que a capacidade de um indivíduo em se sentir seguro com os outros (desde familiares até o sistema social mais amplo) é o aspecto mais importante de sua saúde mental.

O *role-playing*: o encontro entre a ação e as palavras

A criação de uma simulação da dinâmica familiar, por meio do *role-playing*, tem uma longa tradição no treinamento de terapeutas sistêmicos e é uma ferramenta de aprendizagem poderosa. É uma técnica representativa e lúdica que, por meio de palavras e ações, facilita a expressão de desejos, de necessidades, de medos e de experiências dolorosas dos diversos membros da família e destaca seus padrões de comunicação recorrentes. A primeira simulação de família foi feita no final dos anos cinquenta por Bateson, Jackson, Haley e Weakland no

Mental Research Instituto de Palo Alto na Califórnia (Andolfi, 2015). Eles notaram que personificar os papéis dos membros da família evocava um forte envolvimento emocional entre os comportamentos e sentimentos das pessoas representadas.

Dentro do trabalho sobre o *handicap* profissional, o *role-playing* é uma maneira muito eficaz de encenar diferentes formas de impasse terapêutico. Pode-se reconstruir uma parte da história de uma família, de um casal ou mesmo de um único indivíduo ao atribuir funções diferentes (de pai, de mãe, de filho etc.) para os vários membros do grupo e, também, ao identificar um terapeuta. Assim, é possível simular uma sessão familiar com o objetivo de trazer à tona, amplificar ou modificar as dificuldades do A ou para destacar padrões de comunicação disfuncionais que desencadeiam respostas defensivas ou reativas por parte do terapeuta. Naturalmente, veremos, em breve, que situações diferentes e criativas de dramatização podem ser criadas com o objetivo comum de permitir que os membros do grupo *se coloquem nos papéis* de quem apresenta e incorporar o seu humor; A pode, dessa forma, observar o processo de identificação de seus colegas com seus personagens familiares e consigo mesmo, que revelam aspectos relevantes de seu mundo pessoal e relacional.

DA PARALISIA AO SENTIMENTO DE ALÇAR VOO

Veja como Linda, uma terapeuta que participou de um *Practicum* sobre o *handicap* profissional, lembra, mesmo depois de anos, a sua dificuldade em controlar a raiva e a agressão dos homens em terapia em relação às suas parceiras e o quanto essas situações conseguiam paralisá-la. Ela traz um exemplo a esse respeito.

> Eu me sentia perdida e paralisada sempre que um cliente meu acabava explodindo durante a sessão, direcionando toda a sua raiva para a sua ex-mulher na frente de sua filha de 13 anos, que ficava em silêncio com a cabeça baixa. Ele se movia pela sala e gritava, acusando a sua esposa pela decisão de se divorciar, pela sua deslealdade com ele, acreditando que ela havia arruinado a sua vida. Sempre me causava uma grande dor de cabeça e eu me sentia muito protetora com a garota que parecia muito

triste. Claro, eu sabia muito bem que as explosões de raiva desse homem refletiam a minha dolorosa experiência quando criança, ao testemunhar as mesmas explosões de raiva de meu pai em relação à minha mãe e de sair correndo com meus irmãos mais novos para o banheiro, certificando-me de fechar bem a porta, até que meu pai tivesse terminado.

A intervenção de Maurizio foi recriar várias vezes o cenário terapêutico. Alguns colegas se ofereceram para simular o papel do marido, outros da esposa e da menina e um tomou meu lugar como terapeuta. O objetivo era recriar um contexto semelhante para me ajudar a sair do meu bloqueio emocional. Os atores começaram, assim, a simular a cena de raiva, dando voz e emoções aos seus personagens. A tarefa era fazê-lo várias vezes, sempre seguindo o mesmo roteiro, de modo a ampliar seus contornos. Em seguida, foi-me pedido que ocupasse o lugar do colega que fazia o papel do marido e que eu continuasse o *role-playing*. Estar na cadeira do marido, fazer sua voz, personificar seu corpo me permitiu *sentir a sua raiva por dentro*. Como também pude sentir na pele a sensação de perda da esposa, quando me sentei em sua cadeira, personificando-a. Por último, eu tomei o lugar do terapeuta e continuei o diálogo com a família. No final da sessão, Maurizio me mostrou que eu me dirigia à esposa e à filha como 'vítimas' e eu também acabava provocando raiva nesse homem. Em suma, essa dramatização me permitiu passar de uma posição para outra e reorganizar as minhas ideias. Eu entendi que precisava assumir a minha responsabilidade em relação a esse homem e eu não devia me limitar a proteger a sua filha e ser empática com a mãe.

Lembro-me de alguns efeitos, depois de um tempo dessa encenação incomum, em que tive a oportunidade de passar de uma cadeira para outra e de me identificar com os sentimentos de cada um. Depois da experiência de Roma, retomei a terapia com a família real, mas agora eu me sentia mudada. Eu estava mais confiante e disponível para os três; consegui me conectar com o marido indo atrás da raiva dele, sentindo seu significado de perda e de arrependimento sobre o casamento e seus sentimentos de fracasso por não manter a família unida. Assim, também, dei espaço para a esposa expressar a sua raiva e o seu arrependimento, liberando-a do papel de vítima, e a menina também pareceu menos triste, porque não se sentiu

> mais triangulada na sessão, não tendo que decidir, como antes, que lado escolher. Agora ela também tinha voz para expressar seu estado de espírito. Essa experiência tão forte de troca de papéis, em que tive que mudar a minha posição e tive que sentir as emoções de cada um, permitiu-me sentir mais leve como terapeuta. Foi como alçar voo e observar de cima uma outra dimensão do problema, uma vez que fui capaz de definir um limite mais claro entre as minhas experiências familiares e aquelas de mim como terapeuta. (Depoimento Pessoal)

O cão pastor irlandês

Outro terapeuta, que conduz principalmente terapias de casal, descreve seu movimento incessante, entre se aproximar e se afastar, como uma dificuldade recorrente. "Se eu me aproximo mais de um parceiro em uma sessão, preciso me afastar logo para poder incluir o outro, como um pastor irlandês."

Também, temos uma lembrança dele em sua experiência do *Practicum* anos depois:

> Lembro-me que foi proposto por Maurizio o *role-playing* de uma terapia de casal, já que lido principalmente com casais em crise. Foi-me pedido para ser o terapeuta e dois colegas do grupo para desempenhar o papel do casal. Enquanto eu conduzia a entrevista, sem meu conhecimento, dois outros colegas ficaram em pé atrás de mim, eles tinham a tarefa de mover a posição do meu corpo e da minha expressão facial na direção oposta para onde eu estava olhando. Ou seja, quando eu tendia a virar e me aproximar de um dos dois membros do casal, eles tinham a tarefa de me afastar e me fazer olhar para o outro lado. A experiência de tal discrepância, amplificada por esse movimento forçado, ainda é uma memória física muito forte dezessete anos depois, uma espécie de escultura viva da minha dificuldade de então. Eu também me lembro da sensação de libertação e relaxamento intenso quando Maurizio fez os dois facilitadores voltarem para atrás do espelho e me encorajou a continuar a sessão sozinho, agora que meu corpo estava de volta ao seu centro de gravidade. Também, foi-me sugerido, ao final do *role-playing*, perguntar aos dois membros do casal

se eles tinham sentido que eu estava igualmente interessado e conectado com cada um deles. Para minha grande surpresa e satisfação, ambos disseram que puderam me sentir muito caloroso e empático, acrescentando que, se fossem um casal de verdade, teriam confiado em um terapeuta tão acolhedor! Desde então, aprendi a sempre pedir um *feedback* aos meus pacientes, o que definitivamente melhorou a qualidade do meu trabalho terapêutico.

Diga a sua mãe o que você queria ter dito a ela quando era adolescente

É uma experiência bastante comum para muitos terapeutas não terem se sentido amados ou cuidados na família por pais excessivamente ocupados, imaturos ou abusivos. Relatam que sofreram muito não só por não terem recebido esse tipo de atenção, mas, principalmente, por terem escondido ou ocultado as suas necessidades por muito tempo. Em suas histórias de crescimento, esses "atos perdidos" permanecem gravados no corpo e podem encontrar um espaço simbólico de reconciliação com o passado dentro de um grupo de formação durante um *Practicum*. Uma maneira muito eficaz para refazer vínculos rompidos ou ainda dolorosos é dramatizá-los, usando duas cadeiras colocadas costas com costas. Vamos tentar explicar com um exemplo.

Lina relata que se sentia como a Cinderela nos anos de escola e que sofreu pelo fato de todo amor maternal ter sido direcionado ao irmão mais velho e, por orgulho, nunca demonstrou que se sentia mal naquela situação. Fazia tudo em casa, fazia mil tarefas, mas ninguém a notava, tampouco notavam as suas necessidades. Após a descrição do problema, duas cadeiras costas a costas são colocadas no centro da sala. Lina é convidada a escolher uma colega do grupo e convidá-la a se sentar na cadeira da mãe, enquanto ela vai se sentar na outra, ficando de costas para a mãe. A distância entre as duas cadeiras é mínima, porém suficiente para evitar qualquer contato físico. A posição de costas impede o contato visual e favorece a escuta. Realmente, não se trata de começar um diálogo a dois, na verdade, é Lina que terá que encontrar coragem para dizer à mãe, interpretada pela colega, tudo o que ela gostaria de ter dito quando era uma garota sem nunca ter sido capaz de fazer isso.

É incrível o poder transformador das experiências simbólicas desse tipo, que reativam tramas relacionais do passado em um contexto muito íntimo, quase religioso, no qual todos os participantes parecem querer fazer parte desse ritual de reconciliação, que diz respeito a Lina, mas, em um sentido mais geral, envolve todo o grupo. As palavras de Lina, olhando para frente, são mensagens muito fortes e sofridas, contém um pedido sincero de afeto e atenção, nunca recebido. São palavras contidas no início, intercaladas por silêncios e lágrimas, e caracterizadas por estados de espírito intensos. O discurso continua, parece se interromper ou terminar e, então, continua com tons afetivos diferentes, sem reclamações ou hostilidade, para com uma "mãe substituta". A mãe verdadeira, na verdade, está velha e doente. Ao final dessa dramatização, Lina parece exausta e, na *fase reflexiva* a seguir, relatará ter sentido uma grande sensação de libertação de um peso carregado em seus ombros por muitos anos. A mãe/colega manteve em silêncio a carga emocional da filha e, na próxima fase, ela também será capaz de compartilhar com Lina e os outros terapeutas todas as emoções que ela sentiu ao ficar na cadeira da mãe de Lina, ouvindo os pedidos de sua filha.

Obviamente, a experiência que acabamos de descrever pode ser aplicada simbolicamente a outros vínculos desfeitos, em relação a um pai ou a um irmão ou, em qualquer caso, a um membro da família de origem com quem se deseja recuperar um vínculo importante. Duas cadeiras de costas uma para a outra, em um contexto de grupo tranquilizador e com um bom guia, podem ajudar um terapeuta a se reconciliar com a sua história, se como adulto ele tiver a coragem de comunicar de forma clara e autêntica sobre o cuidado e carinho que ele queria ter tido em tenra idade e, depois, for capaz de aceitar o que não teve sem reclamações ou acrimônia. Sobre esse assunto, temos o trabalho de Framo (1992), que afirma que os filhos adultos devem ser capazes de perdoar seus pais antes de sua morte e se reconciliarem com o passado antes que seja tarde demais. Na verdade, experimentamos que esse processo de reconciliação, pelo menos em um nível simbólico, pode ocorrer mesmo após a morte dos pais e falaremos sobre essa possibilidade, em breve, na fase final das *prescrições*.

A FASE REFLEXIVA E O PROCESSO DE *HEALING*

Pensamos em combinar essas duas fases, porque são complementares. Na primeira, é dado amplo espaço às palavras após a ativação do grupo que, como vimos, privilegia a linguagem do corpo e do movimento. É uma reflexão que começa com A e que, gradativamente, inclui todos os atores que participaram de esculturas familiares, dramatizações de perdas e assim por diante. Por fim, são ouvidos os observadores, ou seja, os integrantes do grupo que não participaram diretamente das atividades cênicas e que têm uma visão mais objetiva e imparcial do que aqueles que as colocaram em prática. Porém, não há dúvida que, mesmo de fora, eles também viveram uma experiência forte, associando implicitamente a muitas de suas experiências pessoais. E é precisamente esse coro (coral de vozes) de participação emocional, em que cada um relata "o que sentiu como..." e as "conexões afetivas com a sua história", que permite viver uma experiência altamente transformadora.

Quem apresentou, trazendo para o jogo aspectos íntimos de sua vida, tem a oportunidade de falar sobre a experiência e refletir sobre tudo o que aconteceu durante a ativação do grupo, dentro e ao redor dele. Podem surgir confirmações sobre alguns aspectos de seu *script* familiar, bem como novas e inesperadas reflexões sobre eventos relacionais ocultos ou silenciosos. Nessa fase, é comum que aconteça antes um aumento da tensão para, em seguida, ocorrer uma queda da tensão emocional de A, com possíveis explosões de lágrimas e mudança na expressão facial, com uma sensação geral de grande cansaço.

A reflexão pessoal de A é enriquecida pelo *feedback* dos membros do grupo que personificaram os atores de seu mundo familiar mais íntimo. É surpreendente que A, frequentemente, relate como as respostas emocionais daqueles que "se passaram" pelo pai, pela mãe, pelo irmão ou por si mesmo são semelhantes ou se sobrepõe às peculiaridades que A atribui aos membros de sua família e a suas relações. "Incrível, vocês parecem mesmo a minha família" é uma expressão frequente e fala do poder evocativo das experiências simbólicas que, às vezes, assemelham-se a um teste de projeção.

As fortes emoções vivenciadas nessa fase da experiência juntamente às reflexões que se seguem requerem um momento de distanciamento e pacificação geral em que se pede ao grupo que atue como uma "grande mãe" que cuida carinhosamente dos filhos pequenos. Entra-se no processo descrito como *healing*, que permite "curar as feridas" e se sentir em harmonia consigo mesmo. Todos são solicitados a saírem do papel que desempenharam e voltarem a ser eles mesmos. Então, um de cada vez, cada membro do grupo, pode se aproximar do apresentador e dar um *feedback* não verbal como forma de gratidão e de solidariedade para com aqueles que se expuseram na primeira pessoa, apresentando com coragem aspectos muito íntimos de si próprios.

Se a psicoterapia costumava favorecer a dicotomia entre corpo e mente, passando a considerar o contato físico, em geral, como uma violação dos limites entre terapeuta e paciente (Gutheil & Brodsky, 2008), a nossa escola de pensamento, embora não retomando a abordagem da *Gestalt* ou de terapias corporais, sempre considerou o contato físico como um elemento fundamental na construção da relação e da aliança terapêutica (Andolfi, 2015), bem como um elemento importante no processo de formação. Ao trabalhar a pessoa do terapeuta na aprendizagem e, em particular, na experiência dos *handicaps* profissionais, pudemos apreciar o valor curativo do contato físico, que pode ser expressado com abraços, carícias, beijos, movimentos de dança ou também por meio do uso ativo do espaço, no qual podemos nos mover juntos. Acreditamos que, em geral, o A em seu desejo de cuidado "faça o tempo voltar", pedindo para voltar às fases em que era criança ou adolescente em relação ao seu mundo familiar. A prova é que a construção de esculturas ou a dramatização de eventos de perda tratam, por sua escolha, de sua fase evolutiva. Portanto, não há dúvida de que isso irá favorecer uma espécie de regressão simbólica e que o grupo pode cuidar de quem "voltou a ser criança" como uma mãe boa e acolhedora. Como confirmação dessa volta ao tempo, podemos citar situações em que um membro do grupo pode pegar o braço de A e acariciá-lo afetuosamente por alguns segundos como se ele fosse uma criança muito pequena, talvez cantando uma canção de ninar. Sem mencionar que A parece querer aproveitar esses momentos mágicos de regressão! Por intermédio de uma observação externa, essa modalidade de restituição afetiva pode parecer superficial e repetitiva, pois todos os participantes terão que passar por ela, um por vez. Ao contrário, essas expressões afetivas permanecem gravadas na memória de cada um como algo verdadeiramente extraordinário e autêntico. Na vida normal e na atividade profissional de um adulto, nunca acontece de receber tantas expressões de carinho, todas juntas de um grupo de 12 pessoas muito próximas, em um clima de grande intimidade: e nenhum deles é um membro da família!

Para confirmar o que acabou de ser dito, uma terapeuta veio a Roma quinze anos atrás e relata alguns aspectos da fase de *healing* da seguinte forma:

> O contexto era muito íntimo e isso permitiu eu me abrir muito mais do que normalmente acontece. Eu tinha acabado de apresentar uma escultura de minha família, centrada na grave doença de meu pai. No *feedback* final, o homem que escolhi para representar meu pai pegou a minha mão e a colocou em seu coração. Anos depois, eu ainda revivo aquela experiência, que foi muito curativa e íntima. Eu me senti profundamente conectada àquele homem por meio de meu pai. Embora meu pai já tenha morrido há alguns anos, ainda sinto uma forte ligação com aquele colega por seu gesto e eu gostaria de encontrá-lo novamente em um contexto de intimidade como era o caso então. Acredito que uma forma de amor recíproco foi criada a partir daquela experiência. (Depoimento Pessoal)

AS PRESCRIÇÕES

Desde o início da minha carreira profissional, prescrever durante a terapia algumas modalidades comportamentais, uso de objetos metafóricos e rituais familiares tem sido uma ideia e prática constante. Tudo isso conforme uma espécie de intervenção ativa, com o objetivo de ampliar as transformações já iniciadas ou propostas na sessão e para cristalizar o que já surgiu de positivo no encontro com a família (Andolfi, 1977). Essa modalidade prescritiva tem mudado ao longo dos anos e deixou de ser uma técnica eficaz para modificar comportamentos disfuncionais e desbloquear situações de impasse (basta pensar nas prescrições paradoxais com pacientes anoréxicas) para se tornar uma ferramenta extraordinária para fortalecer as mudanças evolutivas e as transformações individuais e relacionais profundas.

Antes de entrar nos conteúdos específicos e na estrutura das nossas prescrições, deve-se notar que, na prática clínica de um médico ou de um psiquiatra, a receita prevê um uso muito diferente. Em uma receita, prescrevem-se os medicamentos considerados mais adequados ao tratamento de um paciente. Pessoalmente, como psiquiatra, fiz uma escolha radical de não usar psicotrópicos, coerente com a minha forte ideia de sempre buscar recursos nas pessoas que estou tratando, de acordo com Blazer (2005), que afirma que a psiquiatria encontrou o cérebro, mas perdeu a pessoa com a sua família e a sua comunidade. Embora eu considere o uso de medicamentos adequados necessários em algumas situações psicopatológicas, preferi colaborar com psiquiatras de minha confiança, deixando essa tarefa para eles, em vez de prescrever os medicamentos eu mesmo. Isso é para evitar confusão entre os papéis do médico e do psicoterapeuta também aos olhos das famílias que encontro. Ao longo dos anos, descobri que tinha receituários médicos com o meu nome e minhas qualificações profissionais absolutamente não utilizados. Isso me levou a um tipo de uso indevido, mas eficaz dos receituários. Em vez escrever o nome do medicamento e a dosagem, acabei prescrevendo outras coisas. Por exemplo, posso citar ter prescrito no receituário, para um pai que amava o filho, mas que não sabia exatamente ser pai, "brincar duas vezes ao dia com a criança por quinze minutos após as refeições", ou para um casal, em que ambos os parceiros estavam superocupados com o trabalho e nunca conseguiam ficar juntos, eu prescrevi "passar duas horas juntos nas tardes de quarta-feira até quando fosse necessário." É interessante relatar que, depois de muitos anos, em ambos os casos, fui informado sobre a eficácia da prescrição. O filho agora adulto lembrava com entusiasmo a prescrição da brincadeira e como isso permitiu construir um forte vínculo com o pai, mesmo na adolescência. O casal depois me informou que eles mantinham as tardes de quarta-feira como um encontro fixo para eles, do qual eles nunca queriam desistir! Não há dúvida de que ter usado receituário com a sua estrutura formal e preenchido dava um aspecto ainda mais solene à prescrição, como se se tratasse realmente de um tratamento médico. Talvez haja um efeito placebo mesmo em psicoterapia e está fora de questão que um relacionamento de total confiança possa ter efeitos milagrosos. Esses são apenas dois exemplos entre muitos.

Como é frequentemente o caso, as experiências terapêuticas, especialmente se positivas, também podem ser replicadas no ambiente de formação, e isso fez com que a prescrição se tornasse um corolário útil no treinamento e um ato final do trabalho sobre o *handicap* profissional. Embora, como vimos, a ativação do grupo seja um elemento fundamental dessa experiência, a prescrição é um ato criativo, às vezes, bizarro, outras vezes metafórica ou ritualística, que nasce exclusivamente da minha cabeça e da sensibilidade pessoal. Não consulto outras pessoas, nem peço sugestões, assumo total responsabilidade pelo conteúdo e pela estrutura das prescrições (geralmente três) que são fornecidas quando a fase de cura é concluída. Não faço uso de receituários médicos, mas certamente dado ao contexto emocional que foi criado, sendo o ato final de um processo de grupo muito exigente, a prescrição também tem um valor mágico além de simbólico. Conclui com poucas recomendações toda a experiência de quem apresentou a sua história em grupo, propondo uma continuação, o que acontecerá para cada um, uma vez que eles voltem à sua vida normal, na própria família e no mundo profissional. As prescrições, apesar de apresentarem temas comuns, são absolutamente originais para cada pessoa que as recebe e que representam uma espécie de presente pela sua coragem ao se expor de forma autêntica na frente de muitos colegas. Se pudéssemos coletar as prescrições, religiosamente dadas ao longo de quatro décadas para terapeutas de todo o mundo, e ainda mais o seu *feedback* anos depois, poderíamos escrever um livro sobre como a criatividade, a brincadeira e a sintonia emocional podem realmente ajudar a curar feridas e traumas dolorosos. É impossível encerrar em algumas poucas páginas a riqueza dessa experiência.

Vou me limitar a agrupar as diferentes formas de prescrição em algumas categorias, fazendo com que algumas testemunhas privilegiadas falem diretamente.

Vamos brincar juntos

É bastante comum que uma das prescrições possa consistir em sugerir algumas atividades a serem realizadas em grupo à noite ou aos domingos durante a estada do grupo em Roma. Isso com o objetivo de estimular momentos de brincadeira e de diversão em comum, como uma espécie de compensação lúdica pela intensidade emocional do trabalho sobre as limitações. Reunir-se, talvez no mesmo hotel e, em todo o caso, na mesma cidade, permite por si só explorar novos lugares e conhecer outras formas de diversão e vida social. Prescrever uma experiência lúdica e criativa para A junto a todo o grupo é uma operação muito simples. Pode ser se encontrar no parque de diversão ou no mercado de Porta Portese aos domingos, visitar um determinado museu, ir dançar ou ir a um show juntos. (Nesse sentido, a programação do verão romano é muito útil). Em alguns casos, a prescrição pode ter um efeito lúdico, mas mais direcionado, que tende a amplificar o que surgiu durante o trabalho com um específico membro do grupo. Uma terapeuta aparece, durante o curso, muito modesta tanto nas atitudes quanto nas roupas para confirmar uma tendência a se desvalorizar tanto na vida pessoal quanto na terapia. Depois de ter trabalhado essas atitudes no *Practicum*, o grupo pode ser instruído a acompanhá-la a uma loja sofisticada para comprar um vestido elegante para usar com os outros durante um jantar especial em sua homenagem; ou simplesmente se pode pedir às colegas do grupo para "maquiá-la e vesti-la com elegância" e organizar uma festa para ela. Pelo contrário, com um terapeuta muito formal, sempre de terno e gravata durante o curso e na realização das terapias em seu país, pode-se pedir a colaboração do grupo em penteá-lo de forma que pareça extremamente casual, talvez "alternativo", de modo a permitir que ele experimente métodos para ele incomum e impensável de se apresentar em público. Ainda, para uma colega que expressa seu sofrimento por se sentir discriminada por causa da sua cor de pele, tanto na família quanto no contexto social, pode ser organizada, no apartamento que ela alugou em Roma com outros colegas, uma "festa da negritude" em que todos do grupo são obrigados a "trocar de pele" e de roupas e celebrar com ela um rito especial de libertação do preconceito.

Experimentamos que questões delicadas e sensíveis podem ser tocadas de forma lúdica e respeitosa com a pessoa e com seus valores e, ao mesmo tempo, enfrentar, como se fosse um jogo, os limites pessoais de cada um em um contexto de confiança e de solidariedade humana.

Os objetos metafóricos

Muitas vezes, descrevemos a utilidade dos objetos metafóricos na terapia, bem como na formação do terapeuta sistêmico-relacional (Andolfi, 1977; Andolfi & Angelo, 1987; Andolfi & Mascellani, 2010;

Andolfi, 2015). No trabalho com *handicaps* profissionais, prescrever o uso de um objeto metafórico pode ter significados multiformes e tende a consolidar e dar continuidade a algo que já emergiu na experiência grupo.

Ridolone - o boneco risadinha

> Eu me lembro que Maurizio havia apontado várias vezes, durante o meu trabalho sobre o *handicap*, a minha atitude de ter sempre um grande sorriso no rosto e certa formalidade profissional no relacionamento com os pacientes, que escondiam a minha insegurança para interagir de maneira mais direta. Como receita médica, pediram-me para encontrar um boneco com um mecanismo que lhe permitia dar uma gargalhada e mantê-lo em meu consultório, de modo a me lembrar da diferença entre a risada mecânica e a minha possibilidade de sorrir quando fosse apropriado e talvez de descobrir outras expressões visuais com as quais me conectar com meus pacientes. De volta para casa, procurei por muito tempo um boneco com esses recursos e encontrei o *ridolone*, um boneco engraçado que, apertando um botão, emitia uma risada estridente e desagradável. Eu o mantive em meu consultório até agora e, às vezes, eu falava com ele e dizia o quão feio ele era e que ele não podia rir de mim. O *ridolone* me ajudou a ser eu mesmo na terapia e os efeitos colaterais em minha vida privada foram incríveis. (Depoimento Pessoal)

O pedestal ou como aumentar a estima pessoal

Em várias ocasiões, até mesmo, terapeutas maduros tendem a ser "altruístas" e sempre colocam os outros na frente deles. Uma espécie de legado familiar que os fez se sentirem incapazes de tomar uma posição de autoridade pessoal, concordando com Williamson, tanto no mundo familiar quanto no papel de terapeutas.

Em várias ocasiões, dei uma receita com o objetivo de apoiar a autoestima por meio de uma ação e de um objeto concreto. A tarefa, então, era comprar um pedestal que, dependendo das características da pessoa, poderia ser um tronco de árvore ou um pedestal elegante ou decorado. Eles tinham que mantê-lo no quarto ou na sala de estar e, então, eles tinham que subir, talvez uma vez por semana, quando estivessem sozinhos e tinham que proferir a fórmula mágica: *Eu venho primeiro*. Não é só a ação de subir e pronunciar uma fórmula em voz alta, mas a presença em casa de um objeto metafórico que evoca constantemente um pensamento, o de ser importante, para favorecer uma mudança. Essas reflexões sobre si mesmo, por meio de uma metáfora concreta, podem permitir uma transformação pessoal em memória da vivência forte e coletiva do trabalho em equipe.

A batata no porta-cachimbo

> Meu problema é sempre me sentir um estranho dentro de cada grupo; isso vem de minha experiência pessoal em minha família de origem e no contexto social, sendo um mestiço em um país latino. Então, para ser aceito, sempre acabo falando muito e usando palavras difíceis que me fazem sentir importante.
>
> Depois do trabalho em grupo, focalizado na minha capacidade de ser eu mesmo sem exagerar, no final, Maurizio me deu uma receita muito bizarra. Ele me pediu para colocar uma batata em um porta-cachimbo, enganchado no cós da minha calça, para lembrar o meu sintoma de falar sempre. A batata tinha o sentido metafórico de tapar a minha boca. Progressivamente, se eu conseguisse falar menos, poderia substitui-la por uma menor. Eu levei isso para a vida e, progressivamente, troquei a batata por uma menor por mais de seis meses, e esta receita me ajudou a não sentir mais a necessidade de falar o tempo todo para me sentir aceito e diminuir a minha ansiedade. A batata me acompanhou nesse caminho de autoconsciência e, quando alguém me perguntava o que eu tinha no bolso, respondia que era um segredo com uma pessoa importante. Por meio da prescrição da batata, eu mantive uma relação muito calorosa com Maurizio e com alguns membros do meu grupo de *Practicum* por mais de trinta anos. (Depoimento Pessoal)

Rituais como uma reconciliação com o passado

Já abordamos a questão da reconciliação com o passado por meio da construção de esculturas familiares e da encenação de situações de perda. A experiência vivida com intensidade e sofrimento no decorrer do curso, com a ativação dos integrantes do grupo que fazem os papéis de familiares de A, toma forma no momento presente, tem valor simbólica e pode ter reverberações importantes no futuro quando A retornar ao seu país. É diferente prescrever um ritual para um terapeuta que pode acontecer no futuro com seus familiares reais em seus contextos de vida como veremos nos próximos depoimentos.

Sinto-me livre

Carmen apresenta como sua limitação um senso de responsabilidade exagerado para com seus pacientes. Ela faria qualquer coisa para ajudá-los, mas, no final, sente um grande peso nos ombros e não sabe como mudar. Sua vida foi marcada por sacrifícios desde que ela era criança. Aqui estão as suas palavras a respeito da prescrição recebida.

> Fui com minha filhinha ao cemitério conforme me foi prescrito no final do meu trabalho sobre *handicap* profissional. Em frente ao túmulo de minha mãe, contei a ela sobre minha vida dedicada ao sacrifício. Aprendi com a minha mãe que nós, mulheres, devemos nos sentir responsáveis por tudo e devemos sacrificar nossas vidas pelo bem da família. Eu disse a ela com as lágrimas em meus olhos que eu agradecia por tudo que ela fez por mim, mas que agora eu queria me sentir livre para retomar a minha liberdade por mim e pela minha filha e quebrar esse ciclo de sacrifícios. Eu comuniquei a todos o meu amor por ela e, também, disse a ela que colocaria uma foto minha sorridente em casa com a seguinte frase embaixo: *Me sinto livre*. Saí do cemitério, senti-me mais leve, como se tivesse tirado um peso incrível de meus ombros, e minha filha me deu um abraço muito forte, como se me dissesse: "Estou com você e obrigado por este presente". (Depoimento Pessoal)

A fogueira dos ressentimentos

Judy está cheia de ressentimentos para com a mãe que nunca a protegeu e a valorizou e sempre colocou o irmão mais velho à frente dela como um modelo a seguir. O seu *handicap* profissional é sempre proteger aqueles que sofreram abusos na família e tomar partido contra o possível agressor. No fundo, existe um forte ressentimento em relação a si mesmo por nunca ter tido a coragem de dar um rumo à sua vida pessoal e profissional. A receita é queimar seus ressentimentos no quintal de sua casa.

> Quando o Maurizio me deu essa receita senti um certo aborrecimento e, para mim mesma, eu dizia que esta não era a melhor forma de resolver o problema. Durante meu trabalho, fui confrontada com o tema da raiva e me foi pedido para tirar do meu corpo, gritando o mais forte possível. Foi uma experiência dolorosa e difícil, mas, ao mesmo tempo, de libertação. Agora me parecia demais ter que fazer uma fogueira em casa com os meus ressentimentos, além de ter que convidar meu marido e meus filhos para me ajudar com isso.
>
> Assim que cheguei em casa, conversei sobre isso com meu marido e, de alguma forma, surpreendeu-me vê-lo tão animado por esse possível ritual familiar. Ele conhecia bem o meu ressentimento em relação à minha mãe, ele me viu sofrer muito por causa disso. Maurizio havia me dito que eu poderia decidir se queria convidar também a minha mãe para esse ritual. Essa dúvida me assombrou por um longo tempo até que eu encontrei coragem para conversar com ela e convidá-la para uma festa especial. Eu queria que a fogueira de ressentimentos fosse uma surpresa para ela, e essa chance de me reconciliar com minha mãe me deu forças para levar adiante a prescrição. Eu levei alguns dias procurando e coletando cartas do passado, fotos, objetos, até mesmo, boletins escolares, que, de alguma forma, falavam sobre meus ressentimentos e, nessa busca, tornava-me cada vez mais consciente da minha raiva antiga com relação a mim mesma por sempre me esconder atrás do álibi de alguém que me criticava ou me culpava por isso ou aquilo. Meu marido e meus filhos fizeram uma bela fogueira com a madeira da casa, e eu, na presença de todos, inclusive, de minha mãe, incrédula e surpresa com o ritual, expliquei os motivos da fogueira e a necessidade de me livrar de meus ressentimentos do passado. Então, comecei a colocar lentamente cada um dos objetos do meu ressentimento na fogueira. Com o fogo apagado, minha mãe me abraçou como nunca havia acontecido antes na minha vida. (Depoimento pessoal)

Cartas a serem escritas e não enviadas

Em um parágrafo anterior, descrevemos como uma filha agora adulta pode comunicar a uma mãe tudo o que ela não teve a coragem de dizer ou pedir a ela na adolescência. Para fazer isso, usamos duas cadeiras de costas e escolhemos uma mãe substituta no grupo, a quem a filha pode recorrer como se realmente fosse a mãe dela. Por meio dessa ação simbólica, aquela terapeuta "retornou à adolescência" para expressar toda a dor ou raiva que sentia por essa distância de sua mãe por vários anos.

Uma experiência semelhante pode ser sugerida no final do trabalho do *handicap* profissionais por meio da prescrição de escrever uma carta a um membro da família cujos relacionamentos foram conflitantes ou rompidos. Também, nesse caso, a receita "Escreva uma carta para sua mãe na qual você comunica tudo o que você não conseguiu dizer a ela quando era adolescente" tem o objetivo de consertar um relacionamento com um dos pais de forma simbólica. Em seguida, acrescente que é necessário manter a carta na bolsa por seis meses e talvez enviá-la somente após esse período ou não, isso pretende tornar a mensagem inerente à prescrição concreta e tangível. A presença da carta na bolsa favorece a reflexão e o diálogo constante consigo mesma sobre o tema da reconciliação e do perdão em relação a um pai ausente ou abusivo. Optar por enviar a carta ou ficar com ela é também eficaz: encontrar a coragem para escrevê-la e se livrar daquela necessidade nunca satisfeita de "se sentir amada ou cuidada quando era adolescente" é em si uma maneira de aceitar as consequências, agora sem mais raiva ou ressentimento. Se, então, a terapeuta for capaz de enviar a carta significa que ela ainda tem esperança de restaurar um vínculo afetivo com a mãe, e a carta se torna, dessa forma, um dom da verdade.

Pode-se escrever uma carta para um pai que não está mais presente ou que está muito doente ou para um irmão ou irmã com quem o vínculo foi rompido há anos. O significado é sempre o mesmo, que é substituir a raiva ou a dor por uma aceitação pacífica do passado, uma vez que se consegue ter uma reconciliação consigo mesmo e com os pais ou irmãos.

Toda minha vida eu fui a negra

Isabel é uma terapeuta colombiana de grande experiência e uma professora universitária muito comprometida, que recentemente participou de um *Practicum* internacional em Roma. Incluí a história de Isabel na conclusão desse capítulo por causa das profundas implicações dessa experiência em sua vida pessoal e profissional. Para mostrar o quanto a dimensão familiar é influenciada por estereótipos e preconceitos sociais que tornam a busca pela autenticidade e pela própria harmonia interior ainda mais complexa. Finalmente, para ilustrar passo a passo as seis fases do trabalho sobre o *handicap* profissional, por meio da descrição de um caso.

Isabel traz consigo um genograma familiar muito elaborado que diz ter preparado com a ajuda de sua filha Teresa. Ele o mantém dobrado nas mãos, como se quisesse entrar imediatamente na própria história familiar. As dificuldades terapêuticas, que descreve no início da sua apresentação, estão ligadas ao peso da responsabilidade que pesa sobre seus ombros no trabalho terapêutico, um fardo com o qual ela se acostumou a conviver desde sempre, como se fosse inevitável. Ela diz que é particularmente doloroso quando as famílias vêm para as sessões devastadas pelo luto ou quando uma criança tem que se submeter ao autoritarismo de um pai. Não se deve esquecer que ainda hoje está presente culturalmente, na América Latina, a figura do *macho*, homem que pode gozar de liberdade absoluta até ter várias mulheres e vários filhos e que pode agir como um tirano, em especial, com relação ao mundo feminino.

Não é difícil encontrar as conexões entre os impasses terapêuticos e os acontecimentos mais relevantes e traumáticos da vida de Isabel. A partir da sua história, será fácil identificar os homens "tiranos" em sua família, começando com seu avô materno. Militar de carreira, mudou-se por causa do trabalho em diferentes regiões, nas quais teve outras esposas e outros filhos, nunca assumiu qualquer responsabilidade, até mesmo, abusando delas e deles. Por isso, a avó o abandonou, fugindo com a sua filha Carmen, a mãe de Isabel, enquanto seu outro filho de 17 anos havia abandonado o pai tirano para se aventurar, morrendo um ano depois por causa de um acidente de avião.

A vida de Carmen foi marcada por uma série de eventos traumáticos, desde o abuso sexual sofrido pelo pai até a trágica morte de seu irmão, que ela nunca aceitou (o corpo nunca foi encontrado), até o casamento com Victor, que ocorreu quando ela ainda era muito jovem, não tinha nem vinte anos. Talvez, ela tenha se casado com um homem negro inconscientemente, sabendo que estava traindo a sua família dessa forma. Victor, aliás, além de provar ao longo dos anos ser também um verdadeiro tirano, foi odiado e rejeitado pela família branca e racista de Carmen. O tema da cor da pele se tornará uma verdadeira cruz para Isabel, porque, entre os quatro irmãos, ela é a mais negra e, em todas as reuniões sociais ou familiares, reafirma-se o fato de ser ela a que tem a pele mais escura.

Quando criança, quando ia à praia no verão com a avó, essa queria que ela se tornasse branca, a impedia de se bronzear e a lavava o tempo todo com a esperança de que ela clareasse. Quanto à família negra de Victor, que gozava de um *status* social superior ao de Carmen, acontecia o contrário, ou seja, todos rejeitavam Carmen e a sua família, uma vez que eram brancos.

Esses preconceitos tão arraigados nas duas famílias e nas respectivas esferas sociais tornar-se-ão um terreno muito sensível para Isabel se sentir rejeitada desde quando era criança até como adulta. Por exemplo, quando Isabel teve filhos, a mãe vai pedir à sua filha preferida e mais "branca" para cuidar dos filhos de Isabel que "era considerada tonta e desajeitada". Tudo isso em contraste com o fato de que Isabel sempre foi a primeira da turma! Infelizmente, ela se sentia muito sozinha na escola, sem amigos e rejeitada pelos colegas, em sua maioria brancos.

Isabel diz:

> Meu pai foi um tirano durante toda a sua vida, ele queria ser servido em todos os aspectos por minha mãe e por nós, filhas. O desejo dele de dominação cresceu, entrando na política, tornando-se um revolucionário e, muitas vezes, colocando em risco a vida de sua família, que muitas vezes teve que fugir de uma parte do país para outra. Porém, ao mesmo tempo, foi um homem honesto e apreciado por todos por causa de seus estudos em engenharia e seu compromisso político. (Relato Pessoal)

Como costuma acontecer com as sagas familiares, Isabel também reconstitui os passos maternos. Ela se casou muito jovem com Roger, um bom homem que não ama, em um relacionamento precipitado, e naturalmente se casa com um branco para ser odiada por todos os membros da família dele, que a identificam como a negra. Com Roger, ela tem dois filhos, que, desde pequenos, perguntam-lhe: "Mãe, você é negra, o pai é branco e quem somos nós? ". Isabel lhes responde: "Café com leite, o papai é leite, a mamãe café e vocês são café com leite".

Por acaso, Manuel, o menino, talvez para sair do dilema de ser negro ou branco, escolhe outra identidade, assumindo-se homossexual. No entanto, ambas as famílias são homofóbicas, e sobre a identidade de gênero há mais preconceito do que sobre a cor da pele e a cruz se repete. Infelizmente, com a idade de 18 anos, Manuel morre em um acidente de carro, com a mesma idade em que o irmão de sua avó morreu em um acidente de avião. Assim, os lutos se repetem com a mesma cadência ao longo das gerações. Sobre a segunda filha, Teresa, é derramado todo o carinho de Isabel, que compartilha com ela a vida e o luto, e as duas mulheres se agarram em um pacto de aliança, em que não há lugar para Roger. Apenas um mês depois da morte do menino, o casal se separa definitivamente, e o vínculo entre mãe e filha fica ainda mais forte em uma espécie de proteção mútua.

Os eventos da vida de Isabel foram muitos e devastadores, mesmo assim parece que ela os enfrentou com uma força interior incrível, sem nunca se deixar cair. Mesmo ao descrevê-los agora para o grupo, mantém um comportamento digno e bastante distanciado, como se pudesse estar sempre no controle da situação, como via sua mãe fazer, a qual, mesmo diante de acontecimentos horríveis, sempre controlava as suas emoções. Começa agora a ativação do grupo com a criação de várias esculturas com o objetivo de encenar alguns dos momentos mais dramáticos da vida de Isabel.

O peso nunca é demais

Peço a Isabel para esculpir seu senso de responsabilidade, e ela decide representá-lo de uma forma muito dramática. Ela pede a três colegas de trabalho altas e robustas para colocarem as mãos nos ombros dela e fazerem cada vez mais pressão, depois de se sentar em uma posição de ioga. Isabel, ao contrário das colegas, tem uma constituição pequena e seu corpo está progressivamente esmagado em dois. A cena é dramática, porque Isabel pede que as terapeutas exerçam cada vez mais pressão. Nenhum peso parece suficiente para lhe cansar!

Assim que a escultura termina, todos na sala parecem chocados, inclusive, as três colegas, que tiveram que realizar tal ação violenta contra a sua vontade. Isabel também sai abalada e a sua expressão facial muda completamente. Seu sorriso habitual se transforma em uma máscara de dor. Aqui estão algumas reflexões do *feedback* geral para a conclusão da escultura, a partir das palavras de Isabel.

> Em poucos instantes, eu senti fisicamente todo o peso que carreguei nos meus ombros durante toda a minha vida e tive uma grande vontade de chorar. Eu senti a pressão, tão forte quanto a que sinto todos os dias. Esmagada pelo peso, muitas imagens me vieram à mente: a morte do meu filho, a exclusão da minha família, a crítica, a vergonha, a culpa, todas essas coisas que minha família jogou em cima de mim, o casamento. (Relato Pessoal)

Em seguida, as três colegas da escultura, também abaladas e com lágrimas nos olhos, relatam que experimentaram um misto de ansiedade e de grande tristeza. Primeiro por causa do constrangimento em pressionar o corpo de Isabel, tentando não a machucar, enquanto ela parecia incapaz de dizer basta; e tristeza pela dor que sentiam que Isabel vivia dentro de seu corpo esmagado. Sentimentos de grande tristeza também são relatados por quem apenas observou a cena, junto a uma sensação de incredulidade ao ver que Isabel nunca poderia desistir e dizer basta para a pressão exercida sobre seu corpo.

A escultura em torno da morte do filho

Isabel é convidada a fazer uma segunda escultura em relação à morte repentina do filho. Ela escolhe quatro colegas, um que se faz passar pelo filho Manuel, outro a filha Teresa e depois um terceiro representando a marido Roger e, finalmente, uma colega que faz o seu papel. Isso permite que ela construa a cena ficando do lado de fora e observando os outros. Só depois, Isabel pode ocupar seu lugar na escultura.

Isabel pede aos quatro membros da família que permaneçam de pé, apertados em um abraço sufocante, que quase os impede de respirar. Apenas Teresa é convidada a colocar a mão no ombro da mãe. Isabel já está bastante perturbada ao ver a escultura de fora que parece um abraço de morte. Então, ela toma seu lugar, substituindo a colega, e, por longos instantes, todos ficam abraçados muito pressionados em silêncio total: de repente Isabel desata em um choro compulsivo que parece como um grito de dor e cede com o corpo, contido apenas pelos outros que a impedem de cair.

Se na escultura da responsabilidade Isabel conseguiu tolerar fardos crescentes sem se descompor, finalmente, agora, nessa reedição do rito da morte de Manuel, Isabel se permite chorar desesperadamente sem freio. Os colegas relatam primeiro as emoções experimentadas nos papéis específicos desempenhados na escultura. O forte abraço de todos permitiu que cada um aguentasse sem se deixar cair pela dor. Em especial, quem se passou por Teresa e sentiu uma forte necessidade de apoiar a mãe pela posição da mão às costas de Isabel.

Ela descreve seus sentimentos da seguinte forma:

> Para mim, foi como abrir uma ferida muito profunda e dolorosa. Tive a mesma sensação de total desespero que experimentei assim que soube da morte de Manuel. Também, coloquei o Roger na escultura, que estava lá no momento, em casa, conosco. Ele também compartilhou a nossa dor. Após um mês, ele já terá ido e, logo depois, divorciamo-nos, mas, há algum tempo, já não falava mais com o filho. Ele foi um bom pai para Teresa até nos separarmos. Depois, ele praticamente a abandonou, e Teresa costumava me dizer: "Eu perdi meu irmão e junto a ele também perdi meu pai". Para mim e Teresa, Manuel é ainda uma presença viva, quando é o seu aniversário compramos um bolo, apagamos as velas, olhamos as suas fotos, falamos sobre ele. (Relato Pessoal)

A experiência vivida por Isabel foi muito difícil para ela e envolveu todo o grupo. É hora de abrir espaço para o *feedback* não verbal do grupo que são baseados em abraços, carícias e demonstrações de afeto, que tem um efeito benéfico, após tanta exposição à dor e ao sofrimento em reconstituir eventos traumáticos da vida.

As prescrições

Como sempre, o trabalho com o *handicap* profissional termina com as prescrições.

Uma primeira indicação é fazer uma "festa elegante da negritude" na noite seguinte no apartamento alugado por Isabel e outros membros do grupo em Roma. Os membros do grupo devem se tornar "negros" para a ocasião, tanto no que diz respeito à cor da pele quanto no que diz respeito à roupa. Isso é para entregar um prêmio a Isabel pela sua negritude e pela sua abnegação demonstrada ao longo dos anos para não ser desmoralizada pelos preconceitos raciais, preconceitos duplos, presentes no seio de sua família. O objetivo da festa também é para se divertirem juntos depois de um dia muito agitado e descarregarem a tensão.

Essa experiência de jogo também pode ajudar Isabel a mudar de atitude, evitando ser muito séria na terapia, agregando também aspectos lúdicos à sua trajetória profissional. Para erradicar a "síndrome da responsabilidade excessiva", prescreve-se para Isabel ter à vista, no seu consultório, uma mochila elegante com pesos dentro, como uma lembrança da experiência de Roma e como uma campainha de alarme para eventuais "recaídas". Diante de pais autoritários, em vez de os temer e se sentir à mercê, ela poderá abrir a mochila, pegar alguns pesos e dizer que são os pesos da responsabilidade. Com a sua ajuda, eles poderiam aprender na terapia a os usar e se sentir bem na vida sem ter que dominar os outros.

As últimas prescrições dizem respeito ao relacionamento entre ela e sua filha. Isabel terá que ir com Teresa ao cemitério, levando as flores que elas mais amam (a Colômbia é famosa pelas flores) ao túmulo de seu filho. Isabel terá que comunicar a Manuel o quanto o ama e que fará com que Teresa não se sinta mais culpada, porque ele está morto e ela viva, permitindo-se ser feliz. A segunda parte da prescrição diz respeito à sua relação pessoal com Teresa. Ele vai ter que ver o vídeo junto a Teresa do trabalho sobre o *handicap* feito em Roma e falar sobre a aliança delas e a proteção recíproca. Teresa deverá se sentir à vontade para retomar contato com o pai, se assim o desejar, sem sentir que ao fazê-lo é desleal à mãe. Isabel, por sua vez, concorda em não depender de sua filha para dar um sentido mais completo à sua vida.

Um ano depois, é isso que Isabel me escreve:

> Fomos ao cemitério e fizemos o ritual prescrito. Voltamos do cemitério mais leves, como se tivéssemos tirado uma pedra das costas. Mostrei a Teresa o vídeo de Roma, e ela ficou impressionada com as esculturas. Eu disse a ela que o problema entre eu

e Roger diz respeito somente a nós dois e que ela não deveria se sentir no meio e que eu não tenho nenhum problema se ela desejar se reconectar com seu pai. Nos últimos meses, pai e filha se reencontraram e começaram um projeto de trabalho juntos, sendo os dois decoradores. Teresa tem um namorado inglês e ela tem a perspectiva de se mudar para Londres em breve. O nosso relacionamento se enriqueceu muito, sentimo-nos mais serenas sem carregar sobre nós a dor do passado.

A mochila está no meu consultório, anexo uma foto dela, porque é realmente muito elegante, e, nos últimos meses, tem sido a minha coterapeuta favorita, fizemos algumas boas terapias e, também, divertimo-nos. (Depoimento Pessoal)

9. A VIAGEM INTERIOR DE UM TERAPEUTA

Eu nasci em 28 de novembro de 1942. Acho que não me lembro muito da guerra, mesmo que, na minha cabeça, existam imagens de bombas, de sirenes e de minha mãe e de minha avó que protegiam com seus corpos a mim e a meu irmão mais velho Ferruccio. O terceiro irmão Silvano nasce em 1945, no final do conflito mundial. Eu conheci meu pai aos 3 anos de idade após seu retorno da frente de guerra na Córsega. Nessas circunstâncias, também, considerando que minha mãe havia perdido o pai, sem nunca o ter conhecido, durante a Primeira Guerra Mundial, acho que o estilo de apego, de acordo com o modelo Bowlbyano, foi decididamente de um tipo inseguro. Eu me pergunto se existe entre os idosos de oitenta anos da minha geração alguém que possa se garantir ser do tipo seguro. Uma base ansiosa foi o preço pago pela guerra por tantas famílias como a minha.

Lembro-me de uma infância pobre, em que um sorvete ou uma *pizza* eram acontecimentos extraordinários, a rua deserta, sem carros e perigos de qualquer tipo, foi o lugar privilegiado de crescimento para nós crianças. Apesar das dificuldades, acho que a minha infância tenha sido bastante feliz, porque, desde os 4/5 anos, nós, crianças, vivíamos entre o quintal de casa e a rua, participando ativamente do fenômeno social quase mágico daquele tempo, descrito como a *sociedade dos meninos*, em que existia o grupo de amigos que se encontrava e ditava as regras uns aos outros e inventava brincadeiras e atividades esportivas sem o controle e a intrusão dos adultos e sem a ideia que, sozinhos fora de casa, estávamos em risco. Essa dimensão para crescer livre e andar na rua sem sentir nenhum risco foi talvez o maior presente da situação do pós-guerra dos anos 1950. O projeto para reconstruir um país dilacerado pela guerra se uniu a um sentimento generalizado de solidariedade social, no qual nos ajudávamos em tudo, e nós, crianças, respirávamos esse ar de compartilhamento e apoio mútuo. A *simplicidade* e o *essencial* eram o que importava e juntos a eles representavam valores básicos que adquiri quando criança e que cultivei dentro de mim ao longo de minha vida pessoal e, também, no meu compromisso profissional.

Os anos de ensino médio e todo o curso de Medicina foram caracterizados por dois acontecimentos um tanto complementares, embora muito diferentes um do outro. Em primeiro lugar, o meu compromisso no mundo da Ação Católica com pouco mais de vinte anos, entre o final da década de 1950 e a primeira metade da década de 1960. A minha função de responsável do grupo de Juniores, isto é, do início da adolescência, de fato, colocou-me em contato com muitas realidades familiares e sociais de relativa marginalização e, também, nesse caso, com o grupo de adolescentes, o que me parecia um grande recurso para compreender as dificuldades familiares ou escolares de cada garoto. Só mais tarde, com o passar dos anos, vou conseguir perceber que ali mesmo e naqueles contextos nascia, sem eu estar ciente disso, a minha *missão* como terapeuta familiar, antes mesmo de ter adquirido o conhecimento e as ferramentas para isso. Essa sensibilidade e atitude em cuidar tomará forma na minha escolha de ser médico e depois psiquiatra, mas logo tive que lidar com a impossibilidade de tratar a minha família.

O início de uma grave psicose marcará a vida do meu irmão mais novo Silvano e, inevitavelmente, de toda a minha família, ainda mais desesperada após seu suicídio aos 27 anos de idade. Crescer em um ambiente familiar constantemente ameaçado em sua integridade pelas crises psicóticas de Silvano me permitiu compreender muitas coisas e construir as bases de minha futura escolha como psicoterapeuta familiar. Ao longo dos anos, fiquei cada vez mais ciente de quanto a medicina, a psiquiatria e, muitas vezes, a psicoterapia também eram incapazes de entrar no mundo de sofrimento, tão profundamente comprometido com o tratamento da doença. Entrar na dimensão do sofrimento requer coragem e curiosidade, explorar áreas do desconhecido sem preconceitos e sem medo. Eu me lembro de uma ocasião em que meus pais, dados os maus resultados dos tratamentos biológicos e psicológicos, dirigiram-se a um exorcista que deveria tirar o "demônio" de meu irmão. Lembro-me da cumplicidade com Silvano quando nos olhávamos debaixo de uma mesa e nos perguntávamos quem era mais louco por aquela situação. Em outra circunstância, um psiquiatra, que vinha de uma experiência anterior de vida religiosa, diante dos delírios do meu irmão, disse-me que Jesus estava com ele. Então, eu entendi que o Diabo e Jesus fazem parte de um dualismo universal, e a luta incessante de cada um de nós está entre construir e destruir, o equilíbrio entre essas duas partes pode ser perdido não apenas por quem sofre de psicose, mas por qualquer um, especialmente, por aqueles que estão entrincheirados em uma condição de normalidade exasperada.

Pensando bem, não é por acaso que, nos Estados Unidos, a terapia familiar, em muitos aspectos revolucionária, ao longo dos anos, foi apontada como a inimiga número um pelas famílias dos doentes mentais: por muito tempo, famílias e, especialmente os pais, foram descritos (em terapia e em trabalhos científicos) e considerados de fato a causa dos graves transtornos psiquiátricos dos filhos. A lacuna cognitiva ainda tão grande para a compreensão da etiopatogenia de muitos transtornos mentais, desde a psicose até o autismo infantil, muitas vezes, estava encoberto pela responsabilidade e pelas culpas ligadas a esse ou àquele pai. Da "mãe esquizofrenogênica" de uma memória milenar passamos à descrição de "família esquizofrenogênica", um problema ainda mais grave, visto que, nesse caso, está incluído toda uma rede de afetos.

Se, então, a família não for julgada, o que pode substituir a pesquisa das causas ou das culpas e como ser verdadeiramente terapêuticos? Acima de tudo, será a sensação de impotência por não ser capaz de curar um irmão, ainda mais forte pelo papel de médico e de residente em psiquiatria, a me oferecer a *dimensão do limite* do esforço humano e profissional para ajudar e curar. O senso de limite guiará minha vida me permitindo conviver com a presença constante da morte (o limite por excelência) e será a base do meu longo percurso profissional, de modo a contrastar o perigo de onipotência e a avaliação de vida, bem como os resultados clínicos como medida de sucesso. Ao mesmo tempo, ter um limite claro me permitirá dar tudo de mim, meu conhecimento e minha humanidade ouvindo o desespero e a dor de muitas famílias em terapia, sem me apropriar disso por um lado e sem ser aniquilado pelo outro. É precisamente a partir do reconhecimento do limite que podem ser explorados espaços de esperança e de transformação. Depois de cinquenta anos de trabalho terapêutico, realizado com dedicação e paixão, posso dizer que a sensibilidade e a serenidade para me aproximar do sentimento de fracasso e de impotência de muitas pessoas em terapia e de muitos colegas em formação têm um incrível poder transformador, porque atinge em profundidade a essência humana e espiritual de cada um de nós.

Porém, vamos dar um passo para trás e ver como, a partir desse sentido de impotência e fracasso, na tentativa impossível de tratar a minha família, tenha nascido a minha busca por mestres ou guias que pudessem indicar o caminho na minha viagem profissional. Certamente, Giovanni Bollea foi um primeiro farol a me orientar para o conhecimento das crianças e seus extraordinários recursos a serviço da família. Por meio do seu ensinamento magistral, primeiro como estudante de medicina e, depois, como residente em Psiquiatria Infantil, cravei meus primeiros passos em direção à compreensão da família. Será meu desejo transformar a ludoterapia em uma ferramenta de diagnóstico e de terapia com relação às crianças em um *jogo familiar* em que participavam todos os atores principais da família ao me distanciar do modelo psiquiátrico rigidamente centrado na psicopatologia infantil. A Itália era muito pequena para mim e eu queria ir direto à fonte da terapia familiar. Isso me levou a conhecer, primeiro, Nathan Ackerman, em um estágio curto, mas esclarecedor, e, depois, a me mudar para os Estados Unidos no início dos anos 1970. A partir deles, os primeiros grandes ecos dos pioneiros do movimento da terapia familiar chegaram à Europa.

11 de setembro de 1972 foi a data mais significativa da minha virada profissional e da minha experiência pessoal longe da segurança do meu país. Apenas muitos anos depois, essa data terá um significado trágico em todo o mundo. Terminada a minha especialização em Neuropsiquiatria Infantil, decidi renunciar a uma função como psiquiatra no Serviço de Saúde Mental de Roma para começar a minha aventura fora do país. Deixei o primeiro grupo romano de psicoterapia familiar liderado por Luigi Cancrini, que participei durante quatro anos, para voltar a ser um estudante-pesquisador. Fui embora, apesar das repetidas tentativas de suicídio de meu irmão, seguido por repetidos apelos de meus pais para não sair de campo.

Em 1972, cheguei a Nova York, uma cidade fascinante e violenta, para morar lá. Assim, Nova York se tornou a minha segunda cidade, à qual estou profundamente ligado, uma testemunha de muitos acontecimentos em minha vida. Depois de morar lá por alguns anos, voltei lá regularmente, por muito tempo, e aconteceu que eu também estivesse lá no trágico 11 de setembro. Somente dois anos depois, escolhi me casar com Lorena sob a ponte do Brooklyn, começando a minha segunda vida a partir daí.

Tive a sorte de ter o maior psiquiatra social de todos os tempos, Israel Zwerling, como meu guia, que me ofereceu uma bolsa pesquisa em psiquiatria social e comunitária no prestigioso *Albert Einstein College of Medicine*. Os anos da minha aventura em Nova York foram muito densos de experiências. Havia começado a trabalhar como psiquiatra social em uma escola secundária de South Bronx na tentativa de compreender e, em seguida, interromper a carreira de delinquente de muitos adolescentes solitários e violentos. Eu também entrei para um time de intervenção de crise domiciliar em um bairro negro e ítalo-americano em South Bronx. Ao mesmo tempo, comecei meus cursos de formação no Departamento de Estudos da Família do *Albert Einstein College of Medicina* com Zwerling, Scheflen, Ferber e outras personalidades da área. Ao mesmo tempo, eu participava de grupos de formação no *Ackerman Family Institute of New York* com a orientação de Kitty La Perriere e Peggy Papp. Durante ambas as experiências, fortemente orientadas para a descoberta do envolvimento pessoal do terapeuta na atividade clínica, aprendi a usar o genograma e a escultura familiar, ferramentas novas e poderosas na formação e na terapia. Simultaneamente, depois de fazer contato com Sal Minuchin, eu ia semanalmente na *Philadelphia Child Guidance Clinic* (a verdadeira Meca da Terapia Familiar das décadas de 1970-1980) como membro do corpo clínico com a orientação de Sal e Jay Haley. Eu também costumava ir a Washington, onde me inspirava pelo trabalho de Murray Bowen e com seu projeto de "mandar para casa" psiquiatras em formação, a fim de se reconectar com suas famílias de origem e de superar seus cortes emocionais. Sem falar em Whitaker e Framo, que serão muito importantes na minha formação ao longo dos anos sucessivos, permitindo-me integrar harmoniosamente a dimensão pessoal e profissional. Não sei como eu encontrava tempo, mas devo confessar que também comecei a minha análise pessoal na Clínica *Karen Horney* em Nova York. Naquela mesma noite, após minha primeira sessão de psicanálise com Helen De Rosis, uma das psicanalistas mais experientes da *Horney Clinic*, chegou da Itália a notícia da morte do meu irmão Silvano em 8 de dezembro de 1972. Eu estive me perguntando por muitos anos se isso foi apenas uma coincidência ou se foi uma mensagem dirigida a mim, em algum nível mais profundo, o fato de sua morte coincidir com a data de meu primeiro casamento. A trágica morte do meu irmão não foi apenas a perda de uma pessoa muito amada por mim, mas representou, como já mencionei, a minha primeira falha na ideia grandiosa (presente em muitos psicoterapeutas) de tratar a própria família. A força resultante da dor e da aceitação dos limites me permitiu desenvolver minha primeira ideia forte: o sucesso não é um parâmetro de referência útil no trabalho clínico com famílias e nem mesmo na vida.

Entrar em profundo contato com a impotência relacional da família à sua frente é o primeiro verdadeiro *joining* terapêutico. Sem ter experimentado o peso e o valor do que foi exposto acima, dificilmente se pode alcançar tal objetivo. Por vários anos, eu também senti, por meio das experiências de muitas famílias que sofreram perdas traumáticas de um membro da família, a sensação de aniquilamento, o peso da culpa, a raiva, a sensação de impotência. No final dessa corrida de obstáculos, no entanto, saí com uma energia renovada e, acima de tudo, com a convicção de ter recorrido a muitos recursos emocionais e relacionais em minha família. A busca de recursos familiares mesmo nas situações mais desastrosas também foi minha ideia norteadora, o que me permitiu superar os muitos preconceitos tão arraigados na profissão de psicoterapeuta, que nos impedem de ver o lado positivo da família.

Além de meus professores oficiais, acredito que os ensinamentos mais importantes vieram de pacientes psicóticos e crianças. Na realidade, em ambos existe um pensamento mágico muito vivo que é a melhor estratégia para fazer e desfazer a realidade em situações de perigo ou mudança. Se os psicóticos me ajudaram a aprender a linguagem da irracionalidade, as crianças foram essenciais para manter vivo em mim mesmo o estupor e a curiosidade por tudo o que nos rodeia. Das inúmeras imagens gravadas na minha memória, no primeiro encontro com Nathan Ackerman e depois com Minuchin e com Haley e, mais tarde, por muitos anos com Whitaker, tenho a forte convicção de que é um erro grave e, muitas vezes, prejudicial observar uma criança, separando-a das conexões emocionais e relacionais de sua família. Esse imperativo categórico me levou a abandonar a neuropsiquiatria infantil e ainda mais o movimento do pensamento kleiniano, que tão profundamente permeou o estudo da psicologia infantil nas últimas décadas. Se por um lado um problema de infância não pode ser nunca um problema que afeta apenas a criança, por outro lado, os adultos, mesmo os mais irresponsáveis e imaturos, não podem ser julgados em terapia: no máximo, eles devem ser ajudados a procurar as linhas de seus cortes emocionais ou de suas dependências emocionais não resolvidas nas suas famílias de origem e o sentido de tantas mazelas conjugais para se proporem de forma mais responsável e madura.

Pesquisar o indivíduo em seus componentes intergeracionais, a partir de um lado, e solicitar os recursos sociais e culturais de seu próprio contexto de origem têm sido as minhas áreas de pesquisa e de trabalho clínico mais importantes desde o tempo de minha estada nos Estados Unidos e continuaram mesmo no meu retorno à Itália. Quando deixei a Neuropsiquiatria infantil, encontrei, na faculdade de psicologia em Roma, na época ainda recente, o lugar mais adequado para estudar a família em uma perspectiva evolutiva. O estudo do ciclo de vida da família, dos mitos familiares, dos processos de imaturidade intergeracional e das lealdades invisíveis se tornaram para mim pontos importantes de compreensão da psicodinâmica das relações familiares: a *psicologia relacional*, portanto, representou a estrutura com a qual enquadrar os eventos psicopatológicos. Os quase quarenta anos de ensino universitário e contato com centenas de estudantes de psicologia me permitiram refletir com eles sobre os conceitos mais importantes que estava gradualmente experimentando nas atividades clínicas. Com o entusiasmo e com a colaboração deles, tentei me renovar continuamente, mantendo as minhas ideias norteadoras, evitando, na medida do possível, tornar-me um professor crônico.

Talvez, por causa dos mandatos de minha família e de minha cultura italiana, resisti aos pedidos americanos de me estabelecer nos Estados Unidos: primeiro foi Zwerling na década de 1970, depois foi Minuchin, que me ofereceu a sua posição como diretor de treinamento na *Child Guidance Clinic*, quando se mudou da Filadélfia para Londres e depois voltou aos Estados Unidos e fundou seu novo Centro em Nova York; até mesmo, a minha psicanalista me queria em Nova York como docente na *Escola de Karen Horney*. No entanto, uma vez que voltei à Itália, por mais de quinze anos, retornei regularmente aos Estados Unidos durante os meses de verão como *professor visitante* na *Hanehman Medical College*, na qual se tornou presidente Israel Zwerling e na qual o ensino para a pós-graduação em Psiquiatria ocorria por meio de supervisão direta dentro dos Centros Comunitários de Saúde Mental, localizados nas áreas mais marginais e violentas da Filadélfia.

Em 1975, a pedido de Carmine Saccu, tomava forma o que por dezoito anos será chamado de Instituto de Terapia Familiar na Via Reno, o qual dei vida junto a outros colegas, entre eles Paolo Menghi e Anna Maria Nicolò, a inúmeros *trainings* profissionais, formando entre os muitos alunos, também futuros professores, local em que hoje é a sede da Academia de Psicoterapia da Família. O primeiro desafio real foi introduzir a formação pessoal do aluno como base para iniciar um treinamento clínico, em um país no qual a psicoterapia familiar havia chegado de uma forma um tanto selvagem em contraste com a psicanálise e no qual a Psiquiatria Democrática a considerava uma técnica reacionária a ser evitada a todo custo. Meu entusiasmo e bagagem de conhecimento e experiência adquirida no exterior tiveram que lidar com a resistência ainda feroz contra tudo o que representava uma novidade, verdadeira síndrome italiana diante de mudanças. Apesar das dificuldades, queria trazer para dentro de meu país, com força e tenacidade, tudo o que havia aprendido e experimentado em outros lugares. Só depois de muitos anos, fui entender como meu compromisso profissional, que, às vezes, parecia titânico, tivesse sido estimulado também por uma espécie de resgate familiar: se não fui capaz de ajudar minha família como gostaria, agora eu poderia ajudar outras pessoas em dificuldades no meu país de origem.

Em junho de 1977, sob minha direção, saía a primeira edição da Revista *Terapia Familiare*, uma revista que guiará o debate cultural italiano e na qual as principais escolas italianas e internacionais de psicoterapia familiar vão gradualmente colaborar, tornando-se uma ferramenta de pesquisa e troca, que acompanhará de perto as mudanças sociais e políticas italianas e europeias.

O modelo provocador, com o qual fui identificado por vários anos, foi uma tentativa de intervenção ativa com famílias de pacientes psicóticos, uma vez que os manicômios tinham sido fechados. A provocação como estratégia de encontro terapêutico sofreu mudanças profundas ao longo dos anos: de protagonismo terapêutico ligado ao entusiasmo juvenil, passei ao entendimento de que estar com o sofrimento trazido pela família era mais importante do que provocar os sintomas. Nos últimos anos, para quem me diz que perdi a minha característica provocativa, eu respondo: "O que é mais provocativo do que ter as famílias de origem comparecendo à sessão?". Outra ideia forte que ainda mantenho inalterada ainda hoje. Em 1992, acabou a experiência da via Reno com uma cisão muito dolorosa, da qual cheguei à compreensão, vivida na pele, de que ideologias muito distantes não podem coexistir, como o Kundalini Yoga e a psicanálise Kleiniana. Mais uma vez, foi proposta uma experiência de fracasso que, com o tempo, transformou-se na possibilidade concreta de dar vida a uma nova realidade profissional com as minhas indicações, sem compromissos ideológicos. Assim nasceu a Academia de Psicoterapia Familiar (A.P.F.), que agora completou trinta anos.

As minhas conquistas, tanto clínicas quanto educacionais, na Itália e no exterior, foram estimuladas por nunca me sentir realmente parte do *establishment* psiquiátrico, muito menos do universitário. A *marginalidade cultural*, que sempre defendi, tem sido constantemente renovada pela minha curiosidade pela diversidade. Embora eu tivesse decidido que minha vida teria sido na Itália, não podia deixar de considerar importante o diálogo e a comparação constante entre as diferentes culturas e as experiências de vida e profissionais: tornei-me uma espécie de *globe-trotter* da terapia família, tendo viajado por todos os continentes e por muitos países do mundo, realizando *workshops* e seminários que, na maioria dos casos, foram representados por aconselhamento ao vivo com famílias e terapeutas dos locais. Então, se por um lado, ofereci a minha experiência profissional, por outro lado, enriqueci-me com o conhecimento das muitas diversidades de culturas, de etnias, de religiões e de valores familiares e sociais. A partir de 1981, iniciava a minha experiência mais significativa em termos de formação, nascida quase por acaso, por meio da *Practicum* para terapeutas estrangeiros, primeiro em inglês e, posteriormente, conduzido também em francês, espanhol e português. O trabalho sobre o *handicap profissional* do terapeuta acabou por ser um meio extraordinário para enfrentar as dificuldades pessoais-profissionais de terapeutas em um contexto transcultural e para afirmar um modelo de intervenção que integrava conhecimentos teóricos e técnicas com o uso do *Self* do terapeuta. Treinamento pessoal e profissionalizante se tornaram os dois lados da mesma moeda.

Em 1997, dois eventos dolorosos, mas muito transformadores, ocorreram simultaneamente para meu crescimento humano e profissional. De um lado, a minha renúncia da presidência da *European Family Therapy Association* e de outros cargos de associações no mundo da psicoterapia italiana. Embora eu tivesse dedicado anos e energia para apoiar o desenvolvimento tanto de uma quanto de outra, percebi muito tarde não ser adequado para cargos de poder institucional sem um objetivo real social e, muitas vezes, direcionadas em si mesmas ou como uma espécie de corporativismo profissional. Esse abandono de interesse coincidiu com a minha maior abertura para compreender os fenômenos sociais atuais e os limites dos modelos psicoterapêuticos. Assim, nos anos seguintes, o meu compromisso social tem se expressado mais nos projetos da Fundação Silvano Andolfi, voltados para problemáticas de imigração, de mediação cultural e de situações de marginalização social.

O segundo evento teve um peso muito maior em nível pessoal: se a perda do meu irmão afetou fortemente as minhas escolhas de vida pessoal e profissional, sem dúvida, a minha separação conjugal, ocorrida também em 1997, fez-me refletir sobre o tema do *autoengano* e sobre todo o percurso realizado em minha vida. Mais uma vez, o sentimento de fracasso ligado à negação da verdade e à aceitação do que se seguia me permitiu buscar uma dimensão diferente de mim, mais harmoniosa, menos desequilibrada no trabalho e, principalmente, vivida no nível das emoções. Essa mudança me deu uma sensação muito forte de liberdade e de paz comigo mesmo. Essa nova serenidade adquirida me permitiu construir uma nova família com Lorena em uma base mais madura e ter um segundo filho em uma idade em que geralmente se torna um avô. Também, permitiu-me escolher gradualmente uma transformação radical na minha vida por meio de um processo de emigração para a Austrália, onde vivo com a minha nova família há vários anos, viajando entre dois continentes: pude experimentar um modelo original de codireção da Academia com a preciosa ajuda de Anna Mascellani, que "guia o navio pelas águas italianas" e me permite ser uma presença simbólica importante, ao mesmo tempo, em que fico ausente durante a maior parte do ano. Pode ser essa uma forma de nos prepararmos de maneira menos traumática e sobretudo com a esperança de deixar um legado a ser compartilhado e enriquecido na transição geracional, o *depois de nós*?

A vida tranquila e relaxada em Perth e na Austrália Ocidental me permitiu "curtir" mais a família, inclusive, a parte italiana que eu vejo menos, mas me sinto muito próximo, especialmente, na nova dimensão de avô de duas gêmeas esplêndidas. Tudo isso, ajudou-me a me sentir mais em harmonia comigo mesmo, viver a natureza de forma intensa, valorizando o seu valor curativo e pacificador. Caminhando diariamente pelas praias brancas e infinitas do oceano, pude meditar e refletir sobre o sentido da vida e da morte, sobre o valor dos afetos e das coisas simples. Essa transformação interior me levou a viver as minhas experiências terapêuticas ainda mais do que antes com a linguagem do amor e do cuidado, longe das descrições psiquiátricas de doença ou de transtorno mental. Nos livros recentes, coletei e reiterei as minhas ideias inabaláveis sobre a prioridade de buscar recursos familiares e sociais como tratamento para muitas pessoas em dificuldade. Junto a *ideias fortes*, eu também queria descrever, neste livro, os resultados, às vezes, surpreendentes de minhas experiências clínicas e de formação, a fim de oferecer uma pequena contribuição na busca da nossa humanidade, que é um valor essencial no curto caminho da vida.

ELENCO DOS CASOS CLÍNICOS E DAS SUPERVISÕES

Jenny e as suas meninas

Quando a doença toma conta: o diabetes das filhas

Quando o abuso passa de geração para geração:
o trem que está descarrilhando

Vocação ou obrigação?

Sinto-me como um capacho sem vida

A empolgante visita à casa do tio

A foto da filha, ou melhor, como sair
da depressão: uma consultoria especial

Quando o risco é a integridade do terapeuta

A máscara acústica e a raiva de duas criancinhas

O lento suicídio de Michelle

Você pode estar morto por alguns segundos?

Da paralisia ao sentimento de alçar voo

O cão pastor irlandês

Diga à sua mãe o que você queria de ter
dito quando era adolescente

Ridolone- o boneco risadinha

A batata no porta-cachimbo

Sinto-me livre

A fogueira dos ressentimentos

Toda a minha vida eu fui a negra

GLOSSÁRIO

Adesão terapêutica: comportamento que visa a estabelecer uma relação de compreensão com o outro (membros individuais da família, a família como um todo etc.), favorecido pela curiosidade pelo "mundo" do outro.

Aikido: arte marcial japonesa, o termo é composto por três caracteres cujo significado é "uma disciplina que leva à união e à harmonia com a energia vital e o espírito do Universo". O ponto-chave da disciplina vem do *aikidoísta* manter seu centro de gravidade para não se opor ao outro, mas sim para usar a energia daqueles que o atacam em um fluxo compartilhado de energia. Nessa visão, não há antagonismo nem confronto com o oponente; não há conceitos de inimigos e resistência, porque o ataque é sempre visto como uma *dádiva de energia*.

Aliança terapêutica: relação terapêutica de confiança, baseada na participação cuidadosa de todos os participantes, inclusive, do terapeuta. É uma premissa necessária para que todo o tipo de terapia possa decolar.

Atenção flutuante: atitude desprovida de preconceitos, expectativas, julgamentos e censura do que se ouve, favorecendo uma descontinuidade na atenção.

Autoengano: sentimento de traição em relação a si mesmo, muitas vezes, disfarçado em situações relacionais não autênticas.

Autoridade pessoal: conquista individual que não permite compromissos entre gerações, mas produz igualdade entre elas. A criança deve alcançar autoridade implícita para perceber plenamente seu próprio ser adulto, assumindo suas responsabilidades no presente com coragem, com confiança e com superação da dependência emocional dos pais.

Bode expiatório: membro da família que desempenha a função de assumir os ataques que podem afetar o grupo familiar. A existência de um bode expiatório contribui para a manutenção da homeostase familiar.

Centro de gravidade do terapeuta (ponto central): termo que vem da física para indicar metaforicamente a necessidade, tanto física quanto simbólica, de adquirir o próprio ponto de equilíbrio. O terapeuta encontra seu próprio equilíbrio dinâmico durante a experiência clínica, o que lhe permite manter sua estabilidade para permanecer em contato profundo consigo mesmo e para entrar e sair do relacionamento com seus clientes.

Central-point: vide centro de gravidade do terapeuta

Ciclo de vida da família: processo evolutivo de um grupo com história, dividido em estágios de desenvolvimento e eventos críticos com o passar das gerações.

Coterapia: gestão conjunta de uma terapia por um casal de terapeutas. A coterapia pode ser feita em dupla por terapeutas do mesmo sexo ou de sexo diferente, com o mesmo nível ou diferente nível de experiência.

Conductors: corrente do movimento familiar que propõe um terapeuta ativo capaz de usar tudo de si mesmo, tanto a nível cognitivo quanto experiencial, e assumir um papel de orientação responsável em relação aos indivíduos e às famílias que pedem a sua intervenção.

Conhecimento relacional implícito (Stern, 1985): conjunto de conhecimentos, não verbal e inconsciente, relacionado a experiências e a memórias passadas que representam o que todo mundo sabe como "*estar com*" outra pessoa.

Constelação familiar (Hellinger, 2012): representação das relações na família de origem para evidenciar os nós e vínculos entre os membros da família.

Corte emocional: situação emocional em que se produz uma interrupção brusca da relação pais-filho, sem um processo gradual de separação.

Diferenciação do *Self*: processo que visa a promover a emancipação e a aquisição de uma posição de ego por meio de uma transformação progressiva da dependência intergeracional.

Distorções relacionais: relacionamentos entre membros da família ligados a papéis rígidos e não rígidos funcional para a identificação de indivíduos e caracterizada por limites pouco claros entre gerações.

***Double thinking*:** uso de uma linguagem ambígua e não definida que permite não se expor em âmbito pessoal, não deixando claro ao interlocutor o próprio pensamento, que, por sua vez, é censurado.

Dramatização: processo pelo qual um sujeito encena a intensidade emocional (ou possivelmente o significado traumático) de um evento vivenciado por meio de diferentes simbolizações.

Ecomapa: instrumento de observação e análise das relações que um sujeito estabelece em seu ambiente de referência, incluindo a família, a rede de amigos e outros sistemas relacionais. Permite que você considere a rede social e quaisquer recursos que estão à disposição.

Escultura dos próprios órgãos: reinterpretação da escultura da família na qual se representam como os órgãos internos interagem de forma figurada.

Escultura do futuro: reinterpretação da escultura da família em que se pede para representar a si mesmo (e sua própria família) projetada após um período ou após eventos específicos. Juntamente à escultura do passado e do presente, faz parte das Esculturas da época (Onnis, 1994).

Escultura da família: técnica desenvolvida por Virginia Satir, por meio da qual relações familiares são representadas. Um membro da família é chamado para organizar todos os membros da família como um escultor que trabalha com a argila, indicando posição, olhar, mímica ou postura para retratar o episódio escolhido. Dessa forma, estimula-se uma linguagem analógica que é seguida pela exploração de experiências e emoções despertadas.

Esquecimento que cancela: formas de responder a uma situação de sofrimento extremo (luto, trauma, acidente, separação) que não pode ser aceita nem processada.

Esquecimento que preserva: modalidade de resposta a uma situação de sofrimento extremo (luto, trauma, acidente, separação intolerável) que favorece a elaboração individual e permite a circulação das emoções compartilhadas entre os membros das famílias.

Estilo de apego: de acordo com Bowlby, o ser humano manifesta uma predisposição inata a estabelecer vínculos significativos com as figuras primárias a fim de garantir segurança e proteção. Na base dessas primeiras experiências com o *caregiver,* pode-se identificar diferentes estilos de apego: seguro, inseguro, desorganizado.

Família esquizofrenogênica: de acordo com algumas teorias, alguns aspectos da sintomatologia esquizofrênica deveriam ser entendidos como uma resposta a relacionamentos interpessoais inadequados e a padrões relacionais patológicos dentro da família.

Família representada: imagem internalizada da família, não comparável às relações reais.

***Family grouping*:** no contexto de estudos sobre representações internas de relacionamentos, Stern indica com esse conceito as representações que se referem ao grupo familiar como uma unidade, diferente e mais complexa do que as representações das díades únicas que compõem a família, como a díade mãe-filho, pai-mãe etc.

Figura-farol: metáfora para indicar a presença de pessoas que, na história do desenvolvimento de um indivíduo, tiveram a função de orientação e de apoio emocional, mesmo em situações de desagregação familiar ou de marginalização social.

Fronteiras familiares: metáfora destinada a indicar o grau de identificação e, portanto, o nível de autonomia alcançado por um único sujeito ou por um subsistema específico: família x outro ou grupo familiar x contexto social.

Funil invertido: metáfora para a capacidade do terapeuta de escolher quais informações (conteúdo) privilegiar dentro de um encontro terapêutico e quais, em vez disso, escorregar "para fora do funil", porque são volumosas ou excessivas.

Genograma: representação gráfica da estrutura familiar ao longo de pelo menos três gerações que permite visualizar eventos e momentos emocionais da família ao longo de sua história. Duas grandes áreas de referência podem ser identificadas: o genograma cognitivo, no qual prevalece a dimensão narrativa e a história detalhada por meio de saltos de tempo entre gerações; e o genograma experiencial, que se torna um mapa para facilitar ao grupo refazer as passagens cruciais de sua história em um nível simbólico, favorecendo um uso ativo de instrumento e uma troca emocional e afetiva entre os participantes.

Genograma fotográfico: construção do genograma acompanhado de fotografias que permitem que você veja os membros de uma família, capturando seus humores, memórias e estágios de desenvolvimento por meio de sua expressão visual.

Genograma paisagem: representação gráfica de um traço de sua história pessoal, livremente escolhido pelo sujeito. Graças à sua flexibilidade formal, o uso de cores, desenhos, esboços e setas facilitam a espontaneidade e a expressão emocional.

Grupo de formação: contexto de aprendizagem e crescimento pessoal e profissional. Dependendo do modelo teórico de referência, pode favorecer a autoexpressão por meio de um canal narrativo, especialmente relacionado aos aspectos cognitivos, ou por meio de um canal experiencial, relacionado ao agir por meio do corpo e da ação. Nesse segundo caso, o grupo representa o reservatório emocional que oferece segurança; é o lugar em que se tem uma aquisição e uma maior consciência dos aspectos fundamentais da vida, enfim um lugar para elaborar uma reflexão clínica.

***Handicap* profissional:** a limitação do terapeuta decorrente de um bloqueio evolutivo amadurecido dentro do mundo familiar original.

***Healing process* (processo de cura):** fase conclusiva do trabalho sobre os *handicaps* profissionais do terapeuta em que o grupo desenvolve a função de "grande mãe" que toma conta e, por intermédio do *feedback* não verbal de cada um, permite a quem se expôs em primeira pessoa "curar as feridas" e se sentir em harmonia consigo mesmo.

Identidades dissociadas: falta de integração entre as matrizes culturais e étnicas e o pertencimento de uma pessoa, que as vivencia como desvinculadas ou em conflito umas com as outras.

Identidades múltiplas: aspectos da personalidade de um indivíduo que correspondem às diferentes matrizes identitárias da história da pessoa.

Intimidação intergeracional: sentimento de inadequação com relação a seus pais, o que acaba impedindo uma libertação emocional que garanta o próprio crescimento e a afirmação pessoal.

***Joining* terapêutico:** comportamento a fim de estabelecer uma relação para compreender o outro (os integrantes da família, a família em seu todo etc.), favorecida pela curiosidade pelo "mundo" do outro.

Lealdade familiar: determinantes motivacionais que expressam o sentimento individual de forte pertencimento aos valores transmitidos por intermédio das gerações.

Linguagem hipotética: uso de uma linguagem "*como se*", visando a expandir os planos da realidade, estimulando um pensamento indireto e figurativo, para sair da lógica formal da linguagem.

Mãe esquizofrenogênica: na teoria da chamada "mãe esquizofrenogênica", identifica-se uma mulher fria, dominante e com forte tendência ao controle, que estabeleceu uma relação ambivalente e superprotetora com o filho, a partir da possível compreensão de alguns sintomas psicopatológicos.

Mandato familiar: processo de delegação que, de geração em geração, perpetua o pedido de satisfação das necessidades originárias da família.

Mediador cultural: profissional de comunicação interpessoal que atua como ponte entre as necessidades dos imigrantes e/ou famílias e instituições do país de hospitalidade.

Metáforas geográficas: usadas quando tendemos a nos identificar de forma simbólica com os laços afetivos de um indivíduo ou de uma família com o seu país de origem.

Mito familiar: uma estrutura cognitiva parcialmente herdada de gerações passadas, parcialmente criada pela atual, que atribui a cada membro da família um papel e um destino específico.

Motivação: é a expressão das razões que induzem um indivíduo a tender para determinada ação ou objetivo específico.

Mudez eletiva: caracterizado pela ausência de linguagem verbal em alguns contextos (escola ou família) em crianças que falam corretamente em outros contextos.

Neutralidade terapêutica: modalidade terapêutica na qual se mantém uma posição de distanciamento e de separação emocional do que é relatado ou vivenciado na sessão pelo paciente.

Onda de choque emocional (teoria de Bowen): efeitos distantes de eventos adversos de vida, como a morte de uma pessoa muito significativa ou uma perda repentina que afetam a saúde psicofísica dos membros da família mesmo à distância de anos e entre gerações.

Paraprofissional: Pessoas que têm treinamento limitado, mas que podem servir como ponte entre profissionais de saúde mental e famílias e comunidades marginais, até de onde eles próprios vêm, e cuja cultura, valores etc. eles conhecem bem.

Pensamento duplo: uso de uma linguagem ambígua e indefinida que permite o não se expor em um nível pessoal ao não esclarecer seus pensamentos para o interlocutor, que é censurado.

Posição-Eu (*I position*): condição de diferenciação do *Self* que envolve a assunção de responsabilidades autônomas de um indivíduo dentro de sua própria família e para consigo mesmo.

Practicing family: mundo de interações reais e observáveis na família.

Prescrição paradoxal: intervenção terapêutica com a qual o paciente é solicitado a realizar exatamente o comportamento (ou sintoma) identificado como problemático que você quer se livrar.

Prescrições terapêuticas: intervenção ativa do terapeuta, com a qual se convida o paciente (individual ou familiar) para realizar tarefas que visem a consolidar as mudanças implementadas ou as favorecer.

Preservando o esquecimento: formas de responder a uma situação de extremo sofrimento (luto, trauma, acidente, separação intolerável) que favorece a elaboração individual e permite a circulação de emoções compartilhadas entre os membros da família.

Processo de cicatrização: fase final do trabalho de *handicap* terapeuta profissional, em que o grupo desempenha a função de "grande mãe", que cuida, e por meio da restituição não verbal de cada um permite a quem é exposto em primeira pessoa "curar as feridas" e sentir-se em harmonia consigo mesmo.

Psicodrama: é um método de ação e uma forma de psicoterapia em que os participantes exploram emoções e experiências pessoais por meio de dramatização teatral.

Psicologia Positiva: campo da psicologia que intervém para reforçar aqueles componentes que melhoram a qualidade de vida e previnem a patologia, essa que é considerada a consequência direta de uma vida estéril e insignificante.

Redefinição: técnica que propõe uma nova definição dos sintomas apresentados ou das relações dentro do sistema familiar e entre a família e o terapeuta.

Reflective team (Andersen, 1991): com esse modelo de intervenção, as discussões da equipe terapêutica, que normalmente acontecem atrás do espelho unidirecional, são realizadas juntamente com os pacientes que podem, assim, escutar e participar em uma espécie de diálogo.

Role-playing: técnica que requer que um grupo de participantes interaja entre si de acordo com os papéis atribuídos, como atores, enquanto o outro grupo observa a dinâmica representada. Dessa forma, é possível realizar uma análise das experiências sentidas, das dinâmicas interpessoais, das modalidades e dos processos de comunicação durante a representação.

Romance familiar: história que o sujeito pode escrever em termos pessoais (*Eu nasci...*) com base em fatos conhecidos, mas enriquecidos por suas próprias fantasias e por cenários internos e devaneios que cada um conta sobre as experiências vividas na família.

Roteiro familiar: expectativas compartilhadas dos membros da família sobre como os papéis devem ser representados.

Segredo familiar: evento, pessoa, assunto ou tabu para o sistema familiar, que não deve ser falado e que causa vergonha, considerado socialmente inaceitável e motivo de sofrimento. É passado de uma geração para outra, cheio de ambiguidade e de incompletude.

Self-compassion (Neff, 2011): postura de compaixão e de empatia por si mesmo nos momentos de dificuldade ou pelos próprios fracassos.

Self-disclosure: revelação consciente e desejada de aspectos de si por parte do terapeuta ou do paciente.

***Self* idealizado/*Self* desprezado:** conceitos-chave da teoria de Horney, com os quais são descritas duas dimensões extremas do eu que não está dentro da realidade e pode oscilar entre uma posição fortemente ideal e uma de total desprezo.

***Self* real:** segundo a teoria de Horney, conceito que identifica o potencial de crescimento e de desenvolvimento que cada indivíduo tende a seguir.

Sessão de almoço: teorizada por Minuchin no tratamento de pacientes com transtorno alimentar (especialmente meninas com transtorno anoréxico), a sessão de almoço consistia em pedir à família que organizasse e realizasse um almoço no ambiente terapêutico.

Systems Purists: corrente do movimento familiar difundida principalmente na *West Coast* dos Estados Unidos, a partir dos estudos pioneiríssimos sobre a comunicação humana de um grupo de Palo Alto. A atenção é direcionada unicamente para o *aqui e agora*, em uma dimensão pragmática-comportamental diretamente observável, enquanto a subjetividade e a dimensão histórico-evolutiva do indivíduo e da família são deixadas de lado. O terapeuta deve manter uma posição neutra e distanciada da família, em virtude da busca de um conhecimento objetivo da realidade observável, que se baseia na separação entre observador e observado.

Sombras do contexto (Whitaker, Simons, 1994): fragmentos de experiências passadas do terapeuta ou paciente que, uma vez que toma consciência, projeta sua sombra sobre o que ouviram e disseram durante a terapia.

Supervisão: modalidade de aprendizado de uma determinada competência com base na relação de recíproca estima e confiança entre supervisor e aluno, a partir da qual o terapeuta tem a possibilidade de enfrentar impasses terapêuticos e situações de gatilho, buscando os próprios recursos internos.

Supervisão direta: supervisão baseada na observação direta da terapia, ou o supervisor trabalha em uma sala de terapia com o aluno, como um casal de coterapeutas, ou observa atrás do espelho unidirecional e pode intervir para favorecer intervenções eficazes.

Supervisão indireta: supervisão baseada na história do processo terapêutico pelo qual o terapeuta (ou a equipe terapêutica) sente ter um impasse ou um bloqueio. É desenvolvida, normalmente, com um supervisor especialista e na presença de um grupo que participa da discussão do trabalho clínico.

Supervisão on-line: supervisão conduzida com o auxílio da internet por meio de plataformas de videochamadas.

Supervisor interior: diálogo interior de um terapeuta que levanta dúvidas e reflexões e guia as suas ações terapêuticas. Representa a capacidade do terapeuta, amadurecida por meio das experiências clínicas e de vida, ao se observar quando age e, paralelamente, conseguir refletir sobre os movimentos emocionais da família, que aparecem na frente de seus olhos e dos quais ele é parte integrante.

Teoria do duplo vínculo (Bateson et al., 1956): o duplo vínculo é um dilema na comunicação humana, com particular referência às relações familiares, nas quais um indivíduo recebe duas ou mais mensagens em conflito entre elas, em que uma nega a outra, e esse fenômeno ocorre dentro de um relacionamento hierárquico, como o relacionamento pai-filho.

Terapia familiar cultural: orientação terapêutica que utiliza o contexto étnico e cultural como base para o conhecimento e para a pesquisa dos recursos de tratamento.

Terapia familiar multidirecional: modelo de intervenção terapêutica evolutiva que observa o indivíduo dentro de sua moldura familiar plurigeracional e dentro do seu contexto social. Explora os eventos mais significativos que se verificaram nas etapas de desenvolvimento e os conecta ao problema atual trazido à terapia.

Terapia individual sistêmica: modelo de intervenção individual que utiliza as teorias do sistema como base da relação terapêutica, baseadas principalmente no processo de fazer hipóteses, de neutralidade e de questões circulares.

Terapia estratégica: modelo de intervenção individual que utiliza as teorias sistêmicas como base da relação terapêutica, baseadas sobretudo no processo de criar hipóteses, de neutralidade e de perguntas circulares.

Terapia estrutural: modelo de intervenção focado na resolução rápida do problema psicológico apresentado a partir da aplicação de estratégias e de protocolos de tratamento específicos para os diferentes transtornos.

Tríade rígida: configuração relacional caracterizada por um limite difuso entre o subsistema parental e o do filho e por uma fronteira rígida em torno da tríade pais-filho.

Triângulo primário: a tríade formada pelos pais e pelo filho enquanto unidade de estudo das relações humanas.

Visitas domiciliares: a visita domiciliar tem uma longa tradição no movimento de terapia familiar começando com Nathan Ackerman e depois Bowen, que, no trabalho de treinamento de terapeutas familiares, pede-lhes que voltem para casa para se reunirem com a sua família de origem e se reconciliem com o passado. É amplamente utilizado no cenário institucional como intervenção para lidar com crises e conflitos familiares particularmente violentos e como prevenção à internação psiquiátrica.

***Wounded healer*:** metáfora para indicar a potência das experiências de vida do terapeuta no encontro com o paciente. O terapeuta viveu experiências de dor, de medo, de desenraizamento familiar, que podem estimular sensibilidade e empatia no encontro com o outro. A sintonia entre terapeuta e paciente durante as experiências compartilhadas favorece a manutenção de uma aliança terapêutica positiva.

REFERÊNCIAS

Abbonda, P., Bitonte, F., Falcucci, M., Ferraguzzi, F., Porcedda, L. (2018). "Noi terapeutico e noi di coppia: processi in divenire". *In Terapia Familiare*, 116, pp. 9-30.

Ackerman, N.W. (1958). La psicodinamica della vita familiare. Tr. it. Boringhieri, Torino 1968. Ackerman, N.W. (1966), Patologia e terapia della vita familiare. Tr. it. Feltrinelli, Milano 1970. Andersen, T. (1991), *The Reflecting Team: Dialogue and Meta Dialogue in Clinical Work*. Norton, New York.

Andersen, S.A., Rigazio-Di Giglio, S.A., Kunkler, K.P. (1995). "Training and supervision in family therapy: Current issues and future directions". *In Family Relations*, 44, 4, pp. 489-500.

Anderson, H., Goolishian, H.A. (1988). "Human systems as linguistic system: Preliminary and evolving ideas about the implication for clinical theory". *In Family Process*, 27, pp. 3-12.

Andolfi, M. (1977). *La terapia con la famiglia*. Astrolabio, Roma.

Andolfi, M. (1997). "Dov'è il South Bronx La marginalità come strategia d'esclusione". *In Terapia Familiare*, 54, pp. 11-19.

Andolfi, M. (2002). "Panta Rei: La filosofia del divenire di Carl Whitaker". *In Terapia Familiare*, 68, pp. 61-73.

Andolfi, M. (2003). Manuale di psicologia relazionale. *Accademia di Psicoterapia della Famiglia*, Roma.

Andolfi, M. (2004). (a cura). *Famiglie immigrate e psicoterapia transculturale*. FrancoAngeli, Milano.

Andolfi, M. (2015). *La terapia familiare multigenerazionale.* Raffaello Cortina, Milano.

Andolfi, M. (2016). (a cura di). La mediazione culturale. FrancoAngeli, Milano. Andolfi, M. (2017), "In memoriam. Salvador Minuchin: maestro di vita e pioniere della terapia familiare". *In Terapia Familiare,* 115, pp. 5-8.

Andolfi, M., Angelo, C. (1987). *Tempo e mito nella psicoterapia familiare.* Bollati Boringhieri, Torino.

Andolfi, M., Angelo, C., D'atena, P. (2001). *La terapia narrata dalle famiglie.* Raffaello Cortina, Milano

Andolfi, M., Angelo, C., de Nichilo, M. (1996). *Sentimenti e sistemi.* Raffaello Cortina, Milano. Andolfi, M., Angelo, C., Menghi, P., Nicolò-Corigliano, A.M. (1982). *La famiglia rigida.* Feltrinelli, Milano.

Andolfi, M., Cigoli, V. (2003). (a cura di). *La famiglia di origine.* FrancoAngeli, Milano.

Andolfi, M., Chistolini, M., D'andrea, A. (2017). *La famiglia adottiva tra crisi e sviluppo.* FrancoAngeli, Milano

Andolfi, M., D'elia, A. (2017). (a cura di). *Le risorse e le perdite della famiglia.* FrancoAngeli, Milano.

Andolfi, M., Haber, R. (1994). (a cura di). *La consulenza in terapia familiare.* Tr. it. Raffaello Cortina, Milano 1995.

Andolfi, M., Mascellani, A. (2010). *Storie di adolescenza.* Raffaello Cortina, Milano.

Andolfi, M., Mascellani, A. (2019). Intimità di coppia e trame familiari. Raffaello Cortina, Milano. Andolfi, M., Mascellani, A., Santona, A. (2011). *Il ciclo vitale della coppia mista.* FrancoAngeli, Milano.

Aponte, H. (1994). "How personal can training get?". *In Journal of Marital and Family Therapy,* 20, 1, pp. 3-16.

Aponte, H.J., Kissil, K. (2016). (a cura di). *The Person of the Therapist Training Model: Mastering the Use of Self.* Routledge, New York.

Audet, C.T., Everall, R.D. (2010). "Therapists self-disclosure and the therapeutic relationship: A phenomenological study from the client perspective". *In British Journal of Guidance and Counselling*, 38, 3, pp. 327-342.

Benningfield, M. (1987). Family of Origin Work in Training and Supervision. Aspen Systems Corp., Rockville (md). Berger, M.M. (1978). *Beyond the Double Bind: Communication and Family Systems, Theories and Techniques with Schizophrenics*. Brunner-Mazel, New York.

Blazer, D.G. (2005). *The Age of Melancholy*. Taylor & Francis, New York.

Bhaskar, R. (1998). "General introduction". In Archer, A., Bhaskar, R., Collier, A., Lawson, T., Norrie, A. (a cura di). *Critical Realism*. Routledge, London.

Braverman, S. (1982). "Family of origin as a training resource for family therapists". *In Canadian Journal of Psychiatry*, 27, 8, pp. 629-633.

Bollea, G. (1961). *Compendio di psichiatria dell'età evolutiva*. Bulzoni, Roma.

Bollea, G. (1995). *Le madri non sbagliano mai*. Feltrinelli, Milano.

Boscolo, L., Cecchin, G., Hoffman, L., Penn, P. (1987*). Milan Systemic Family Therapy: Conversations in Theory and Practice*. Basic Books, New York.

Boscolo, L., Bertrando, P. (1996). La terapia individuale sistemica. Raffaello Cortina, Milano.

Boszormenyi-Nagy, I., Framo, J.L. (1965), Psicoterapia intensiva della famiglia. Tr. it. Boringhieri, Torino, 1969.

Boszormenyi-Nagy, I., Spark, G. (1973). *Lealtà invisibili*. Tr. it. Astrolabio, Roma, 1988.

Bowen, M. (1978). Dalla famiglia all'individuo. Tr. it. Astrolabio, Roma 1979. Byng-Hall, J. (1995). *Le trame della famiglia*. Tr. it. Raffaello Cortina, Milano 1998.

Canevaro, A. (2009). *Quando volano i cormorani*. Borla, Roma.

Cardinali, F., Guidi, G. (2013). "Dall'assolo alla sinfonia. L'incontro con la famiglia di origine dell'allievo". In Canevaro, A., Ackermans, A. (a cura di). *La nascita di un terapeuta sistemico*. Borla, Roma.

Carter, E., Papp, P., Silverstein, O., Walters, M. (1988). *The Invisible Web: Genders Patterns in Family Relationship.* Guilford Press, New York.

Cecchin, G., Lane, G., Lay, W.A. (1993). Irriverenza. *Una strategia di sopravvivenza per i terapeuti.* FrancoAngeli, Milano.

Cierpka, M. (1993). "Lo sviluppo del sentimento familiare". *In Interazioni,* 2, pp. 11-28.

Cirillo, S., Selvini, M., Sorrentino, A.M (2011). "Il genogramma. Percorso di autoconoscenza integrato nella formazione di base dello psicoterapeuta". *In Terapia Familiare,* 82, pp. 5-28.

Cirillo, S., Selvini, M., Sorrentino, A.M. (2013). "Il coinvolgimento delle famiglie di origine nel percorso di formazione alla psicoterapia della Scuola Mara Selvini". In Canevaro, A., Ackermans, A. (a cura di). *La nascita di un terapeuta sistemico.* Borla, Roma.

Cronin, A.J. (1943). La valigetta del dottore.Tr. it. Bompiani, Firenze 1979.

D'Andrea, A. (2003). "Le risonanze intergenerazionali nelle relazioni terapeutiche con la famiglia adottiva". In Andolfi, M., Cigoli, V. (a cura di), *La famiglia di origine.* FrancoAngeli 2003.

De Bernart, R. (2019). "Immagine e implicito". *In Psicobiettivo,* 39, 1, pp. 27-40.

Deveaux, F., Lubell, I. (1994). "Training the supervisor: Integrating a family of origin approach". *In Contemporary Family Therapy: An International Journal,* 16, 4, pp. 291-299.

Di Nicola, V.F. (1985). "The acoustic mask". *In Journal of Strategic and Systemic Therapies,* 4, pp. 74-80.

Doherty, W.J. (2001). "Continuity and diversity: A professional auto-biography". *In Marriage and Family Review,* 3-4, pp. 49-68.

Duhl, F.J., Kantor, D., Duhl, B.S. (1973). "Learning space and action in family therapy". *In Seminars in Psychiatry Journal,* 5, 2, pp. 167-183.

Eagleton, T. (2004). *After Theory.* Penguin, London.

Eco, U. (1990). *I limiti dell'interpretazione.* Bompiani, Milano.

Elkaim, M. (1989). *Se mi ami, non amarmi.* Tr. it. Bollati Boringhieri, Torino 1992.

Emde, R.N. (1991). "The wonder of our complex enterprise: Steps enabled by attachment and effects of relationship on relationships". *In* Duhl, Kantor e Duhl *Infant Mental Health Journal*, 3, pp. 164-173.

Falicov, C.J. (1993). Cultural Perspective in Family Therapy. Aspen Corporation, Rockville (md). Ferber, A., Mendelshon, M., Napier, A. (a cura di), *The Book of Family Therapy*. Aronson, New York.

Flaskas, C. (2002). *Family Therapy Beyond Post-modernism*. Routledge, London.

Framo, J. (1992). *Terapia intergenerazionale*. Tr. it. Raffaello Cortina, Milano 1996.

Frankl, V.E. (1946). *Alla ricerca di un significato nella vita*. Tr. it. Mursia, Milano 2005.

Freud, S. (1910). "The origin and development of psychoanalysis". *In The American Journal of Psychology*, 21, 2, pp. 181-218.

Germer, C.K., Siegel, R.D., Fulton, P.R. (2013). *Mindfulness and Psychotherapy*. Guilford Press, New York.

Gritti, P., Canevaro, A. (1995). "Scelta vocazionale e identità del terapeuta della famiglia". *In Terapia Familiare*, 49, pp. 9-24.

Guerin, P.J., Pendagast, E.G. (1976). "Evaluation of family system and genogram". In Guerin, P.J. (a cura di). *Family Therapy: Theory and Practice*. Gardner Press, New York.

Gurman, A.S., Kniskern, D.P. (1991). The Handbook of Family Therapy. Routledge, New York. Gutheil, T.G., Brodsky, A. (2008). *Preventing Boundary Violations in Clinical Practice*. Guilford Press, New York.

Haber, R. (1990). "From handicap to handy-capable: Training therapists in use of Self". In Family Process, 29, pp. 375-384. Haber, R. (1994). "Response-ability: Therapist's I and role". *In Journal of Family Therapy*, 16, 3, pp. 269-284.

Haber, R. (1996). *Dimensions of Psychotherapy Supervision: Maps and Means*. Norton, New York.

Haber, R. (2002). "Virginia Satir: An integrated humanistic approach". *In Contemporary Family Therapy*, 24, 1, pp. 23-33. Haber, R., Hawley,

R. (2004). “Family of origin as a supervisory consultative resource”. In Family Process, 43 pp. 373-390.

Haley, J. (1963). *Strategie della psicoterapia*. Tr. it. Sansoni, Firenze 1974.

Haley, J. (1973). *Terapie non comuni*. Tr. it. Astrolabio, Roma 1976.

Hartman, D., Boerger, M. (1989). “Families of borderline clients: Opening the door to therapeutic interaction”. *In Perspective in Psychiatric Care*, 25, pp. 3-4.

Heckler, D. (1997). *Anatomy of Change*. North Atlantic Books (ca).

Heckler, D. (1993). *Aikido and the Warrior*. North Atlantic Books (ca).

Hellinger, B. (2012). *Family Constellations Revealed*. Intra Torsten Press, Anversa, Belgio.

Hill, C.E., Knox, S. (2002). “Self-disclosure”. In Norcross, J.C. (a cura di). *Psychotherapy Relationships That Work: Therapists Contributions and Responsiveness to Patients*. Oxford University Press, New York, pp. 255-265.

Hoffman, L. (1981). *Principi di terapia familiare*. Tr. it. Astrolabio, Roma.

Horney, K. (1946). *I nostri conflitti interni*. Tr. it. Giunti, Firenze 2012.

Horney, K. (1951). *Nevrosi e sviluppo della personalità*.Tr. it. Astrolabio, Roma 1981.

Jourand, S.M. (1971). *The Trasparent Self*. Van Nostrand, Princeton (nj).

Kabat-Zinn, J. (2018). *The Healing Power of Mindfulness*. Piaktus, London.

Kahneman, D. (2011). *Pensieri lenti e veloci*. Tr. it. Mondadori, Milano 2012.

Keith, D. (2015). *Continuing the Experiential Approach of Carl Whitaker*. Zeig, Tucker & Theisen, Phoenix (az).

Kramer, C.H. (1980). *Becoming a Family Therapist*. Human Science Press, New York.

Liddle, H.A., Breunlin, D.C., Schwartz, R. (1988). *Handbook of Family Therapy and Supervision*. Guilford Press, New York.

Linares, J. (2001). “Does history end with post-modernism? Toward an ultramodern family therapy”. *In Family Process*, 40, 4, pp. 401-412.

Loriedo, C., Vella, G. (1995). "L'uso del coinvolgimento personale del terapeuta nella formazione". In Terapia Familiare, 49, pp. 5-13. Lueppnitz, D.A. (1992). "Nothing in common buth their first names: The case of Focauklt and White". *In Journal of Family Therapy*, 14, pp. 281-284.

Mc Goldrick, M., Gerson, L. (1985). *Genograms in Family Assessment*. Norton, New York.

Mc Goldrick, M., Giordano, J., Garcia-Preto, N. (2005). *Ethnicity and Family Therapy*. Guilford Press, New York.

Mc Nemee, S., Gergen, K.J. (1992). (a cura di). *La terapia come costruzione sociale*. Tr. it. FrancoAngeli, Milano 1998.

Minuchin, S. (1999). "Dove è la famiglia nella terapia familiare narrativa?". *In Terapia Familiare*, 60, pp. 5-26.

Minuchin, S. (2002). "Una coperta di pezze per la terapia familiare". In Andolfi, M. (a cura), *I pionieri della terapia familiare*. FrancoAngeli, Milano, pp. 9-19.

Minuchin, S. (2017). "Salvador Minuchin at 95 reflects on his life". *In The Psychotherapy Networker*, 1, pp. 1-4.

Mollica, E.R. (2006). *Le ferite invisibili*. Tr. it il Saggiatore, Milano 2007.

Montagano, S., Pazzagli, A. (1989). Il genogramma. *Teatro di alchimie familiari*. FrancoAngeli, Milano.

Napier, A.Y., Whitaker, C.A. (1977). *Il crogiolo della famiglia*. Tr. it. Astrolabio, Roma 1981.

Nhat Hanh, T. (2011). *Our True Home*. Shambhala, Boston.

Neff, K. (2011). *Self-compassion*. William Morrow, New York.

Nichols, W.C., Nichols, D.P., Hardy, K.V. (1990). "Supervision in family therapy: A decade restudy". *In Journal of Marital and Family Therapy*, 16, 3, pp. 275-285.

Onnis, L. (1996). "Emozioni e relazioni terapeutiche" In Andolfi, M., Angelo, C., de Nichilo, M. (a cura), *Sentimenti e sistemi*. Raffaello Cortina, Milano.

Onnis, L. (a cura). (2010). *Lo specchio interno. La formazione personale del terapeuta sistemico in una prospettiva europea*. FrancoAngeli, Milano.

Onnis, L. (2017). Teatri di famiglia. *La parola e la scena in terapia familiare.* Bollati Boringhieri, Torino.

Papp, P., Silverstein, O., Carter, E. (1973). "Family sculpting in preventive work with well families". *In Family Process,* 12, p. 2.

Pilgrim, D. (2000). "The real problem with post-modernism". *In Journal of Family Therapy*, 22, pp. 6-23.

Pluymaeckers, J., Neve Hanquet, C. (2008). "La formation des thérapeutes familiaux et le génogramme paysage. Un outil de développement personnel et de supervision". *In Cahiers critique de thérapie familiale et de pratique de réseaux.*

Rober, P. (1999). "The therapist inner conversation in family therapy practice". *In Family Process*, 38, 2, pp. 209-227.

Rober, P. (2005). "The therapist's self in dialogical family therapy: Some ideas about not knowing and the therapist's inner conversation". *In Family Process,* 44, pp. 477-495.

Rober, P. (2017). In Therapy Together. Family Therapy As a Dialogue. Palgrave, London. Roberts, J. (2005). "Transparency and Self-disclosure in family therapy: Dangers and possibilities". *In Family Process,* 44, 1, pp. 45-63.

Rogers, C.R. (1961). *On Becoming a Person: A Therapist View of Psychotherapy.* Houghton Mifflin Company, Boston.

Roller, B., Nelson, V. (1991). *The Art of Co-Therapy. How Therapists Work Together.* Guilford Press, New York.

Roustang, F. (2004). "Che fare delle proprie sofferenze". In Terapia Familiare, 76, pp. 5-18. Saposnek, D.T. (1980). "Aikido: A model for brief strategic therapy". *In Family Process,* 19, 3, pp. 227-238.

Satir, V. (1967). Conjoint Family Therapy. A Guide To Theory and Techniques. *Sciences & Behavior Books*, Palo Alto (ca).

Satir, V. (1987). "The therapist story". In Journal of Psychotherapy and the Family, 3, 1. Satir, V., Baumenj., Gerber, J., Gomori, M. (1991). The Satir Model: Family Therapy and Beyond. *Science and Behavioral Books*, Palo Alto (ca).

Scheflen, A. (1972). Body Language and Social Order. Thrift Book, New York.

Shon, D.A. (1983). *The Reflective Practitioner: How Professionals Think In Action*. Basic Books, New York.

Selvini Palazzoli, M. (1963). *L'anoressia mentale.* Feltrinelli, Milano.

Selvini Palazzoli, M. (2006). L'anoressia mentale. *Dalla terapia individuale alla terapia familiare.* Raffaello Cortina, Milano.

Selvini Palazzoli, M. (1992). *Presentazione al 1° Convegno efta*, Sorrento, Italia.

Selvini Palazzoli, M., Boscolo, L., Cecchin, G., (1980). "Ipotizzazione, circolarità, neutralità. Tre direttive per la conduzione della seduta". *In Terapia Familiare*, 7, pp. 7-19.

Selvini Palazzoli, M., Boscolo, L., Cecchin, G., Prata, G. (1975). *Paradosso e contro paradosso.* Feltrinelli, Milano.

Selvini Palazzoli, M., Cirillo, S., Sorrentino, A.M. (1988). *I giochi psicotici della famiglia.* Raffaello Cortina, Milano.

Selvini Palazzoli, M., Rusconi, S. (1970). "Il transfert nella co-terapia intensiva della famiglia". *In Rivista di psicologia analitica,* 1, 1, pp. 150-170.

Sorrentino, A.M. (2008). "Il genogramma come strumento grafico per ipotizzare il funzionamento mentale del paziente". *In Terapia Familiare,* 88, pp. 59-92.

Speed, B. (1991). "Reality exists ok? An argument against costructivism and social constructionism". *In Journal of Family Therapy,* 13, pp. 395-409. Stern, D. (1995). La costellazione materna. Il trattamento psicoterapeutico della coppia madre-bambino. Tr.it. Bollati Boringhieri, Torino.

Stern, D. (2004). *Il momento presente in psicoterapia e nella vita quotidiana.* Tr. it. Raffaello Cortina, Milano 2005.

Stern, D. (2010). *Le forme vitali. L'esperienza dinamica in psicologia, nell'arte, in psicoterapia e nello sviluppo.* Tr. it. Raffaello Cortina, Milano 2011.

Stockebrand, B. (2013). "La famiglia di origine, la prima famiglia del terapeuta in formazione". In Canevaro, A., Ackermans, A. (a cura di). La nascita di un terapeuta sistemico. Borla, Roma. Tambelli, R., Zavattini, G.C. (1996). "La famiglia rappresentata". *In Interazioni*, 1, 7, pp. 161-166.

Timm, T.M., Blow, A. (1999). "Self of the therapist work". *In Contemporary Family Therapy,* 21, 3, pp. 331-349.

Tolle, E. (2004). Il potere di adesso. *Una guida all'illuminazione spirituale.* Tr. it. MyLife, Rimini 2013.

Ueshiba, M. (2002). *L'arte della pace.* Tr. it. Edizioni Mediterranee, Roma.

Van Cutsem, C., Ackermans, A., Carlier, C., Laurent, M., Lietaert, C., Stokebrand, B. (2013). "La famiglia di origine, la prima famiglia del terapeuta in formazione". In Canevaro, A. Ackermans, A. (a cura di). *La nascita di un terapeuta sistemico.* Borla, Roma

Van Der Kolk, B. (2014). Il corpo accusa il colpo. Tr. it. Raffaello Cortina, Milano 2015.

Vernon, V.C., Turner, J.E. (1978). "Through the looking glass: Supervision in family therapy". *In Social Casework,* 59, pp. 131-137.

Viaro, M. (2006). "Formazione sistemica e visione professionale". *In Terapia Familiare,* 82, pp. 15-45.

Von Foerster, H. (1981). *Sistemi che osservano.* Tr. it. Astrolabio, Roma 1987.

Walsh, F. (1982). *Normal Family Processes.* Guilford Press, New York.

Watzlawick, P., Jackson, D.D., Beavin, J. (1967). *Pragmatica della Comunicazione Umana.* Tr. it. Astrolabio, Roma 1971.

Winnicott, D.W. (1965). La famiglia e lo sviluppo dell'Individuo. Tr. it. Armando, Roma 1976. Whitaker, C.A. (1975). "Psicoterapia dell'assurdo". In Terapia Familiare, 1, pp. 111-128. Whitaker, C.A. (1989). *Considerazioni notturne di un terapeuta della famiglia.* Tr. it. Astrolabio, Milano 1995.

Whitaker, C.A., Simons, J. (1994). *"La vita interiore del consulente".* Tr. it. in Andolfi, M., Haber, R. (a cura di), La consulenza in terapia familiare. Raffaello Cortina, Roma 1995.

White, M., Epston, D. (1989). *Literary Means To Therapeutic Ends.* Dulwich Centre Publications, Adelaide (sa).

Williamson, D.S. (1982). "La conquista dell'autorità personale nel superamento del confine gerarchico intergenerazionale". *In Terapia Familiare*, 11, pp. 77-93.

Williamson, D.S. (1991). *The Intimacy Paradox.* Guilford Press, New York.

Wong, L., Wong, P., Ishiyama, I. (2012). "What helps and what hinders in crosscultural supervision: A critical incident study". *In The Counseling Psychologist*, 1, pp. 1-20.

Yalom, I.D. (1980). *Psicoterapia esistenziale.* Tr. it. Neri Pozza, Milano 2019.

Yalom, I.D. (2002). *Il dono della terapia.* Tr. it. Neri Pozza, Milano 2014.

Yalom, I.D. (2017). Diventare se stessi. Tr. it. Neri Pozza, Milano 2017.

Zur, O. (2007). "Self-disclosure". *In Boundaries in Psychotherapy: Ethical and Clinical Explorations*, pp. 149-165.

Construindo ideias
e conectando mentes

Este livro foi composto com tipografia Bembo Std
e impresso em papel Pólen Natural 80g. em fevereiro de 2024.